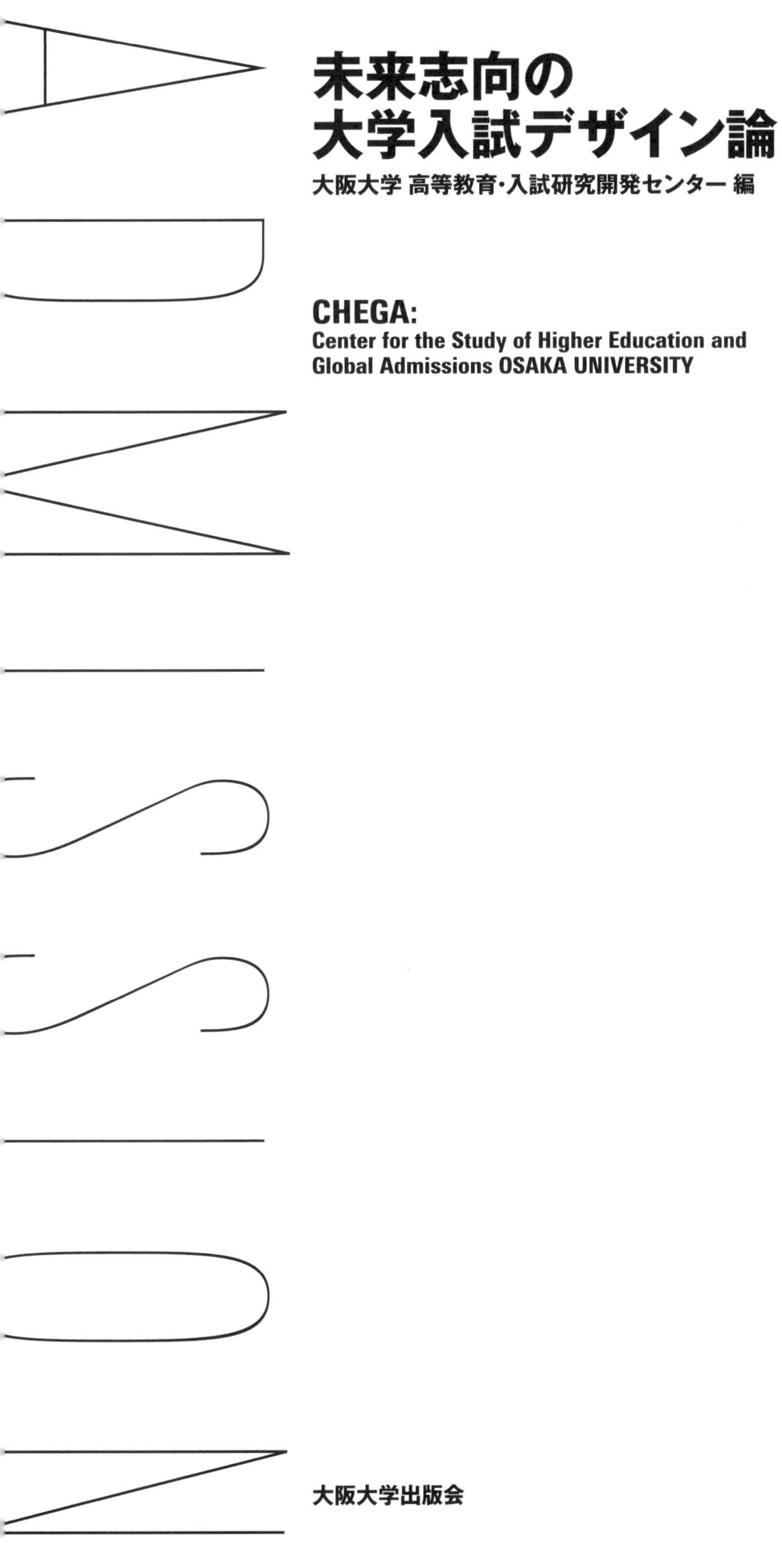

未来志向の大学入試デザイン論

大阪大学 高等教育・入試研究開発センター 編

CHEGA:
Center for the Study of Higher Education and Global Admissions OSAKA UNIVERSITY

大阪大学出版会

巻頭言

2020年春頃から世界を覆ったCOVID-19は，私達の常識や生活を一変させた。教育や大学入試の分野も例外ではなく，入学式や卒業式が中止になるだけでなく，学校や大学の教室で受けることが当たり前であった授業も，感染拡大防止のためにオンラインでの授業に急速に切り替わった。大学入試も大きな変更を余儀なくされ，欧米では，大学進学に求められる共通テスト（英国のAレベル試験，フランスのバカロレア，ドイツのアビツーア，米国のSAT，ACTなど）は全面的な中止や一部地域のみでの実施を余儀なくされた。そのため，英国ではAレベル試験の成績の予測値で合否を決めざるを得ず，従来の合否の傾向と大きく異なる結果となり，進学先が決まらない志願者が多数発生した。また米国では，従来から文化的なバイアスなどの問題を指摘されていたSATやACTの成績の提出を求めないTest Optional/Test Blindの大学が，COVID-19を契機として，大きく増加した。さらに，カリフォルニア大学では，COVID-19収束後も両テストの成績を求めないことを正式に決定し，代わりのテストの開発を行うことを明らかにした。

日本では，第1回の大学入学共通テストは，従来の追試を感染者や濃厚接触者を対象とした2回目の本テストに変更のうえ，加えて追試を設定した。また個別入試についても各大学が追試や振替措置をあらかじめ設定したが，他の国々に比べるとそれほど大きな混乱が生じなかったのは幸いであった。

さて，本書は，2016（平成28）年度から2021（令和3）年度までの6年間にわたって大阪大学高等教育・入試研究開発センターが取り組んできた概算事業（機能強化経費）「多面的・総合的な評価への転換を図る入学者選抜改善システム構築事業」を通じて，講義や講演，指導助言を賜った方々の記録を中心に，新たに書き下ろした論考を含めて整理し，2021年度から大阪大学で開始した大学入試の専門家養成を目指した履修証明プログラムの基本テキストとして，また，我が国の大学入試の在り方を考えてみたいという方々の基礎的な資料となることを目指して編集したものである。冒頭には本事業の推進にあたってクロスアポイントメント制度を活用して，本学の特任教授として指導助言を頂いたお二人の先生からのメッセージを掲載した。

本書の内容を簡潔に紹介すると，I部は過去10年あまりに及ぶ日本のいわゆる「高大接続」の背景や論点を，そしてⅡ部は，米国，英国，韓国の入学者選抜の現状をそれぞれの国の入試の専門家に紹介していただき，各国における大学入試の文脈や実施の違いを理解できるようにした。

Ⅲ部，Ⅳ部では，個別大学において入学者選抜の方法を検討する際に必要な基礎的な知識として，Ⅲ部では入試制度，入試広報・広報戦略，入試業務におけるDXを，Ⅳ部では，実際に入学者選抜を実施するにあたって必要なツールや方法として，アドミッション・ポリシーの策定方法，より客観的な評価に必要な評価ルーブリックの作成法，書類審査や面接の評価法，試験問題作成の背景にあるテスト理論，及び入学者選抜の妥当性を検証する追跡調査の在り方について詳しく説明している。

最後にⅤ部では，日本，米国，韓国における入試専門家，いわゆるアドミッション・オフィサー育成状況の概観と，諸外国の入試専門家の育成プログラムを参考にした日本の文脈に適した育成プログラムの試案を収録した。

COVID-19によって，これまで当たり前としてきた諸々の諸制度の脆さが明らかになった。我が国の大学入試制度もそのひとつであり，特に，個別試験のために都道府県をまたいで移動せざるを得ないことは大きな弱点であることが明らかになった。この弱点は，これまでも，阪神淡路大震災，東日本大震災の際にも指摘されたところである。加えて，18歳人口の急激な減少が継続する。現状の大学入試のままでよいのか，新たな大学入試の「ニューノーマル」を考える契機に本書がなれば幸いである。

最後に，ご多忙の中寄稿していただいた皆さんに最大の感謝の意を表したい。

週末に第2回大学入学共通テストを控えた成人の日に

川嶋太津夫

刊行に寄せて

スーザン・アルバーティン

大阪大学高等教育・入試研究センター 特任教授（2017～2019年）
Former English Professor and Dean of Humanities and Social Sciences, College of New Jersey, USA
Former Vice President of the Association of American Colleges and Universities（AAC&U）

大阪大学高等教育・入試研究センター（CHEGA）は2016年の設置以来，日本の高等教育に貢献してきました。CHEGAの取り組みは多面的であり，日本と諸外国，特に米国の高等教育に注目しつつ，高等教育政策と教育活動について知見を深めてきました。また，CHEGAは日本における高大接続に関する調査研究にも力を入れ，これについてもグローバルな文脈で考察しています。

「日本の大学は今後，どのようにして学生を選抜するべきなのか」
「日本の入試業務は米国その他の国とどう違うのか」

このような疑問に答える比較研究を行うには，高等教育制度に関する広範な知識が必要です。さらに，CHEGAは比較研究にとどまらず，実用化のための応用研究も行っています。入試改革を先導する意図をもって，日本における入試のプロセスを研究しています。本書で明らかなように，CHEGAは入試についての研究と同時に，教育の有効性，教授法，教育成果の評価についても研究しています。総合的なアプローチをとっているのです。CHEGAは視野の広さを生かして，高等教育のリーダーや教員を養成する機会を作ってきました。様々な教育機関の教員が集い，各自の学びを深め応用できるよう，セミナーや研修会を開いています。また，高等教育政策の策定に向けた提言も行っています。

私は2017年からCHEGAの一員としてこうした活動に加わり，また，私が米国その他で高等教育について学んだことを共有することができ，光栄に思っています。このような機会を得てCHEGAのリーダーシップに敬意を表するとともに，本書をはじめ，CHEGAのこれまでの成果を高く評価しています。

The Center for Higher Education and Global Admissions (CHEGA) at Osaka University has served Japanese higher education since 2016. The work of CHEGA is multidimensional. The Center has developed scholarship on higher education policy and practice in Japan and in other countries. This work has been particularly attentive to higher education in the United States. CHEGA has also focused on research into the continuity between secondary and tertiary education in Japan, again considering this work in global context. How do universities and colleges in Japan admit students? How do admissions practices in Japan differ from those in the US and in other countries? Comparative study to answer such questions as these requires extensive knowledge of higher education systems. Beyond comparative study, CHEGA conducts applied research. It investigates actual practices in Japan with an eye to innovation and leadership. When the Center studies admissions practices, as this collection of essays demonstrates, it looks at the same time at educational effectiveness or efficacy, at pedagogy and assessment of educational outcomes. It takes a holistic approach. Taking advantage of its wide perspective, the Center has developed training opportunities for higher education leaders and educators. It runs conferences that bring educators from different institutions together to collaborate as they develop and apply their learning. At the same time, CHEGA has been able to offer recommendations for higher education policy development. It has been my honor since 2017 to be a partner of CHEGA in this work and to share what I have learned about higher education in the United States and elsewhere in the world. This opportunity has brought me to respect CHEGA's leadership and to value the quality of work, including this book, that the Center has brought into being.

Susan Albertine

Visiting Research Professor, CHEGA, Osaka University (2017-2019)
Former English Professor and Dean of Humanities and Social Sciences, College of New Jersey, USA
Former Vice President of the Association of American Colleges and Universities (AAC&U)

刊行に寄せて

ジム・ローリンズ

大阪大学高等教育・入試研究センター 特任教授（2017～2019 年）
Associate Vice Chancellor for Enrollment Management,
University of California San Diego, USA（2022.2～）
Assistant Vice President and Director of admissions, University of Oregon, USA（～2022.1）
Former President, National Association for College Admission Counseling（NACAC）

全ての高等教育機関にとって，限られた定員枠に対して志願者を適切に選抜することはとても重要な業務です。このことは，大学にとってだけでなく，社会的にも広く関心事となってきました。何故なら，人というのはどんな学生が「最高の学生」となり，どんな大学が「最高の大学」となるか，分類し，評価し，順序づけしないではいられない生き物なのですから。

大阪大学高等教育・入試研究開発センター（CHEGA）がこれまで行ってきた研究に見られる通り，大学入試と社会的文脈との関係は世界的に多様であり，国によって異なる部分と共通する部分が見られます。国の伝統や社会的規範によってもたらされる特徴が，それぞれの国における実践の方法と結びつき，そのような違いをもたらしているのです。

日本における，大学入学者選抜の改革においても，そのような他国の実践例から気づきを得て，日本独自の教育環境や時代背景に最適な解を得ることに役立てることができるでしょう。

教育や研究の面からも，入試における合否決定のパラダイム（考え方や優先順位）は常に進化する運命にあります。大学においては，どのような学生が大学で成功する学生かを定義し，その結果をもたらすと予見することのできる要件を特定することが可能です。一方，大学を取り巻く社会の方はその考え方を察知し，それら予測因子が何であるかを特定して，本来はどうあるべきかを考えずにそれに合わせようとします。特に，そのような成功因子に恵まれなかった生徒に，社会がより広く大学に進学できる機会を与えようとする場合があり，大学はそのような社会的要請と，本来の取りたい人材とのバランスを取れる道を見つけ出す必要があるのです。

私は，過去数年間 CHEGA とともに働き，米国においてより良い入学者選抜にしようと努力を続けてきたことが，日本にも役に立てると考えてきました。30 年近い高等教育での経験の中で，私は才能や可能性を持った学生を見つけるための最良の方法を常に学び続けてきました。また，それと同じくらい重要なこととして，大学進学を志す生徒たちが直面する，彼らの対処できることを超えた課題はどのようなものかについても学んできました。

私がこれほど長く自分の職業を続けてきたのは，志願者たちに，全てが優秀な生徒だけが合格を勝ち取れるわけではない，ということを保証する必要があったからだと思います。最も適切な合否判定とは，単にその生徒がこれまで高校でどれだけうまくやってきたかを評価するのではなく，彼らが自大学に入学し，これまで得ることのできなかった指導やサポートを受け，この環境に置かれた時，どのくらいよくやってくれそうかという可能性を評価することです。

CHEGA において，同僚の先生達と入試改革，つまり日本における，学力試験偏重や塾の文化の改革と，アメリカにおける ACT や SAT などの標準学力テスト依存からの大胆な脱却についての議論をしてきたことは，私にとっても大変学びになることでした。米国では，大学入試におけるそれら標準学力テストの役割は，日本に比べますます小さくなりつつあります。それは，志願者の能力を狭い範囲でしか見ず，彼らの可能性を多面的に評価することを阻んでしまうリスクがあるとされているからです。

志願者のエッセイ（小論文）や，調査書にある各年毎の成績，グループ活動の成果などの多面的な要素を総合することで，大学は志願者についての理解をより深めることができます。そのような方法は時間がかかりますが，日本においても，そのような入試が行える体制を整え，データシステムを整備する事は十分に報われることになるでしょう。この本は，これまでの CHEGA の活動をまとめ，読者の方々の入試改革への後押しになるよう編まれたものとなっています。

私が 1993 年に大学入試業務に携わり始めた頃は，すでに確立された方法で，いかに早く合否を決めるかが求められていました。その後いくつかの大学を経て，私は入試に関わる多くの仲間から学びつつ，入試プロセスを改善し続けてきたことに誇りを感じています。この本を読んでいるあなたも，同じ道を歩いている仲間です。あなたが入学者選抜を更に効果的なものにしたいと思うのなら，私が喜んで力になります。そして，それがあなた自身の礎となり，将来にわたって我々の専門である入試プロセスを改革し続ける一助となるのであれば，私と心を同じくする仲間とともに，本当に嬉しく思います。

ご多幸をお祈り申し上げます。

For all of higher education's existence, there has been a profound duty to make good decisions in selecting students for admission to limited opportunities. This is not even a discussion confined to the faculty, but instead something that permeates the public consciousness. It is human nature to categorize, sort, and assess what it means for someone to be the "best student," or for a university to be among the "best institutions."

If we look at this broadly, as Osaka University's Center for Higher Education and Global Admission (CHEGA) has done, we can see both differences and commonalities in how this academic venture and public discourse varies around the world. Mindful of the differences that are brought about by national traditions and societal norms, we can also see many things that connect these practices from one country to the next. And as Japan's higher education community seeks to evolve its selection practices, it has been helpful to that community's discussions to draw from these practices, while shaping it into something that best fits the education culture and landscape of the times.

As with anything in education and research, paradigms used in making admissions decisions are destined to evolve over time. Within an institution, the faculty have an opportunity to identify who is most successful; they seek to connect those outcomes to the predictors that most help identify future students. Meanwhile, the public develops perceptions of that process, and aims to articulate what they think those predictors are, or what they should be instead. And especially when a society strives to give this access to students who might have had less opportunity in the past, universities must find a way to be responsive that balances thoughtful decisions with successful outcomes.

I have been humbled to be a part of CHEGA's efforts for these last few years, and to think that things we struggle to do better each year in the United States to select students can be helpful in Japan. After nearly 30 years in American higher education, I find that I have things to learn each year about the best ways I can identify talent and potential. Just as importantly, I also continue to learn how to identify obstacles students face in preparing for college, many of which are beyond their control.

What keeps me in this profession for so long is the knowledge that we owe it to those students to ensure our admissions decisions don't simply perpetuate a pattern of the most privileged students having all the advantages. Our best decisions are not built on assessing how well students have done before they reach us, but on assessing their potential once they arrive, and have access to instruction, support, and surroundings that may not have been available before.

It has been very educational for me to engage in this discussion with CHEGA colleagues about evolving from the national exam and juku culture at the same time that American society has made bold strides to move past the use of our own standardized tests, the ACT and SAT. While their place in American admissions decisions has been less significant than Japanese practices, each carries a risk of focusing narrowly on certain skills of applicants, while not capturing an understanding of other ways they can demonstrate their potential.

Through essays, an assessment of year-to-year school work, observation of group interaction, and other holistic factors, a university can gain this broader understanding of an applicant. While such an approach to assessment takes more time, and even calls for Japanese institutions to retool their staffing and data systems, the payoff will be profound. This book is prepared to involve you in that process, and to carry forward the work CHEGA has begun.

When I first started in the admissions profession in 1993, I was quick to play a part in selecting students based on practices that had been established for my arrival. Over the years that have followed, and at multiple institutions, it has been the deepest honor of my work to contribute to ongoing improvement in those ways of selecting students, and to continue learning from others in our community. If you are reading this book, then I know you are on that path yourself. When it helps you become more effective in approaching the admission of students, I will be happy for you. When it becomes the foundation for you helping continue the evolution of this process across our profession in the future, I, and so many others, will be grateful.

Best wishes,

Jim Rawlins

Visiting Research Professor, CHEGA, Osaka University (2017-2019)
Associate Vice Chancellor for Enrollment Management,
University of California San Diego, USA (2022.2～)
Assistant Vice President and Director of admissions, University of Oregon, USA (～2022.1)
Former President, National Association for College Admission Counseling (NACAC)

目　次

Ⅳ　多面的・総合的評価の方法論

Ⅴ　入試専門家の育成論

I

高大接続改革の歴史と展望

Ｉ部では，まずこれまでの大学入試の歴史と，高大接続改革の現状と展望について概括する。これまでの入試改革はどのような社会的背景や契機によって検討され，実行されてきたか。また，現在進行中の「高大接続改革」はどのように検討され，今後どうなっていこうとしているのか。大学入試専門家，また入試に関心を持たれる方々には，まず過去から未来に至る，時間軸に沿った概要を把握していただきたいと思う。

第1章　高大接続改革の現在と展望

川嶋太津夫

今回の「高大接続改革」を巡る議論や経緯の振り返りについては，次章の佐々木に詳しい。また事実関係に関しては，文部科学省に設置された大学入試の在り方に関する検討会議の「提言」の参考資料[1)]に詳しく記載されている。そこで本章では，他国との比較を通じて見えてくる，我が国の高大接続と大学入試の特色（特異性）を吟味してみたい。

1.　大学改革政策における大学入試

大学入学者選抜は，大学教育の一環であるにもかかわらず，これまでの大学改革・大学教育改革の政策策定の場では，大学入試を含む形で一体的に議論されることは少なかった。

(1)　大学審議会での議論（1987（昭和62）年～2000（平成12）年）

例えば，現在の日本の大学と教育の在り方に，良きにつけ，悪しきにつけ大きな影響を与えている1991（平成3）年の大学設置基準の改正，いわゆる「大綱化」に先だって，大学審議会で検討が行われ，「大学教育の改善について（答申）」がまとめられた。そこでの議論では，当時の大学設置基準が画一的な教育を全ての大学に求めているため，多様な大学の個性化を妨げていると判断した。その答申に従い，全ての大学に一律に求めていた開設授業科目区分（一般教育，専門教育，外国語，保健体育），科目区分別の最低修得単位数及び科目区分ごとの必要専任教員数などを廃止した。そして，大学・学部がそれぞれの教育目標に基づいて学部4年間（6年間）の教育課程を編成し，特色ある教育を提供することを可能とした。

この大綱化の理念そのものは，大学と進学者が急激に増えている我が国にあって理にかなったものであった。しかし，この大綱化を受けて，多くの国立大学を中心としてそれまで一般教育，外国語教育，保健体育などを独自に担っていた教育（教員）組織である教養部，あるいは一般教育課程が廃止された。そして，教養部に所属していた教員は，それぞれの専門分野に応じて学部や研究科に配置換えとなり，「パンキョウ教員」から晴れて「専門教員」になった。代わって，教養教育，外国語教育また専門基礎教育など，従来教養部が提供していた共通教育の運営組織として，例えば，教養教育委員会や共通教育機構という名称の全学的な組織が設置されたが，これらの組織には教養部時代のような専任教員が配置されなかったり，配置されても数名程度に過ぎなかったりした。

加えて，大学審議会が危惧したように，幅広い履修を可能とする専門以外の授業，つまり従来の一般教育や教養教育の必修単位数が削減され，専門科目の比重が増加する状況も多くの大学で出現した。また，それまでは「教養部」とその教員が，高校教育と大学の専門教育を「つなぐ」役割を曲がりなりにも果たし，高校生から大学生への移行を支援する機能を果たすとともに，高校教育の実態を熟知する教員が，入学試験問題の作問にも中心的に従事していた。

ところが，教養部が廃止されると，新１年生を組織的に受け入れる（世話をする）組織が消滅し，１年次から専門教育を学習することなどで，大学や大学教育に適応できない学生が増加し，そのために「初年次教育」という高校から大学への円滑な移行を支援する独自の教育プログラムを開設する大学が相次いだ。また，入試問題の作問に関しては，従来は高校教育を熟知する教養部の教員を中心に作問体制が確立していたが，教養部の教員が各専門学部に配置換えになったり，新しい専門学部・研究科の教員になったりして，段々と高校や高校教育を熟知する教員が減少していたために，大規模な総合大学であっても入試問題の作問に苦慮する状況が生まれている。

実は，大学審議会は，1989（平成元）年３月に文部大臣から，大学入学者選抜制度の見直しの要請を受けて専門委員会での検討を始めてはいたが，中央教育審議会から，大学審議会における大学教育の在り方に関する検討の際には，「大学教育の在り方を視野に入れつつ，以上の提案について具体的に検討されることを期待する」との記載もされてはいるのだが，「大学教育の改善について」の答申には間に合わなかったようだ[2]。

この中央教育審議会からの要請に応えて，大学審議会は1993（平成５）年９月に「大学入試の改善に関する審議のまとめ（報告）」，2000（平成12）年11月に「大学入試の改善について（答申）」を公表した。いずれにおいても大学審議会が強調するのは，入学者選抜は「大学教育の一環」であり「大学教育の第一歩」として，各大学の自主性に基づいて行われるものである，という基本認識であり，「高大接続」への言及は１箇所のみであった。それは，大学入試の状況を巡る問題提起の中で，学力検査の成績による１点刻みの選抜が最も公平であるとの人々の認識に疑義を呈した後に，「今後とも，大学と高等学校の接続を重視する観点から，（中略）入学後において充実した大学教育を提供していくことが重要であり，そのためには，学力検査による成績順位に基づく選抜では見いだし難い者の中にも，大学が求める学生が埋もれているかもしれないという認識に立ち，受験生の多様な能力・適性等や入学後の教育で伸びる可能性などに十分留意し，評価尺度の多元化を一層推進する必要がある」[3]（下線部は筆者）と，高大の接続についても，あくまでも入学者選抜と入学後の大学教育の観点からの提言にとどまっている。大学審議会は，高等教育の課題を審議する組織であれば，高校教育の含めた高大接続の在り方にまで言及することができなかったのは，当然と言えば当然であった。

(2) 中央教育審議会での議論（2001（平成13）年～）

2001（平成13）年１月には，政府全体の省庁再編に伴い，各省庁の所管する審議会が再編，集約され，当時の文部省は科学技術庁と統合し，文部科学省となるとともに，所管の各審議会は新たな中央教育審議会に統合され，高等教育政策を審議してきた大学審議会は，中央教育審議会大学分科会となった。

大学分科会では，2007（平成19）年３月からの第４期において制度・教育部会の下に学士課程教育の在り方に関する小委員会が設置され，従来「学部教育」と呼ばれていた学部段階の教育を，2005（平成17）年１月に公表された中央教育審議会答申「我が国の高等教育の将来像」では，学位を授与する課程であることを強調し「学士課程」と称することとなった。

本章のテーマである「高大接続」については，本答申の中では，「第２章新時代における高等教育の全体像」の中の「３高等教育の多様な機能と個性的・特色の明確化」の「(3) 学習機会全体の中での高等教育の位置付けと各高等教育機関の個性・特色」において「(ア) 高等教育と初等中等教育との接続」の項目を立てて,「○高等教育は,初等中等教育を基礎として成り立つものであると同時に,初等中等教育の在り方にも大きな影響を及ぼすものである。また,両者の接点である大学入学者選抜を取り巻く環境も,急速な少子化の進行等を背景として大きく変化し,(中略) 入学者選抜が,本章4(1) で述べる「高等教育の質」の一環としての学生の質に関する選抜機能を十分に果たし得なくなってきている例も見られる。(中略) このような状況をも踏まえて,高等教育の質の確保・向上に務める必要が出てきている」「○このような状況を踏まえ,高等教育と初等中等教育との接続に留意することは,今ますます重要である。その際,入学者選抜の問題だけでなく,教育内容・方法等を含め,全体の接続を考えて行くことが必要であり,初等中等教育から高等教育までそれぞれが果たすべき役割を踏まえて一貫した考え方で改革を進めていくという視点が重要である」(下線部は筆者)[4]。つまり,(初等) 中等教育と高等教育を入学者選抜だけでなく,それぞれの教育内容・方法も含めて一体的に改革を行わないと,高等教育の質に大きな影響を及ぼしかねない,という危機感を表明していた。ここでようやく大学入学者選抜の問題だけでなく,高校教育 (中等教育) と大学教育のそれぞれの改革を一体的に検討する「高大接続改革」の必要性の認識が顕在化したといえよう。

この「我が国の高等教育の将来像 (答申)」の様々な提言を受けて,中央教育審議会は大学分科会の制度・教育部会の下に小委員会を設置し,先に述べたように「学士」という学位を授与する教育課程としての在り方の検討に入った。

小委員会の第1回の会合は2007 (平成19) 年4月6日に開催され,検討項目案が提示されたが,「高大接続に関する事項のうち,入学者選抜に関わる制度や個別大学の取組については,別途具体的な議論を行ってはどうか。」と注記され[5],2007 (平成19) 年4月に「高等学校と大学の接続に関するワーキング・グループ」が設置され2008 (平成20) 年1月まで,合計10回高等学校と大学の接続に関して審議が行われた。

ワーキング・グループは,高校から大学・短大への現役進学率が58.8%,また大学が増設されたことにより,進学者が増えても入学定員と志願者の比率 (収容率) が90.5% (当時) と事実上の「大学全入」時代において,次のような高大接続の基本的認識を示していた。

○「大学全入」時代を迎え，高大接続は，大学が「選抜」する時代から，大学・進学希望者が「相互選択」する時代へ。

○「大学全入」時代は，過度の受験競争は緩和される一方，大学入試の選抜機能が果たしていた，①「高校教育の質保証」(大学合格を動機付けとした学習効果）②「大学の入口管理」（大学合格が基礎学力の証明となる）への効果は従来ほど期待できなくなる。また，③大学進学希望者は一定の基礎学力を有する，との前提が成立しにくくなり，大学生の多様化が一層進む。

とりわけワーキング・グループが懸念を示していたのは，当時大学入学者のおよそ4割以上を占めていたAO入試と推薦入試では書類審査，面接，小論文のみで合否の判定が行われ，大学での学修に必要な基礎学力の確認が不十分な「学力不問」入試の増加である。その結果，大学の6割が補習授業などを実施せざるを得ない状況であった。

今後は，以上のような認識のもとで，高校教育と大学の接続（高大接続）を検討する必要があるとして，入学者受入方針の明確化，AO・推薦入試の改善，校内評価ではなく高校生の学びの里程標（マイルストーン）となる客観的指標を開発し，高校での教育学習指導の改善やAO・推薦入試の学力確認にも活用できる仕組みの検討を提言した[6)]。

これらのワーキング・グループの検討内容も盛り込んで，大学分科会制度・教育部会は2008（平成20）年3月に「学士課程教育の構築に向けて（審議まとめ)」を公表した。この審議まとめでは高大接続は，第3章「改革の具体的な方策」において第3節として「高等学校との接続」として整理されている。その後制度・教育部会，大学分科会，中央教育審議会でのさらなる審議を経て最終的に2008（平成20）年12月に中央教育審議会の答申「学士課程教育の構築に向けて」が公表されたが，その際には高大接続に関する事項は，第2章「学士課程教育における方針の明確化」の第3節「入学者受入の方針について～高等学校段階の学習成果の適切な把握・評価を～」に，新たに「入学者選抜」と「初年次における教育上の配慮，高大連携」として整理され，学士課程（大学）教育に関する答申であるため，高大接続の要素として，大学の視点から，大学入試と入学後の教育の論点が整理された。

特に入試を含む高大接続の様々な課題は，高校，大学のどちらかだけで解決できるものではなく，「大学全入時代を迎えた今日，教育の質を保証する観点から，システムとして高等学校と大学との接続の在り方を見直すことが重要である。」[7]との指摘が，その後の「高大接続改革」につながったと考えられる。この答申で，ようやく大学教育改革の視点からの指摘ではあったが，大学入試と高校教育の在り方を含めて高大接続を一体的に検討する必要性が提起された。

この答申で，高校や大学の関係者から最も関心を引いたのが，高等学校段階の学力を客観的に把握・活用できる新たな仕組みとして，高等学校の指導改善，大学の初年次教育，大学入試などに高等学校，大学が任意に活用できる「高大接続テスト（仮称）」開発の提言であった。その後，文部科学省の委託事業として当時北海道大学教授であった佐々木隆生氏らのグループによっておよそ2年にわたって研究開発が行われ，2010（平成22）年9月に「高等学校段階の学力を客観的に把握・活用できる新たな仕組みに関する調査研究」報告書として公表された[8]。新しいテストの意義や，報告書執筆に至る経緯については本書に収められている氏の論考及び氏が著した『大学入試の終焉―高大接続テストによる再生』に詳しい[9]。

2. 大学教育改革の議論から高大接続改革の議論へ

(1) 中央教育審議会大学分科会大学教育部会の問題提起

「学士課程教育の構築に向けて」の審議まとめが公表後，2008（平成20）年7月に国の「教育振興基本計画」が閣議決定され，その中で高等教育に関しては基本計画中の2008（平成20）年度から2012（平成24）年度までの5年間を高等教育の転換と革新の始動期間と位置づけ，中長期的な高等教育の在り方を検討するよう求められた。そこで，文部科学大臣は中央教育審議会に「中長期的な大学教育の在り方について」諮問した。この諮問を受けて大学分科会に大学教育の検討に関する作業部会が設置され，その下に11のワーキング・グループが設置され，学位プログラム，高等教育の規模分析，学生支援の在り方などの検討を進め，平成22年6月の第4次報告まで，逐次審議経過の報告を行っていた。

そして，第6期の中央教育審議会が平成23年3月から始まり，同年5月に大学分科会に大学教育部会が設置され，諮問「中長期的な大学教育の在り方について」のそれまでの検討経緯を踏まえて，特に「大学教育の質の保証・向上に」関して審議を進めることとなった。

大学教育部会は11回の部会を開催し，学士課程教育の質の保証・向上には一人ひとりの学生の学修時間の実質的な増加・確保による主体的な学びの確立が喫緊の課題であるとして，そのために組織的・体系的な教育を実施するための質的な転換を求める報告内容をまとめ，2012（平成24）年8月に中央教育審議会から「新たな未来を築くための大学教育の質的転換に向けて～生涯学び続け，主体的に考える力を育成する大学へ～（答申）」（以降「質的転換答申」という）を公表した[10]。

ただし，学士課程教育の質的転換には，大学だけの努力で解決が難しく，大学や社会全体で有効な取組を行う必要があると指摘し，その中の一つとして，「高等教育と初等中等教育の接続の課題」をあげ，「大学における主体的な学修は，義務教育及び高等学校教育を通じて基本的な知識・技能の着実な習得やそれらを活用して課題を解決するために必要な思考力等，並びにそれらを支える学習意欲，倫理的，社会的能力が基盤として形成されてこそ成立する」が「学生が自ら学び考える習慣が不足している（この前に高等学校の，いわゆる「中間層」の生徒の学習時間が大幅に低下していることを指摘している）」ため，高等学校教育と大学教育が連携・協力する必要があると考える学長や学部長が多い事実を指摘している[11]。

そこで答申は，最後に中央教育審議会で速やかに審議すべき事項の一つとして「高等学校教育，大学入学者選抜，大学教育という三局面の改善を総合的にどのように結びつけ，具体化するかについて，本審議会に新たに特別な審議の場を設置して，大学や高等学校の関係者，受験生や保護者，地域や企業の関係者などと広く国民的な対話・議論を行いつつ，審議を行いたい。」とした[12]。

(2) 高大接続特別部会での検討

「新たな未来を築くための大学教育の質的転換に向けて～生涯学び続け，主体的に考える力を育成する大学へ～（答申）」公表と同日に，文部科学大臣から「大学入学者選抜の改善を始めとする高等学校教育と大学教育の円滑な接続と連携の強化のための方策について」が中央教育審議会に諮問され，中央教育審議会は，初等中等教育分科会にも大学分科会にも属しない直属の

「高大接続特別部会」を2012（平成24）年8月28日に設置し検討を始めた。

ただし，中央教育審議会が2014（平成26）年12月に「新しい時代にふさわしい高大接続の実現に向けた高等学校教育，大学教育，大学入学者選抜の一体的改革について～すべての若者が夢や目標を芽吹かせ，未来に花開かせるために～（答申）」（以降「高大接続答申」という）[13]を公表するまで，そして公表後，提言内容の実施に向けての検討のいずれにおいても，平坦な道のりではなかった。

というのも，高等学校教育の在り方については，2011（平成23）年9月に中央教育審議会初等中等教育分科会に高校教育実質無償化に関連して高等学校教育部会が先行して設置され，高等学校教育の質保証を中心に議論を始めていた。加えて，特別部会設置1年後の2013（平成25）年1月には内閣総理大臣のもとに「21世紀の日本にふさわしい教育体制を構築し，教育の再生を実行に移していく」教育改革を推進するために教育再生実行会議が設置され，いじめや体罰，教育委員会制度改革，大学教育等の在り方に続く課題として高大接続・大学入試の在り方が取り上げられ，2013（平成25）年6月6日開催の第9回から同年10月31日開催の14回までのわずか5ヶ月の審議を経て第4次提言「高等学校教育・大学教育との接続・大学入学者選抜の在り方について」が公表された。高大接続特別部会は，これら2つの審議体での議論をにらみながら審議せざるを得なかった。2021（令和3）年1月の大学入学共通テスト実施までの大まかな経緯をまとめたものが**図1-1**である。

各審議体での詳細な議論をここで紹介することは困難であるが，学力把握のためのテストを取り上げてみると，大学入試センター試験の他に高校での学習指導やAO・推薦入試でも学力確認の手段として活用可能な「高大接続テスト（仮称）」の研究開発が「学士課程教育の構築に向けて（答申）」で提言され，研究開発の報告書も作成されたことは先に述べた。一方，教育再生実行会議の第4次提言では，高等学校段階における学習の達成度を把握し，高等学校の指導改善や大学入学者選抜に活用する新たなテストとして「達成度テスト」の導入を提言した。そして，高等学校の基礎的・共通的な学習の達成度を客観的に把握し，学校での指導改善やAO・推薦入試の基礎学力確認の手段にも活用でき，複数回受験可能な「達成度テスト（基礎レベル）」と大学教育に必要な能力判定に用いる「達成度テスト（発展レベル）」の2つを示した。高等学校教育部会は2014（平成26）年6月に公表した審議まとめでは，

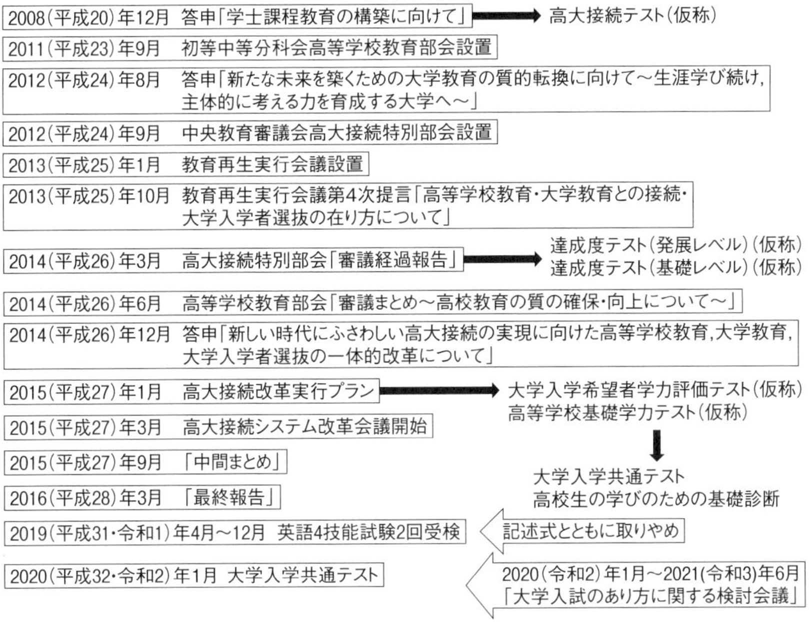

2008(平成20)年12月　答申「学士課程教育の構築に向けて」→ 高大接続テスト(仮称)

2011(平成23)年9月　初等中等分科会高等学校教育部会設置

2012(平成24)年8月　答申「新たな未来を築くための大学教育の質的転換に向けて～生涯学び続け,主体的に考える力を育成する大学へ～」

2012(平成24)年9月　中央教育審議会高大接続特別部会設置

2013(平成25)年1月　教育再生実行会議設置

2013(平成25)年10月　教育再生実行会議第4次提言「高等学校教育・大学教育との接続・大学入学者選抜の在り方について」

2014(平成26)年3月　高大接続特別部会「審議経過報告」→ 達成度テスト(発展レベル)(仮称)　達成度テスト(基礎レベル)(仮称)

2014(平成26)年6月　高等学校教育部会「審議まとめ～高校教育の質の確保・向上について～」

2014(平成26)年12月　答申「新しい時代にふさわしい高大接続の実現に向けた高等学校教育,大学教育,大学入学者選抜の一体的改革について」

2015(平成27)年1月　高大接続改革実行プラン → 大学入学希望者学力評価テスト(仮称)　高等学校基礎学力テスト(仮称)

2015(平成27)年3月　高大接続システム改革会議開始

2015(平成27)年9月　「中間まとめ」

2016(平成28)年3月　「最終報告」

↓ 大学入学共通テスト　高校生の学びのための基礎診断

2019(平成31・令和1)年4月～12月　英語4技能試験2回受検 ← 記述式とともに取りやめ

2020(平成32・令和2)年1月　大学入学共通テスト ← 2020(令和2)年1月～2021(令和3)年6月「大学入試のあり方に関する検討会議」

図 1-1　高大接続改革の経緯

高等学校教育の「コア」となる資質・能力の質保証のツールのひとつとして「達成度テスト（基礎レベル）（仮称）」の導入を提言した。

他方，高大接続特別部会は，初等中等教育の新しい学力観を重視し，いわゆる「3つの学力（知識・技能，思考力・判断力・表現力，主体性等）」を大学入学者選抜でも多面的・総合的に評価することを強調し，高校生が学習の達成度を自ら客観的に把握できる「高等学校基礎学力テスト（仮称）」の他に，大学教育を受けるために必要な能力を把握し，3つの学力のうち主に，知識・技能，思考力・判断力・表現力を評価する「大学入学希望者学力評価テスト（仮称）」の導入を提言した。

後者のテストについては，「教科型」に加えて「合教科・科目型」「総合型」の問題として出題すること。成績は1点刻みの選抜を避けるために段階別で提供すること。多肢選択方式に加えて記述式問題を課すこと。年複数回実施，CBT方式での実施に向けての開発。特に英語は4技能を総合的に評価できる問題の出題や民間試験の活用など，従来の大学入試センター試験とは大きく異なる出題，実施方法を提言した。

(3) 高大接続システム改革会議での検討

高大接続特別部会の検討を経て中央教育審議会が「高大接続答申」を文部科学大臣に答申した翌月の2015（平成27）年1月，文部科学大臣が「答申」を具体的に実現するため「高大接続実行プラン」を決定した。このプランでは次の4項目に整理し，それぞれの実現に向けて検討することを求めている。

①各大学の個別選抜の改革
②「高等学校基礎学力テスト（仮称）」及び「大学入学希望者学力評価テスト（仮称）」の実施
③高等学校教育の改革
④大学教育の改革

この「高大接続実行プラン」に基づき，文部科学省に「高大接続システム改革会議」が設置されたが，高校教育改革，大学教育改革，大学入学者選抜改革という高大接続改革の3要素を一体的な改革に向けて具体的な方策を検討するのではなく「高大接続システム改革会議について」と題した設置要項によれば，検討の対象となるのは，

(1) 高等学校基礎学力テスト（仮称）及び大学入学希望者学力評価テスト（仮称）の在り方について
(2) 個別選抜（各大学が個別に行う入学者選抜をいう）の改革の推進方策について
(3) 多様な学習活動・学習成果の評価の在り方について
(4) その他

と明記され，高大接続改革の議論は入学者選抜，特にテストの議論に矮小化されてしまった。そして，高等学校教育と大学教育改革に関しては，中央教育審議会の初等中等教育分科会と大学分科会で検討されることになった。

「質的転換答申」が，「高等学校教育，大学入学者選抜，大学教育という3局面の改善を総合的にどのように結びつけ，具体化するかについて，本審議会に新たに特別な審議の場を設置して，大学や高等学校の関係者，受験生や保護者，地域や企業の関係者などと広く国民的な対話・議論を行いつつ，審議を行いたい」と提言したことを受けて直ちに中央教育審議会で高校教育改革，大学教育改革，大学入学者選抜を一体的に検討する体制が構築されてい

た。しかし，実際に具体的な方策を検討する体制において，高校教育，大学教育，大学入試を個別に検討するという従前の体制に先祖返りしてしまい，「高大接続改革」の理念は事実上消滅し，議論も，人々の関心も新しい２つのテスト，特に大学入試センター試験の後継と見なされていた大学入学希望者学力評価テスト（仮称）の在り方に集中することとなった。そして，結果として「大学入試を変えれば高校教育は変わる」という波及効果（Washback effect）が強調され，そのことが，最終的には正式名称として大学入学共通テストと決まった新たな共通テスト導入時における国語・数学への記述式問題の出題と英語成績提供システム（英語４技能外部検定試験）を巡る混乱，そして取りやめの遠因となったのではないだろうか[14]。

3. 日本の高大接続システムの特徴（特異性）

(1) 高大「接続」とは

我が国で，なぜこれほどまでに大学入学者選抜やそのための試験が大きく社会問題化するのであろうか。もちろん，外国でも大学入学者選抜は大きな社会的関心を呼んでいるが，それは人種・エスニックや家庭背景の格差に基づく不平等についてであって，試験やテストそのものが社会問題化することはあまりない（日本を含む東アジア圏の韓国，中国に共通するが）。

その原因は，後期中等教育と大学の接続の仕組みに違いがあるからではないか。我が国では，現在大学も高等学校以下の学校も，制度上は全て「学校」である（学校教育法第１条に定められている）。確かに，学校という点で，大学も「教育」機関であることは間違いない。ただし，それぞれの目的（使命）は大きく異なる。

小学校や中学校は義務教育として「普通教育」を施すことである。（それぞれ学校教育法第 29 条，第 45 条）。そして，高等学校は「中学校における教育の基礎の上に，心身の発達及び進路に応じて，高度な普通教育及び専門教育を施すこと」を目的としている。（学校教育法第 50 条）つまり，初等中等教育は，小学校→中学校→高等学校と普通教育を積み上げて教育を施すことを原則としている（高等学校は義務教育ではないので，関心や進路に応じて，普通科高校だけでなく，商業，工業などの専門高校も存在する）。言い換えれば，教育上の

「接続」は自明のことである。

他方，大学は，「学術の中心として，広く知識を授けるとともに，深く専門の学芸を教授研究し，知的，道徳的及び応用的能力を展開させることを」目的としている（学校教育法第 83 条第 1 項）。大学は，高等学校までのような「普通教育」を提供する機関でもないし，ましてや高等学校までの教育のように「積み上げ」も前提としていない。このことは，中世ヨーロッパで設立された歴史までさかのぼる。中世大学は，学生あるいは教員の同業組合として創立され，医師，法曹，神職という専門職を養成することを目的とし，医学部，法学部，神学部で高度な専門教育を提供していた。その後，高度な専門教育の予備教育である「自由七科（文法，修辞学，論理学，算術，幾何，天文学，音楽）」が独立して哲学部となった。そして，初等中等教育は国民国家の成立に伴い，市民教育や国民教育のために制度化されてきた。

このように，初等中等教育と大学教育は，全く異なる要請と目的のために発展してきたことから，教育の点では初等中等教育までのように「積み上げ」を前提としていない。そのため，後期中等教育と大学の専門教育の「接続（Articulation）」，言い換えれば，大学入学者をどのように選抜するのかが常に「問題（Problematic）」であり，各国でそれぞれの大学と教育制度の歴史的経緯などを反映し，異なった仕組みとなっている（**図 1-2**）。

(2) 教育課程での接続

大学入学者選抜に当たって，教育課程で接続を図る工夫をしている国々がある。ひとつは欧州諸国であり，もうひとつは米国である。

まず欧州の国々を見てみよう。欧州諸国は，もともと後期中等教育が複線的であり（分岐型），出身階層と進路に応じて後期中等教育が分かれていた。英国（イングランド）を例に取れば，手に職を身につけるテクニカル・スクール，英語で教育を提供するモダーン・スクール，そして大学進学を目的として古典語であるラテン語，ギリシア語を教授するグラマースクールがあり，小学校卒業時の試験の成績により振り分けが行われた。同様にドイツではギムナジウム，フランスでリセが大学進学準備の学校である。現在の英国では民主化が進み，総合制学校にほぼ全て統一されているが，16 歳の義務教育を終えて，大学進学を目指す生徒はシックスス・フォーム（Sixth Form/College）と呼ばれる大学進学準備級で 2 年間，大学での 3 年間の専門教育に

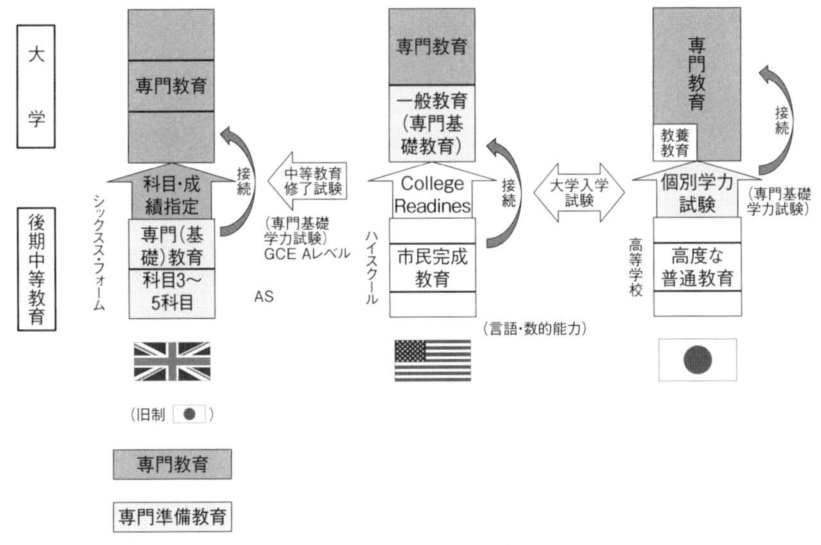

図1-2　英米日の高大接続パターン

必要な基礎となる科目を3～5科目学習し，2年終了時に「GCEAレベル試験」を3科目程度受験し，合格することが大学進学の要件のひとつとなる。つまり，この「Aレベル」試験は，大学入学試験であると同時に中等教育修了試験でもあり，「Aレベル」の科目に合格することは，大学進学や就職の際の「資格Qualification」にもなる。イギリスの大学の学士課程は3年間で，3年間は全て「専門教育」の課程となっている。そのため，専門課程を履修するための準備課程として後期中等教育があり，その学習の達成度に応じて，大学進学が決まる仕組みとなっている。Aレベル試験，とはいうものの，むしろAレベルの「カリキュラム」と呼ぶのが適切で，このAレベルのカリキュラムと大学の専門科目を通じて高大の「接続」が図られている。我が国では，旧制高校と旧制大学の関係がこの接続の仕組みに近かったと思われる。

もうひとつの教育課程を通じて高大接続を図っている国が米国である。英国などの欧州諸国と米国とは国自体の歴史も，また教育制度も全く異なり，前者は複線型（分岐型），後者は単線型の教育制度を特徴としている。英国などは，後期中等教育の教育課程を通じて高大接続を実現しているのに対して，米国は，大学の教育課程の中で高大接続を実現している。

米国の後期中等教育である「ハイスクール」は，歴史的な起源は北東部のカレッジ進学校としてのラテン・グラマー・スクールに起源を持つが，その後，独立運動や中産階級の興隆，移民の増大などを経験する中で，米国市民として誰でもが学ぶことができる「コモン・スクール」の性格を有するようになった。そのため，学校内で大学進学，職業準備などのコース分化はあるものの，理念としては米国市民の完成教育の場とされている。また，教育課程自体，州ごとに異なるという事情もあり，大学での専門を学ぶための基礎教育を提供するという性格は弱い。

そのため，大学入学者選抜は，教科科目に依存しない一般的な英語と数学の能力を評価するSATの得点（ACTはより教科科目の内容を反映していると言われる），ハイスクールでの成績，志望理由などを記したエッセイ，及び推薦書など複数の資料を基に，アドミッション・オフィサーと呼ばれる選抜の専門家が総合的に評価し合否を決めている。ここで確認されているのは，大学での学習に求められる基礎的な学力や意欲や大学との相性などであって（College Readinessと呼ばれている），個々の教科科目の学力ではない（もっとも，特定の専門分野進学を希望する場合には，SAT−Ⅱと呼ばれる科目別の試験の成績を求められることもある）。加えて，志願者は，どの専攻（Major）を希望するのかを明確にしている学生ばかりではない。そのため我が国のように特定の学部・学科（Major）に入学を許可されるのではなく，「カレッジ」と呼ばれる「学士課程」の教育組織に入学する。

では，どこで大学の専門を学ぶための基礎を学ぶのかというと，それは大学入学後の最初の2年間においてである。米国の大学（学士課程）は，我が国と同じ4年間であるが，構造的に最初の2年間（Lower Division）と後半2年（Upper Division）に分かれている。最初の2年間は「一般教育（General Education）」の教育課程を通じて，文学，物理，芸術，英語など幅広い科目を履修し教養を身につけるとともに，3年生（Junior）から専攻を希望する専門分野の基礎科目も学習するのである。

このように，後期中等教育と大学での専門との接続は，大学入学後の教育課程（General Education）で実現している。そして，学士課程での専門での履修から，さらに高度な学術分野での研究や専門職を目指す場合は，学術大学院や医学，法学，ビジネスなどの専門職大学院（Professional School）に進学することになる。

(3) 大学入学試験を通じての接続

我が国は，戦前は先にも指摘したように英国などと同じく，旧制高校で大学での専門教育に必要な外国語を含む準備教育を受けた上で，3年間の旧制大学に進学していた。しかし，第2次世界大戦後は，米国の影響を受け，高等学校は，高度な普通教育を原則とし，専門基礎教育の場ではなくなった。

他方，学士課程（大学）も，旧制高校3年，旧制大学3年が，米国と同じ4年となり，入学後1年半ないしは2年間は「一般教育（教養部）」を受けてから専門を学ぶという米国方式に変わった。が，米国と大きく異なるのは，一部の大学を除いて志願の時点で，専門である学部・学科を決めなければならないということである。学部や学科ごとに学生定員が決められているためである。そのため，一般教育を履修中に，別の専門への変更を希望しても，なかなか難しい。

そのため，入学者選抜においては，入学後の専門を学ぶために必要な高等学校での学習の達成度（基礎学力）を科目別の学力試験で確認することが不可欠となっている。加えて，厳格な学部・学科ごとの定員が存在するため，学力試験による1点刻みの「選抜」をせざるを得ない。また，学部・学科ごとに学生を受け入れるために，入学後教育を担当する専門の大学教員が，学力を含めた専門との適性の存否を自ら確認せざるを得ない。

第2次世界大戦後の新制大学は，4年制，単位制度，一般教育など形式的には米国の大学制度と同じになったが，学部・学科という専門ごとに学生を受け入れるという，旧制大学の分科大学の遺伝子を色濃く引き継いだままであった。さらに1991（平成3）年の大学設置基準の改正（大綱化）により，制度化されていた一般教育が大学や学部の判断に任され，多くの大学で一般教育の単位数が削減され，専門教育が1年から始まる「くさび形カリキュラム」が隆盛となった。そのため，高校教育と大学の専門教育の接点が，ますます近づき，教科科目ごとの学力試験（個別試験のみならず共通試験も）の在り方が大きな社会問題に常になってきた。

大学入試センター試験から大学入学共通テストへの移行に伴う，様々な混乱も，後期中等教育から大学での専門教育への接続を学力試験のみに依存していることの弊害であろう。この状況を正すためには大学入学者選抜を改革するのではなく，学士課程の在り方（一般教育と専門教育の役割分担の明確化），入学定員制度の在り方，学士課程と大学院課程の在り方など，高等教育制度そのものの改革を断行しない限り，大学入試の問題は抜本的に解決できないのではないか[15)]。

注

1） https://www.mext.go.jp/b_menu/shingi/chousa/koutou/103/toushin/mext_00862.html（2021.12.2）.

2） 中央教育審議会「新しい時代に対応する教育の諸制度の改革について（答申）」は1991年4月に公表され，他方，大学審議会の「大学教育の改善について（答申）」は同年2月に公表された。

3） 高等教育研究会編集，2002,『大学審議会全28答申・報告集―大学審議会14年間の活動の軌跡と大学改革』ぎょうせい，435.

4） https://www.mext.go.jp/b_menu/shingi/chukyo/chukyo0/toushin/05013101.htm（2021.12.1）.

5） 中央教育審議会大学分科会制度・教育部会 学士課程教育の在り方に関する小委員会（第1回）資料11.

6）「学士課程教育の在り方に関する小委員会高等学校と大学との接続に関するワーキンググループ（WG）議論のまとめ」（初等中等分科会（第59回）資料2-1）https://warp.ndl.go.jp/info:ndljp/pid/11293659/www.mext.go.jp/b_menu/shingi/chukyo/chukyo3/siryo/08030317/002.htm（2021.12.1）.

7） 中央教育審議会「学士課程教育の構築に向けて（答申）」2008（平成20）年12月，32.

8） https://www.mext.go.jp/a_menu/koutou/itaku/08082915/__icsFiles/afieldfile/2010/11/04/1298840_1.pdf（2021.11.30）.

9） 佐々木隆生，2012,『大学入試の終焉―高大接続テストによる再生』北海道大学出版会.

10） https://www.mext.go.jp/b_menu/shingi/chukyo/chukyo0/toushin/1325047.htm（2021.11.29）.

11） 同上18-19.

12） 同上25-26.

13） https://warp.ndl.go.jp/info:ndljp/pid/11293659/www.mext.go.jp/b_menu/shingi/chukyo/chukyo0/toushin/__icsFiles/afieldfile/2015/01/14/1354191.pdf（2021.9.11）.

14） 記述式，英語民間試験にまつわる問題点の整理や，大学入学共通テスト導入に至る議論の簡潔な整理については，ローラーミカ，2019.11.28,「大学入試改革の動向」『調査と情報＝ISSUE BRIEF』1073. を参照のこと。

15） 大学審議会や中央教育審議会の答申等で，学士課程と大学院課程との役割の見直しが繰り返し指摘されている。つまり，大学進学者の増加，多様化に伴い，学士課程は教養教育と基礎的な専門教育にとどめ，より高度な専門教育は大学院にすべきだ，というものである。それによって，低迷している大学院進学者の増加も期待できる。ただし，大綱化により，学士課程での専門教育は一層重視されたし，また企業の学卒一括採用の慣行もなかなか改まらない，という現実もある。

参考文献

荒井克弘・橋本昭彦（編著），2005，『高校と大学の接続―入試選抜から教育接続へ（高等教育シリーズ）』玉川大学出版部.
佐々木隆生，2012，『大学入試の終焉―高大接続テストによる再生』北海道大学出版会.
佐々木亨，1984，『大学入試制度（科学全書 14）』大月書店.

第2章　大学入試の変遷と多様化

佐々木隆生

はじめに：高大接続と大学入試

高等学校（以下,「高校」）と大学の接続を考える時，大学の入学者選抜（大学入試）のことと理解する向きが一般的であろう。しかし，そのような理解は，高大接続がもつ本質的な諸要素を看過するにとどまらず，大学入試の「改革」自体をも歪めてしまう傾向をもっている。本章では，高大接続という課題の意味と接続の構成要素について触れることから日本型の高大接続の性格を明らかにし，その上で戦後教育改革以後の大学入試の変遷とその意味を，①戦後改革から1980年代まで，②臨時教育審議会第一次答申（1985年）を受けての大学入試の変容，③中教審答申「一体的改革」（2014年）以後に分けて検討する。

1. 高大接続と大学入試

(1) 教育制度と高大接続

日本では，1872（明治5）年に小学から大学までの教育制度が「学制」として定められ，その後幾多の改革・改訂を経ながら，戦後改革によって生まれた1947（昭和22）年の学校教育法にも制度の基本骨格が継承された。このため，大学入試を教育制度に位置づける時，小学校から中学校への接続と同様に，後期中等教育から高等教育へと教育課程が「積み上げ」られていると理解されることが多い。しかし，後期中等教育から高等教育への接続には，そのような「積み上げ」を困難とする歴史的・構造的要因が存在してきた。

歴史的にみれば，近代教育制度を生んだヨーロッパで，現在存在する主要な学校種は「積み上げ」によって形成されたものではなかった。大学は中世に始まり，中等教育機関はルネサンス以後に上流階級向けに設立され始め，17 世紀から 19 世紀にかけて初等教育機関が誕生した。職業教育を別にして抽象化すれば，初等中等教育で普通教育を行い，高等教育でリベラル・アーツと専門教育を行うという近代教育制度は，これらばらばらに誕生した学校種を制度化あるいは体系化するという試みの所産であり，中等教育から高等教育への接続をいかに実現するかが大きな課題となった。中等教育修了と高等教育入学資格を与える国家試験として，ドイツが 1788 年にアビトゥーア（Abitur）を，フランスが 1808 年にバカロレア（Baccalauréat）を創設したのはこのためであった[1)]。

教育制度が形式的には明治学制以後整備された日本も，接続という課題を避けることはできなかった。大学および旧制高校の高等教育と小学から中学までの教育という「二つの学校系統」の間に緊張が存在し，「上からの接続」と「下からの接続」をいかに実現するかという課題に直面したのである[2)]。文部省の内部においても大学・旧制高校・予科の教育上の要請を追求する専門学務局と小学校からの積み上げに基づく教育上の要請を体現する普通学務局は，中学の教育課程などをめぐって対立したのであった。さらに注目すべきことに，以上のことの他の事情もあって，日本にはヨーロッパのような「修了あるいは資格試験」が定着せず，学校種間の接続は「入学試験」に依存する傾向を強くしてきた[3)]。

結果的に教育上の接続は実現しえず，少ない高等教育機会をめぐる激しい進学競争を背景に，学力把握を旧制高校・予科の個別および共通入学試験に依存する日本型高大接続が誕生し，そのような接続の在り方は，戦後の学校教育法による制度化の後も，幾つかの改革の試みはあったものの今日まで継続してきた。

(2) 高大接続の 2 要素と日本型高大接続

高大接続は，高校と大学の教育をいかに接続するのかを内容とするが，それは 2 つの要素から構成されている[4)]。第 1 の構成要素は，大学教育に接続するために，高校教育で何をどこまで達成すればいいかという「教育上の接続」である。この要素は2つの課題を含んでいる。第1は，「公的教育課程（カリキュラム）」に代表される中等教育の標準的教育課程の確立であり，第2は，「学力の達成度把握」である。「公的教育課程」に関しては，国全体で決めているところもあれば，アメリカのように州ごとに決めているところなどがあるが，いずれにしても，公的指針がなければならない。「学力の達成度把握」については，ヨーロッパにはバカロレアやアビトゥーア，イギリスのGCE-Aレベル（General Certificate of Education, Advanced Level）のような，中等教育の修了試験と大学入学資格試験を兼ねた共通試験があり，アメリカには中等教育修了の学力を把握するSATやACTといった達成度試験がある。いずれにしても中等教育が終わった段階で，大学に進学する上での中等教育段階の教育課程にしたがった学力の達成度が測られている。

高大接続の第2の構成要素は，「選抜による接続」，つまり「大学による入学希望者からの入学者選抜」である。フランスでは基本的に無試験で大学に進学が可能であり，ドイツでは，入学定員との関係次第で共通試験の成績や面接による選抜がある。アメリカでは，SATやACTの成績や高校での成績・活動を総合して選抜がなされる。特殊なケースとしては，イギリスのオックスフォードやケンブリッジ，ロンドン大学の一部のほかフランスのグランゼコールなどが，通常の共通学力把握試験の上に難易度の高い共通試験・個別試験を行っている。

高大接続を構成する2要素を基準に日本の高大接続を考えると，第1の要素である教育上の接続の一部は不完全かつ一部は存在せず，第2の要素である学力選抜を基本とする「大学入試」が基本的に高大接続を規定してきた。

高校教育については学習指導要領によって公的な教育課程が定められ，1947年制定の学校教育法の第5章「大学」の第56条，現在の同法第90条で高校卒業者に大学入学資格が得られることから，制度上は教育接続が整えられている。しかし，第1に，教育課程を定める高校学習指導要領は，一方で義務教育との接続を考慮しながら，しかし，他方では大学に接続する視点を欠いて改訂されてきた。このため，大学は高校学習指導要領の改訂の度に，入試で課す教科・科目と出題範囲の変更を余儀なくされ，また大学での基礎教育，一般教育，さらには専門教育もその影響を受けてきた。第2に，学校教育法では各学校種の入学資格が定められても修了要件は定められず，施行細則などによって学校長が卒業認定を行うとされている。その結果，修了時の学力把握は各学校によって異なり，調査書も各学校内の尺度で記載されてきた。ヨーロッパのような中等教育修了・資格試験はもとよりアメリカにあるような共通の学力把握はなされないままとなっている。

このような状態が生まれた理由のひとつとして，小学校から高校までの普通教育と大学以後の高等教育の間の切断がある。学校教育法は，1947年の制定から2007年の改正まで「高等学校の目的」を，1899年の「中学校令改正」及び「高等女学校令」を継承して「高等普通教育…を施す」と定めていた。他方，1918年の「高等学校令」が定めた「高等普通教育ヲ完成スル」とした目的規定は学校教育法に継承されず，大学の目的の一部に，一般教育（英語では普通教育と同じ general education）を指す「広く知識を授ける」と規定されるにとどまった。その後，文部省では，小学校の「初等普通教育」から始まる普通教育が旧制中学校・高等女学校を継承する普通科高校で「完成」されるという理念が形成され，普通教育を高等教育とは別個の学校系統である教育体系に位置づけるに至り，普通教育と大学の一般・基礎教育との関係を断ったとも言える。その結果，戦前の普通学務局と専門学務局の関係にも似て，戦後の初等中等教育局と高等教育局の間の「縦割り」にも関係した行政上の断絶がもたらされたのではないであろうか。

このような教育接続の機能不全は，教育接続にとって必要な学力把握を大学が選抜接続において実施する学力試験に依存する日本型の高大接続形成をもたらした。無論，**表2-1**にあるように，旧制高校・予科や戦後の大学の入試（学力選抜試験）に一部共通試験が導入されてきたが，それは「修了あるいは資格試験」ではなく大学の「選抜試験」を構成する試験であったことを看過してはならない。

(3) 大学入試の特質と教育接続

日本型高大接続を特徴づける大学入試は教育接続に必要な学力把握機能を果たしうるものであろうか。

大学入試の第1の特質は，入学させたい学生を選抜する試験ではなく，定員までもしくは定員を上回ったとしても適切な人数までに入学者数を抑えるための「落第試験」だという点にある。国公立大学のように定員に対して欠員がでることを厳しく規制する場合の入試を考えればよい。

第2に，入試は，受験者の学力達成度を測る試験ではなく，何よりも受験者の成績を差別化するための試験である。素点または粗点（raw score）に基づく得点分布に従って「落とすための目安」を作るのが大学入試に他ならない[5)]。学力達成度を測る試験は「目標準拠型テスト Criterion Referenced Test」であるが，入試は成績を差別化する試験「集団準拠型テスト Norm Referenced Test」を本質としている。

第3に，大学入試は，基本的には大学の専門学部・学科の教育に対応した試験であって，高校段階での普通教育の達成度を測る試験ではない。このため，国立大学でも，共通試験では普通教育の成果を一般的に測っているが，個別試験では各学部や学科の専門教育によって入試で課される教科・科目が異なっている。

第4に，入試は全受験者に対して公平公正な選抜試験でなければならない。一回限りの試験によるのではなく高校での教育達成度の評価を記載する調査書を利用するべきという意見がよく提起されるが，この理由から困難であり，高校教育の達成度を客観的に把握するにはなんらかの共通試験が必要とされる。調査書は各高校の校内尺度で作成されるからである。現在，学習の記録に記載される評定値は絶対評価に基づいているが，評価の基準自体は各高校で異なっている。さらに，尺度の相違は，成績以外の事項記載にも及び，例えば，ある高校で「県内の大会で良い成績を収めた」場合に記載基準を満たしているとしても，他の高校が「全国大会で優秀な成績を収めないといけない」という基準を設けている場合を考えればよい。

大学入試がこのような特質をもつ限り教育上の高大接続に必要な学力把握機能を果たすには限界があることは明らかである。それがある程度可能であった時期については，後に述べることにしよう。

2. 戦後大学入試の変遷：臨時教育審議会第一答申以前

(1) 1980年代半ばまでの戦後大学進学状況の推移

大学入試の変遷は，日本型高大接続が種々の問題を抱えながらも機能した段階と，機能不全となり抜本的改革を迫られるようになった段階に分かれる。前者は，戦後大学入試が始まった1947年から1985年の臨時教育審議会（以下，「臨教審」）第一答申による「改革」の展開前までで，マーチン・トロウ

表 2-1　単独選抜と共通テストの変遷：戦前・戦後

年	事項	参考
1902 年―1907 年	共通試験総合選抜制	旧制高等学校，大学予科に各校共通問題を導入，受験会場は近隣とし，予め登録した志望順位と成績で各校に振り分け
1908 年―	単独選抜制	試験科目，試験期日にルールを設けて各校で問題作成（1908 年）
1909 年―1916 年	共通試験単独選抜制	共通試験に基づいて各校が志願者から合格者を単独で選抜
1917 年―1918 年	共通試験総合選抜制	
1919 年―1925 年	共通試験単独選抜制	
1926 年―1927 年	二班制による共通試験単独選抜制	旧制一高など 13 校を第 1 班，旧制 3 校など 12 校を第 2 班として 2 回の受験可能，ただし合格発表は 1 回
1928 年―1940 年	単独選抜制	試験科目の縮小や調査書（内申）を導入するが実現困難
1941 年―1944 年	共通試験単独選抜制	
1945 年―1946 年	3 期にわけての学力検査なしの選抜	1946 年に進学適性試験の前身である「知能検査」実施
1947 年―1954 年	Ⅰ期校・Ⅱ期校の単独選抜と進学適性試験実施	
1955 年―1962 年	Ⅰ期校・Ⅱ期校制での単独選抜	
1963 年―1968 年	能研テストの実施	
1969 年―1978 年	従来のⅠ期校・Ⅱ期校の単独選抜	
1979 年―現在	共通試験と単独試験の組み合わせ	1979 年―1989 年は共通第 1 次学力試験，1990 年―2020 年は大学入試センター試験 2021 年から大学入学共通テスト

出典：佐々木 2012

（M. Trow）の 3 段階[6)]を大学のみを対象に言うと，1968 年までの「エリート段階―進学率 15％以下」と 1969 年に 15％を超えて 1993 年まで続いた「マス段階」前期（進学率 30％以下）の時期にあたる。この段階は，1970 年代後半からの第一次ベビーブーム後の 18 歳人口減少期の大学入学定員抑制期と 1980 年代後半からの大学入学定員増加にもかかわらず 1992 年をピークとする第二次ベビーブームに出生した 18 歳人口増加期を含んでいる。**表 2-2** に見るように1960年代から私立大学が急増したが，進学率は**表2-3**が示すように，1970年代後半から85年まで停滞していた。その後入学者数は増加したが急速な18歳人口増加に入学者数が追いつかなくなり，1992年の進学者数54万人は18歳人口205万人の26%強にとどまっている。

こうした進学率の低位継続は，戦後から12年経った1957年に清水義弘が『試験』で描いた「入学難」が[7)]，1960年代後半から70年代前半までの18歳人口と高校卒業者数の低下と大学数・入学定員の増加で若干緩和されたにせよ継続したことを，特に「難関大学」に関しては一貫して継続したことを示している。

(2) 共通1次試験導入以前の大学入試制度

臨教審までの大学入試は，大きく分けると共通第1次学力試験（以下，「共通1次試験」）の導入以前と導入以降の2つの段階に分かれる。

文部省は，進学難による受験競争の激しさから受験学力育成に高等学校教育が傾斜することないように，高等学校での教育達成状況や基礎的学力・適性などを含めた「総合判定」による選抜を追求した。しかし，**表2-1**に明らかなように，共通1次試験が導入される1979年以前は，共通テストを含めた「総合判定」の試みがあったにしても選抜制度は結果的に個別学力入試に依存するようになっていった[8)]。

1947年から1954年には，SATをモデルとしたアメリカ型の選抜制度導入を意図した進学適性検査（進適）が実施された。進適と学力試験，さらに調査書を併せて総合的に評価するという理念に基づいて新制大学の選抜制度を確立しようとしたのである。しかし導入後，様々な弱点が露呈することになる。学生にとっては「進適のための勉強」が必要となり，個別学力試験もあるので，むしろ受験勉強の負荷を大きくするなどの問題があり，事実上，進適は廃れていき，結果的に個別入試での選抜が確立された。

大学の個別学力試験でのみ選抜がなされることは，「一回限りの学力試験」で進路が決定されることを意味し，学力試験では判断しえない能力や高等学校での学習状況は選抜で考慮されることがない。そのことへの批判は，個別入試での選抜に対する批判を生み，1963年の中央教育審議会（以下，「中教審」）は，総合選抜の復活を目指した答申を行い，それに基づいて，1963年から68年まで「能力開発研究所テスト（能研テスト）」が導入・実施された。

表 2-2　戦後学制改革から 1985 年までの大学数

年度	総数	国立大学	公立大学	私立大学
1949	178	68	18	92
1950	201	70	26	105
1960	245	72	33	140
1970	382	75	33	274
1980	446	93	34	319
1985	460	95	34	331

出典：学校基本調査等

表 2-3　戦後―1985 年の大学（学部）への進学率

	総数	男	女
1955（昭 30）	7.9	13.1	2.4
1960（昭 35）	8.2	13.7	2.5
1965（昭 40）	12.8	20.7	4.6
1970（昭 45）	17.1	27.3	6.5
1975（昭 50）	27.2	41.0	12.7
1980（昭 55）	26.1	39.3	12.3
1985（昭 60）	26.5	38.6	13.7

出典：学校基本調査等

能研テストでは，適性検査と学力検査の２つを実施し，なんとか総合評価へ近づけようと努力したが挫折に終わる。1963 年に適性検査は大学入学者数を上回る 28.1 万人であったが，68 年には 12.7 万人に，学力検査は 63 年に 32.2 万人であったが 68 年には 10 万人に落ち込んだ。受験の要件とした大学は，68 年になってもなお国立と公立が各１大学，私立は２大学でしかなく，大学側も利用に否定的であった。

しかし，総合判定への努力はその後新たな局面をもたらすに至った。大学の個別試験で，大学が試験の弁別度を確保するために出題難易度を高めた結果，高校学習指導要領を超える問題や，その教科・科目の理解の本質からかけ離れた「難問・奇問」が出題されるようになり，そのことへの批判を背景に，1971（昭和 46）年に新たな中教審答申，いわゆる「四六答申」が出された。答申は，「総合選抜を可能とするために，調査書を利用したい。その調査書の評価水準を補正する共通テストを実施すべき」とし，さらに，国立大学で５教科にわたって個別試験が行われていたのに対して，進学しようとする専門分野に特に重視される特定能力について個別試験を行い，論文試験や面接なども総合判定の資料とすることなどを提起したのである。しかしながら，新たな「共通テスト」に関する中教審答申は，高校での教育水準を把握する試みにつながるものであったが実現せずに終わった。「調査書の評価基準を補正する共通テスト」の作成自体が難航を極めたからである。その結果，「東京大学の１次試験をモデルにして，高等学校での学力の達成度を測る共通第１次学力試験を作る」という国立大学協会（以下，「国大協」）の提起が採用され，1979（昭和54）年に実施されることとなり，同時に，これを機に，Ⅰ期校・Ⅱ期校制度はなくなり，国立大学の入試が同一日程で実施するに至った。

共通1次試験は，国立大学協会が推進し，国立大学の共同利用施設として「大学入試センター」が設置されたことから，5教科7科目（国語，数学，外国語に社会と理科は2科目選択）の試験成績をすべての国立大学が利用することになった。各大学・学部等は，共通1次試験に加えて，少数教科・科目の試験や小論文による個別学力試験（二次試験）を実施し，それぞれの大学・学部等で組み合わせの程度は異なるが1次と2次の試験を総合して合格者を選抜することになった。

共通1次試験は，大学の集団準拠型の選抜試験を構成するものであり，日本型高大接続の転換をもたらすものではなかった。だが，「高等学校における一般的・基礎的な学習達成度の共通尺度による評価」を目的とし，全国の大学から参加した作題者が協力して学習指導要領の範囲での試験問題を作成することを実現し，かつ5教科7科目の試験であることから高等学校での普通教育の成果をどの大学も利用することを可能とした。

しかし，共通1次試験の導入後まもなく，高等教育機会が不足して入試圧が上昇したことも背景に，この制度への批判が出されるに至った。

第1に，国公立大学の受験生が，共通1次試験と個別試験の2回試験を受けなければならないことから「負担が大きい」という批判が生じ，また第2に，Ⅰ期校・Ⅱ期校制度の廃止による国立大学の受験機会の減少に対する批判が出された。またこれら2点から共通1次試験は私立大学への受験者シフトをもたらしたとも言われた。私立大学受験では，同じような少数科目入試を行う多数の大学を受験することが可能であったからである。そのこと以外にも，所得水準の上昇によって私学の学費を負担することや東京や関西都市圏での生活への仕送りなどが過日に比して容易になったことなどもあろうが，共通1次導入から私学への受験シフトや国立大学合格者が有名私大に入学するという現象が生じたのは確かであった。

第3は，共通1次試験の成績の結果で，ごく僅かの差で志望大学が決定されるという「輪切り」に対する批判，そして第4は，「画一的学力評価」への批判であった。「5教科7科目の学力達成度を測る」ということは，「5教科7科目についてすべて高い学力を達成しなければならない」ことを意味する

表 2-4　私立大学の入試科目　1975-1980

受験科目数	1980 年度 募集人員	1975 年度 募集人員	増減
3 教科	185,244 (83.0%)	157,117 (81.1%)	28,127
4 教科	4,240	5,590	△ 1,350
5 教科	80	80	0
3 教科以上	189,564 (85.0%)	162,787 (84.0%)	26,777
募集総人員	223,077	193,712	29,355

出典：佐々木 2017c

ものではなく，普通教育の達成度を測るという目的に基づいていたが，教育接続を理解することなく，受験競争の激しさのみ注目した結果，高校生に5教科7科目の試験を課すのは画一的だ，という感覚的な批判であった。

(3) 大学入試が学力把握を代理した諸要因

なぜ大学入試が学力把握を代理できたのか。1985年までの状況を考えると，3つの要因を指摘することができよう。

第1は，先に触れたように，高校教育をもって普通教育が「完成」するとの理念から，基礎的教科・科目の全般的履修をもって「高等普通教育」を授ける教育行政が追求された。大学入試において大学が目的とする教育との接続面がこの点では維持され，したがって大学は基礎的教科・科目を学力試験に課すことができたのである。

第2は，文部省が大学入試にあたって「高等学校で教育する5教科全科目について出題する」ことを大学に要請していたことである。1958年に文部省大学学術局大学課が出版した『大学入試に関する調査』では，「実施の教科および科目が一方的に偏した教科，科目だけを実施している大学があるかどうか」を学生募集要項から調べ，国立大学と公立大学は国語，社会，数学，理科，外国語の5教科を，私立大学はそれらの内3教科を課しているのが最も多いと述べ，5教科より少ない科目を課している大学名を掲げていた。それだけ文部省は普通教育の達成度と大学への進学の関係を重視していたのである。なお，私立大学の3教科中心（理系大学・学部では数学・理科・外国語，文系では国語・社会・外国語）入試は，国立大学に比して競争倍率が低い状態に対応するとともに，「高等学校で普遍的に基礎的教科・科目を学んでいることから専門に関する教科を出題すればよしとする」のを根拠としていた。そのような入試科目の在り方は，**表 2-4** にみるように，1980 年になっても変わることがなかった。

第 3 の要因は，すでに指摘した「高等教育への需要の高まりと進学機会の不足」の継続である。受験競争の圧力が高まり，一方で，高等学校が受験準備の「予備校化」しているとの批判も生まれたが，他方，受験生が高い倍率をくぐりぬけて合格するために内容や方法はともかくとして勉学したこと自体は確かであった。

3. 臨時教育審議会第一次答申から始まる高大接続の機能不全

(1)「第三の教育改革」と大学入試制度と高等学校教育課程の変容

1984 年，中曽根内閣は「戦後の社会及び文化の発展に対応する教育の実現」を目的として，官邸主導の臨時教育審議会を立ち上げた。1985 年の第一次答申は，明治学制に始まる「第一の教育改革」，戦後の「第二の教育改革」が「追いつき型」であったが，今後は「創造性」や「個性の尊重」を重視する「第三の教育改革」が必要であるとの立場から，大学入試制度に深く関わるものとなった。答申は「個性重視」，「創造力・考える力・表現力の育成」や「選択の機会の拡大」などの「基本的考え方」に基づいて，「受験競争過熱の是正」を図る大学入試制度の改革を求めたのである。

大学入試については，第 1 に，臨教審答申の「画一的な試験はよくない」という批判に基づいて，共通 1 次試験を廃止し，私立大学も参加し 1 科目での利用も可能とする「ア・ラ・カルト方式」の「大学入試センター試験」が導入され，第 2 に，「国立大学の受験機会の複数化も行うべき」という提言から，国立大学の入試日程の変更が導入された。国大協は，1987 年から，共通 1 次試験の下で「A 日程」と「B 日程」に国立大学を分けて，受験者が両日程での合否確定後に進学先を「事後選択・連続日程方式」を開始し，さらに 1989 年から同一大学が「前期日程」と「後期日程」に定員を分けて選抜を実施する「分離分割方式」導入を開始し，1990 年の共通 1 次試験から大学入試センター試験への転換を経た後の 1997 年にすべての国立大学が「分離分割方式」に移行するに至った。第 3 に，「個性重視」に基づく「選抜の多様化」と「評価尺度の多元化」の推進がなされた。選抜の多様化では，推薦入試と日本型 AO 入試の導入，評価尺度の多元化では，少数科目入試の推奨などが進められた。それらは 2006 年に国立大学が推薦・AO 入試を含んでの分離分割の弾力化に踏み切ることの遠因ともなった。

臨教審第一次答申では高校教育改革には踏み込まなかったが，その後「基本的考え方」に基づく高大接続に関係する「改革」が進行した。「個性重視の教育をすべきである」という基本的考えから，中等教育における「多様化」と「弾力化」が提起されたのである。それを象徴するのが「教育課程の弾力化」である。

1947（昭和 22）年に学校教育法が制定され，その翌年から新制高等学校がスタートしたが，その当時の同一年齢間の高等学校への進学率は 30%，今の大学生より遥かにエリートであった。さらに新制高等学校に進学した中から 4 年生以上の大学に進学した学生は，わずか 7 %でしかなかった。しかし 1975 年に高等学校への進学率が 90%を超えて，高校が「国民的教育機関」として位置づけられるに至り，文部省は高校において「普通教育の完成」という理念を放棄し，卒業必要単位の縮減，2 単位科目の設置と選択の幅の拡大，学習内容の削減などの教育課程の弾力化に向かった。

1960 年告示の普通科の学習指導要領では，理科 4 科目・社会 5 科目を含めた 5 教科にわたって網羅的に必修とされ，卒業に必要な単位数は 85 単位以上で，普通科必修単位は男子で 17 科目（68～74 単位），女子で 18 科目（70～76 単位），卒業の単位に占める必履修単位の比率は 80%であった。しかし教育課程の弾力化の開始となった 1978 年告示，82 年実施の学習指導要領では，卒業単位は 80 単位以上，普通科必修単位は男子で 7 科目，女子で 8 科目，いずれも 32 単位となり，さらに臨教審答申を受けて後の 1989 年告示の学習指導要領では，卒業必要単位数は 80 単位以上で，普通科必修単位は 38 単位，しかし 2 単位科目が広範に設定され，必履修単位比率も 50%弱となった。普通教育の学習内容は大幅に削減され，さらに削減は 1999 年告示の改訂でも継続されていった。

(2)「第三の教育改革」と日本型高大接続機能の低下

臨教審の「第三の教育改革」は,「偏差値偏重の受験競争の弊害の是正」という視点から大学入試制度を変えようとした。しかしその結果, 3つの要因から, 入学試験によって学力達成度を担保し, 高等教育に高校教育を接続するというやり方は機能不全になり, 一部の難関大学を含めて日本の大学全般として高等教育の質の維持自体が困難となる事態がもたらされた。

その第1の要因は, 高校学習指導要領の改訂による普通教育内容の低下である。日本型高大接続が戦後機能したのは, まがりなりにも「普通教育の完成」を目指した高校学習指導要領があったが, 臨教審答申以後, 本来は対立するはずのない「普通教育」と「個性重視の教育」を, 前者が画一的であるかのような論理から教育課程の「弾力化」を進め, その結果, 高大接続に必要な普通教育体系を変容させ, 大学入試の学力把握機能を基礎から掘り崩したからである。

第2は,「人間を多面的に評価し, 選抜方法や基準の多様化, 多元化」によって入試の改善を目指したことである。それは, 一面では重視すべき内容を含んでいるが, 第1の要因とあいまって, 入試の学力把握機能の基礎を掘り崩すこととなった。

これらの要因は何よりも私立大学の入試に強く作用した[9]。**表2-5**によれば, 教育課程弾力化が始まった学習指導要領に基づいた1985年度入試で3教科以上の入試が急速に減少し, 91年入試ではさらに進行している。また, 学力選抜以外の入試形態が増加した。私立大学は文部省に推薦入試が公認されるまで, ごく一部を定員以外の枠推薦入試で入学させていたが,「大学入試の多様化と評価尺度の多元化」に基づいて推薦入試の枠を80年度の480人程度から85年度の3万3,399人へと拡大した。また, 1990年から始まったセンター試験でも, 私立大学の利用は少数科目が中心をなした。2009年には, 個別試験との併用では2科目が46.9%。1科目は19.5%。そして3科目が17.5%であり, センター試験のみで合否を判定する方式では, 3科目が41.2%, 2科目が31%となっていた。さらに重視すべきは, 私立大学の入学試験の教科・科目の数の組合せパターンが, 3教科を基本的に課していた1956年の36パターンが崩れて, 2009年には156パターンにまで増加し, また1991年からより多くの学生を採るために, 同一募集単位で複数の入試日,

表 2-5　私立大学入試の変化　1980-1991

受験教科数	1991	1985	1985-1991 増減 （△は減）	1980	1980-1991 増減 （△は減）
3 教科（1 次で 3 教科ないし 4 教科の選択を含む）	153,979 （62.9%）	134,288 （66.9%）	19,691	185,244 （83.0%）	△ 31,265
4 教科	380	1,190	△ 810	4,240	△ 3,860
5 教科	0	0	0	80	△ 80
3 教科以上	154,359 （63.0%）	135,478 （67.5%）	18,881	189,564 （85.0%）	△ 35,205
総募集人員	244,966	200,706	44,260	223,077	21,889

出典：佐々木 2017c

1980 年に比して 1985 年に総募集人員が減少したのは，総定員が 10,548 人増加したのに対して，定員を振り当てた推薦入学が 1980 年度の 480 人から 1985 年度の 33,399 人に増加したことによる

複数の教科・科目組み合わせによる入試が一般化してきた。入試に依存する学力把握は普通教育の一般的達成度と関係をもたなくなり，すでに 2008 年には，推薦入試と AO 入試が増加したため，一般学力入試比率は 48.6% と半数を切り，入試は教育接続に必要な学力把握の手段ではなく入学者確保のための手段に転化したのであった。しかも，入学試験の問題に目を向けると，国立大学の 2 次試験とは対照的に，長文の記述問題が衰退し，かつての長文の記述問題が少なくなり，現在は，私立大学がいう「記述問題」は空欄の中に解答を入れる穴埋め問題でしか無い場合が多くなっている。「第三の教育改革」は皮肉にも「詰め込み，丸暗記」を促迫したのであった。

国公立大学も様相は異なるが入試の学力把握機能低下の問題に直面することとなった。臨教審答申は「共通テストは…各大学での多様で個性的な選抜の実現に資することを目的」とするとし，テストの利用の可否や利用方法を「国公私立を通じた各大学の自主的な判断に委ねる」と述べて共通 1 次から大学入試センター試験への転換を図った。国大協は，1987 年から共通 1 次の受験科目を 5 教科 7 科目から 5 教科 5 科目に減らし，さらに 1990 年の大学入試センター試験から各大学の自主的判断で利用科目を決定することにした。その結果，2002 年の前期日程試験で 5 教科 7 科目を利用する大学は国立大学の 13.5% にまで減少し，共通試験による「高等学校における一般的・基礎的な学習達成度の共通尺度による評価」という目的は達成しえない事態が生まれたのであった。

高大接続の機能不全の第3の要因は，臨教審答申が背景とした入試圧の劇的な低下である。それは，18歳人口が1992年の205万人をピークに15年後に130万人まで激減し，進学志願者に対する入学者の比率である大学収容率が1990年を底にして上昇したことによってもたらされた。臨教審答申以降，日本型高大接続の基盤が高校教育課程の弾力化と入試の変容によって掘り崩されたが，それでも1980年代前半は18歳人口の上昇と大学定員抑制によって，「入試圧」の高さが継続し，この機能不全がすぐには顕在化しなかった。だが，「入試圧」の低下とともに機能不全が露呈化することとなった。入学試験が非常に易しくなり，「学力担保なしの非学力選抜」と言われるAO・推薦ばかりでなく，学生確保のための入試の「易化」が私立大学を中心に生じたのである。

4．中教審答申「一体的改革」と現在

(1) 国大協の問題提起

日本型高大接続の機能不全を取り上げて問題提起をしたのは国大協であった。第1に，国大協は2000年の総会において第2常置委員会の報告「国立大学の入試改革─大学入試の大衆化を超えて」を承認し，臨教審答申と訣別し，2004年からのセンター試験科目を原則5（6）教科7科目とすることを決定した。その結果，2006年には7科目利用の大学は全体の90%近くに回復した。第2に，法人化後の国大協は2007年の総会で，入試委員会の報告「平成22年以降の国立大学の入学者選抜制度」を承認したが，それは，国立大学全体のアドミッション・ポリシーとして基礎的教科科目の普遍的履修する」ことを掲げ，「第1次試験として高等学校における基礎的教科・科目についての共通試験を課」すとした。

また，さらに踏み込んで，「高校での基礎的教科科目の学習の達成度を把握する新たな仕組みの構築を要請」した。2008年の中教審答申「学士課程教育の構築に向けて」は，この問題提起を受けて「高大接続テスト」と呼ばれる共通試験の導入の協議・研究を開始することとし，2008年10月から文部科学省先導的大学改革推進委託事業として高大接続テストに関する大学・高等学校関係者による協議・研究が開始された。2010年に北海道大学（研究代

表：佐々木隆生）から文部科学省に出された「高等学校段階の学力を客観的に把握・活用できる新たな仕組みに関する調査研究」は，その成果であった。

(2) 高大接続テストと教育再生実行会議第四次提言

2010 年の調査研究は，①高校において学ぶ教科書に基づく基礎的学習成果達成度を把握するための試験，②共通 1 次やセンター試験のような 1 回限りの素点に基づく評価を行う集団準拠型試験ではなく，IRT（項目応答理論）などを利用して幅広い学力把握を年に複数回実施される目標準拠型試験，③それによって大学が個別学力試験において思考力・判断力・表現力を重視した個別試験や面接を可能とする試験ならびに推薦・AO 入試の基礎資料を提供する試験，これらの性格・目的をもつ試験として高大接続テストを構想し，大学入試に教育上の学力把握を依存する日本型高大接続の転換を図ろうとするものであった。

高大接続テスト構想は，種々の要因もあって制度化に進むに至らなかったが，高大接続問題への関心を生んだ。2013 年の教育再生実行会議第四次提言「高等学校教育と大学教育との接続・大学入学者選抜の在り方について」は，その現れの一つであり，①高校教育の基礎的・共通的達成度を，複数回実施を通じて把握する「基礎レベル」の達成度テスト，②これに対応して大学の求める学力水準の達成度を測る「発展レベル」の達成度試験，これら 2 つの共通試験の導入を含む改革を提起したのであった[10)]。

(3) 中教審答申「一体的改革」とその結果

教育再生実行会議の提言を具体化するための中教審答申「新しい時代にふさわしい高大接続の実現に向けた高等学校教育，大学教育，大学入学者選抜の一体的改革について」が 2014 年 12 月に，さらにそれを受けての「高大接続システム改革会議」最終報告が 2016 年に出され，その後，「一体的改革」の具体的制度構築が行われた。

しかし，「高大接続システム改革会議」最終報告とその後の作業は「一体的改革」とは乖離し，その内容も一部を除いて実現しない結果となった。①達成度テスト（基礎レベル）は，民間事業者が異なる目的をもって作成する「学びの基礎診断」となり，各高校が選択的に実施し，高大接続と関係をもたず，実施高校内の教育目的に利用されるものとなり，②達成度テスト（発展レベル）は，「大学入学共通テスト」となったが，それは①当初企図された国語と数学での記述式の実施と英語民間試験利用を放棄し，②センター試験と同じ１回限りの集団準拠型試験となった。結果的に，「一体的改革」構想からほど遠いものものとなり，かつ日本型高大接続の転換は果たされないままとなった。

「一体的改革」が失敗に終わった第１の要因は，高大接続システム改革「最終報告」に見られる現状認識にある。「この教育改革は，幕末から明治にかけての教育の変革に匹敵する大きな改革」と位置付けた最終報告は，ほとんど臨教審第一次答申と同じ認識にあり，1980年代後半からの日本型高大接続の機能不全の原因を看過したまま，「人間を多面的に評価し，選抜方法や基準の多様化，多元化を図」る方向での大学入学者選抜方法の改革と高校などでのアクティブラーニングなど教授法や成績評価法の改革に向かった。

第２は，「第四次提言」に始まり「最終報告」に至るまで，①試験を集団準拠型で素点評価がなされることを前提に検討し，目標準拠型試験の必要性を看過し，その上，②バカロレアなど欧州の記述試験に着目しながら国立大学の個別試験型の記述試験は実施不可能として，短字数で定型的回答を求める記述試験を共通テストに導入しようとするなど，試験の特性，実施方法，評価方法などへの理解を欠いた検討を行ったことにある。その結果，「作れないレシピで食べられない料理」を作るに等しい結果となった。

教育再生実行会議から始まる高大接続改革は無残な結果となったが，教育接続に必要な学力把握を大学入試に依存する日本型高大接続を転換する必要性は依然として存在する。現状や接続に関する深い理解に基づいて，高校と大学，文部科学省内での初等中等教育局と高等教育局，国立大学のみならず全大学など関係者が集合的に次の段階の改革に向かうことが望まれる。

注

1） 学校間接続については佐々木隆生（2012）pp. 45-47，ヨーロッパの国家試験導入については天野郁夫（2007）「1．近代化と試験の時代」pp. 17-48 を参照。

2） 明治学制以後の日本の中等教育と高等教育の接続問題については，天野郁夫（2007）pp. 251-267，天野郁夫（2009）「第三章　帝国大学の整備」pp. 165-190，先崎卓歩（2013）を参照。

3） 資格試験が日本で定着しなかったことについては，佐々木隆生（2012）pp. 208-211,

天野郁夫（2007）pp. 352-356 を参照。

4） 高大接続を教育接続と選抜接続の2要素によって構成される点については，先﨑卓歩（2010）pp. 59-60，北海道大学（2010）pp. 14-16，佐々木隆生（2012）pp. 3-4，p. 48 を参照。

5） 素点に基づく集団準拠型テストの学力把握の特質については，佐々木隆生（2012）pp. 58-63，pp. 92-95，pp. 103-107 などを参照。

6） マーチン・トロウ（1976）は，4年制の大学以外の高等教育機関を含めて歴史的構造を3段階に分けている。日本の場合に短大を含めるとエリート段階からマス段階への移行は2～3年遡るが，ここでは4年制大学に限定して画期している。高等教育機関をどのように位置づけるかによって段階画期が異なり，短大，高専などを含めてどのように日本の高等教育の発展を画期すれば良いのかについては別個の研究が必要となるであろう。

7） 清水義弘（1957）「I　機会均等への挑戦」pp. 1-74，また戦前・戦後を通じる入学難については，佐々木隆生（2012）pp. 202-207 を参照。

8） 総合判定に関する歴史的考察については，先﨑卓歩（2010）pp. 73 以下，佐々木隆生（2012）pp. 173-187，黒羽亮一（1978）pp. 109-129 を参照。

9） 以下の私立大学の入試の変化については，佐々木隆生（2017c）による。

10） 教育再生実行会議第四次提言，中教審「一体的改革」答申，高大接続システム改革会議についての著者のコメントについて，詳しくは，佐々木隆生（2014a, b），（2017a, b）を参照。

引用文献

北海道大学，2010，「高等学校段階の学力を客観的に把握・活用できる新たな仕組みに関する調査研究」（高大接続テスト協議・研究報告書）（http://www.mext.go.jp/a_menu/koutou/itaku/08082915/__icsFiles/afieldfile/2010/11/04/1298840_1.pdf, 2022.2.7）.

【政府文献】

高大接続システム改革会議，2016，「最終報告」（https://www.mext.go.jp/component/b_menu/shingi/toushin/__icsFiles/afieldfile/2016/06/02/1369232_01_2.pdf, 2021.12.1）.

教育再生実行会議，2013，「高等学校教育と大学教育との接続・大学入学者選抜の在り方について（第四次提言）」（https://www.kantei.go.jp/jp/singi/kyouikusaisei/pdf/dai4_1.pdf, 2021.12.1）.

文部省（編），1972，『学制百年史』帝国地方行政学会.

文部省大学学術局大学課編，1958，『大学入学試験に関する調査』文部省大学学術局大学課.

臨時教育審議会，1985，「教育改革に関する第1次答申」『文部時報』1299：8-33

中央教育審議会，1963，「大学教育の改善について（答申）」（https://www.mext.go.jp/b_menu/shingi/chuuou/toushin/630101.htm, 2021.12.1）.

中央教育審議会，1971，「今後における学校教育の総合的な拡充整備のための基本的施策について（答申）」(https://www.mext.go.jp/b_menu/shingi/chuuou/toushin/710601.htm, 2021.12.1).
中央教育審議会，1991，「新しい時代に対応する教育の諸制度の改革について（答申）」(https://www.mext.go.jp/b_menu/shingi/chuuou/toushin/910401.htm, 2021.12.1).
中央教育審議会，2008，「学士課程の構築に向けて（答申）」(https://www.mext.go.jp/b_menu/shingi/chukyo/chukyo0/toushin/1217067.htm, 2021.12.1).
中央教育審議会，2014，「新しい時代にふさわしい高大接続の実現に向けた高等学校教育，大学教育，大学入学者選抜の一体的改革について（答申）」(https://www.mext.go.jp/b_menu/shingi/chukyo/chukyo0/toushin/__icsFiles/afieldfile/2015/01/14/1354191.pdf, 2021.12.1).
【大学関係文献】
国立大学協会，2000，「国立大学の入試改革─大学入試の大衆化を超えて」(https://www.janu.jp/active/txt6-2/h12_11.html, 2021.12.1).
国立大学協会，2005，「平成 20 年度以降の国立大学入学者選抜改革に関する報告」(https://www.janu.jp/wp/wp-content/uploads/2021/05/h170616.pdf, 2021.12.1).
国立大学協会，2007，「平成 22 年度以降の国立大学の入学者選抜制度─国立大学協会の基本方針─」(https://www.janu.jp/wp/wp-content/uploads/2021/05/h191105b.pdf, 2021.12.1).
国立大学協会，2007，『国立大学の入学者選抜【基礎資料集】』.
国立大学協会，2007，『平成 22 年度以降の国立大学の入学者選抜制度─国立大学協会の基本方針』(https://www.janu.jp/wp/wp-content/uploads/2021/05/h191105b.pdf, 2021.12.1).
国立大学協会入試委員会，2007，「報告『平成 22 年度以降の国立大学の入学者選抜制度─国立大学協会の基本方針』について」(https://www.janu.jp/wp/wp-content/uploads/2021/05/h191105a.pdf, 2021.12.1).
日本私立大学連盟，2004，教育研究委員会教育研究分科会『日本の高等教育の再構築へ向けて〔II〕：16 の提言《大学生の質の保障─入学から卒業まで─》』.
日本私立大学連盟，2008，「私立大学入学生の学力保障─大学入試の課題と提言」(https://www.shidairen.or.jp/files/topics/631_ext_03_0.pdf, 2021.12.1).
【著作及び論文等】
天野郁夫，2007［1983］，『試験の社会史』平凡社.
天野郁夫，2009，『大学の誕生（上）帝国大学の時代』中央公論新社.
黒羽亮一，1978，『入学試験─エリート選別の舞台裏』日本経済新聞社.
佐々木隆生，2010，「『高大接続テスト』と教育改革」『月刊高校教育』43(1)：32-35.
佐々木隆生，2011，「日本型高大接続の転換点─『高大接続テスト（仮称）』の協議・研究をめぐって」『年報　公共政策学』北海道大学公共政策大学院，5：81-114.
佐々木隆生，2012，『大学入試の終焉─高大接続テストによる再生』北海道大学出版会.
佐々木隆生，2014a，「達成度テストに「基礎」と「発展」の二つが必要か」『月刊教職研修』42(4)：86-89.

佐々木隆生，2014b，「大学入試改革の過去と現在―「達成度テスト」をめぐって」『月刊高校教育』47(7)：32-35.
佐々木隆生，2014c，「高大接続と達成度テスト」『大学の物理教育』，日本物理学会，20(2)：52-56.
SASAKI Takao, 2016,「Reform in Articulation between High School and University as an Urgent Task of Japanese Public Policy」『北海道大学公共政策大学院「年報公共政策学」』10：87-108.
佐々木隆生，2016，「高大接続の過去とこれから」，教育と医学の会『教育と医学』2016年第2号.
佐々木隆生，2017a，「講演「日本の「高大接続の現状と将来」」」『名古屋大学大学院教育発達科学研究科附属高大接続研究センター紀要』1：37-55.
佐々木隆生，2017b，「講演「高大接続システム改革会議・最終報告を受けて」」『名古屋大学大学院教育発達科学研究科附属高大接続研究センター紀要』1：58-83.
佐々木隆生，2017c，「私立大学一般入試形態の戦後史」『年報 公共政策学』11.
先﨑卓歩，2010，「高大接続政策の変遷」『北海道大学公共政策大学院「年報 公共政策学」』4：59-89.
先﨑卓歩，2013，「学校間接続政策の前期形成過程―「教育接続」政策の諸相とダイナミクス」『北海道大学公共政策大学院「年報 公共政策学」』7：155-209.
清水義弘，1957，『試験』岩波書店.

II

世界の入学者選抜に見る
多面的・総合的評価

II部では，特に面的・空間的広がりの観点から，幅広く大学入試のあり方を把握していただきたいと思う。海外の大学のうち日本人にとって比較的なじみの深いアメリカ，イギリス，またアジアからは韓国，ヨーロッパからはフランスでの大学入学者選抜のありようと，それらにおける多面的・総合的評価の考え方を概括する。入試を他国と比較してみることは，例えば日本人が当然と考える１点刻みの合否判定を当然とする価値観が絶対ではないということを実感させ，深い考察を促されるだろう。

第3章　アメリカの大学に学ぶ総合的入学者選抜方法（ホリスティックアプローチ）

ジム・ローリンズ

はじめに

ホリスティックアプローチ（多面的・総合的入学者選抜，以下「総合的入学者選抜」）とは，アメリカの大学で多く導入されている入学者の選抜方法である。一口にホリスティックといってもその方法は様々であり，それぞれの大学がその使命や目標に合わせて最適な選抜方法を決定する必要がある，という点が本章で伝えたい最も重要なポイントである。アメリカの大学においてこのような選抜方法が導入されるようになった背景，またその特徴を考察することが，日本の大学における入学者選抜方法の在り方について検討するきっかけとなるであろう。

1. アメリカの大学入試の歴史と特徴

アメリカの大学入学者選抜が今日のような形をとるに至った歴史と経緯を簡単にまとめておこう。

(1) 第二次世界大戦後～復員兵援護法の導入

多くのアメリカの大学，特に私立大学では，入学者数が非常に乏しい状態が長年続いていた。この状態を最初に劇的に変えたのが，第二次世界大戦終戦直前に導入された復員兵援護法（通称 G. I. Bill）であった。連邦政府は復員軍人の金銭的援助を積極的に行うことで大学進学を支援したのである。この変革により，多くの大学において入学者数は１～２年のうちに倍増した。

(2) 1964年公民権法～貧富の差や人種・民族の壁を越えて

その20年後，さらに全国規模での大きな発展があった。1964年の公民権法により，人種差別が禁止され，大学入学者選抜においても評価方法に対する見直しが強く要請された。そのため，貧富や人種・民族をベースに生徒を評価することに対し強く見直しが図られ，調査書などをもとに評価することなどが推奨された。これにより，より多様な生徒に学ぶ機会が与えられるようになった。

(3) 近年の大学受験の状況

この数十年間で多くの生徒にとって大学は増々入りにくくなっており，近年では1人の生徒が8～9校，多い時は10校に願書を出す。大学側も複数校から合格をもらった生徒が，実際に入学する1校以外は辞退するということを念頭に置いて合否判定を下している。また，学生集団を多様な社会集団の出身者で構成するために，多様な資質・能力に秀でた生徒を選ぶように心がけ，特定の資質・能力（例えば学業成績のみ）に偏らないように配慮している。

2. 専攻を決めるタイミング

アメリカの4年制大学では，入学時に専攻や学部を決める必要がない。教育の基礎となる一般教養を身につけてからいろいろな可能性を模索し，そのうえで最も自分に合う専攻を選ぶ仕組みになっている。そのため，アメリカ国内の多くの大学では，入学者の選抜に関する決定のほとんどを学部や学科に任せずに，専門のアドミッション・オフィス（入試事務局）が集中的に担当し，幅広いポテンシャルを持った生徒を選抜している。

3. NACAC（全米大学入学者選抜・進路指導協会）の役割

最初に述べた通り，ひと口に総合的入学者選抜と言ってもその方法は多様であり，最も重要なのはそれぞれの大学が担う使命や目指す目標に合った最適な選抜方法を大学ごとに検討することである。また，それぞれの大学が何を求めているのかを受験生や保護者に伝えるため，大学間や高校と対話することも重要なポイントとなる。アメリカの場合，NACAC（全米大学入学者選抜・進路指導協会）[1]という全国規模の組織があり，これらの対話のサポートにあたっている。

また，政府は大学入学者選抜に関する倫理規範やルール作りについてはほとんどの部分を大学側の裁量に任せており，倫理規範については，NACACがほぼ全てを作成した。この規範が，大学と高校が生徒に働きかける際の指針となっており，大学が自分勝手な目標を立てることなく，どの生徒にも公平な機会が与えられることを目的としている。この点がうまく機能していることから，NACACは国からの信頼も厚く，アメリカの大学入学者選抜において重要な役割を担っている。

4. 総合的入学者選抜導入の経緯

私立大学と州立大学では，社会的背景や政府の方針から受ける影響の強さが違ってくるため，総合的入学者選抜を導入するに至った経緯も異なっている。

(1) 私立大学の場合

私立大学においては，州立大学よりもはるかに昔，およそ100年以上前から総合的入学者選抜を行ってきた。それ以前では入学希望者を出身高校で選ぶというやり方が行われていた。この方法では，遠隔地や知名度の高くない高校の場合，大学側がその高校のレベルを認知していないため，高校における成績の良し悪しだけでは大学のレベルに達しているのかがわからない。このようなケースにおいて，生徒のレベルの把握を助けるためにSAT（標準学力テスト）[2]の前身となる試験の導入が始まった。1901年のことである。

また，長年にわたって，小論文や面接，推薦状や履修科目の難度などを指標とした選抜も行われてきており，これらの材料のみから選抜を行う大学も存在する。特に有名私立大学においては，ACT[3]やSATのスコアを判断材料に用いないという選択をする，あるいは判断材料にはするが必須ではなく，他の要素により重点を置いて判断する大学もある。このように自由な選抜方法が実施されてきたのも，そもそも私立大学においては入学者選抜方法について，政府の指導に従わねばならない部分も一部あるものの，それ以外は全て自分たちで決めることができたからであるとも言える。

(2) 州立大学の場合

一方，州立大学の場合は，総合的入学者選抜の導入が始まったのは 1960～70 年代で，1980～90 年代に入ってやっと導入したところもあった。例えばオレゴン大学の場合であるが，入学希望者が少なかった時代には新学期開始直前であっても，高校で修めた成績を提示し，合格ラインぎりぎりの SAT スコアを提出すれば入学することができていた。

しかし，学内事情や先述した公民権法のプレッシャーなどもあり，入学者の選抜方法を見直す必要に迫られたことから私立大学の手法に学ぼうという動きが出てきた。ただし州立大学の場合は公的機関であるため，政府や社会の期待や重圧が大きく，公平性や客観性，そして多様な人たちに入学機会を与えることなどに，細心の注意を払う必要がある。このような取り組みのなかで，高校での成績や GPA（グレード・ポイント・アベレージ）は完全に客観的な要素ではないという考えも出てくるようになった。長年の研究から，良い成績を取りやすい高校と取りにくい高校があることが判明したためである。入学者選抜方法を考えるうえで，高校の成績だけを客観的要素として用いるべきではなく，むしろ成績偏重の方法では他の重要な要素を見逃してしまうということが明らかになったのである。

また，ここ 10～20 年間では州外や海外からの学生受け入れに関心が高まっている一方で，州政府が出資する州立大学の場合，州内の生徒を優先して入学させることが求められる。州立大学が総合的入学者選抜を検討するようになったのは，州の有権者や州政府によって人権や民族といった情報を考慮に入れることを明確に禁じられたため，その代替手段を模索していたことも理由のひとつである。総合的入学者選抜による評価においても，特定の要素を考慮に入れることを義務付けられていたり，あるいは特定の要素を勘案することを禁じられていたりする場合もある。

5. 多面的・総合的評価法の考え方

総合的入学者選抜を採用している大学は，従来の成績数値だけを見る方法では最良の判断は下せないと感じたがゆえにこれを実施しているわけだが，始めるきっかけは様々であろう。それまでに聞いたこともなかったような材料によって良い判断が生まれることに気づき，総合的入学者選抜を始めたところもあれば，政府などからそれまでのやり方を禁じられたために同選抜法を取り入れたところ，あるいは，入学者の質を変えるための積極的方策として総合的入学者選抜方式を選んだところもあるだろう。

日本の大学においては，今後総合的入学者選抜を導入するにあたって，そもそもなぜ多面的・総合的評価を導入する必要があるのか，という目標の明確化は大変重要である。そのために改善すべきものを特定し，足りていないものを把握しなくてはならないからである。

6. 3つの代表的評価アルゴリズム

総合的入学者選抜には多くの少しずつ異なるやり方があるが，どのようなシステムであっても次の3つのアルゴリズムのうちのどれかひとつを基礎としている。

(1) 数値尺度的（Point-based）アプローチ

特定の評価項目を選び，それらにそれぞれ最低点〜最高点を数値で割り当て，その評価の合計で判断する方式である。個々の要素ごとにあらかじめ重要度（ウエイト）を設定し，それぞれの要素が総合点をどの程度左右するかを保証する。

これを採用している大学間では，評価項目ごとに判定基準としてのウエイトが異なり，それを見ることによってその大学が何を重視しているのかがわかる。入念に作成することで大学は評価すべき優先順位を定め，評価項目のウエイトを変えて必要とする人材を確実に確保できるようにする。

(2) 名義尺度的（Categorical）アプローチ

すべての評価項目が等しく重要とされ，評価の際には，志願者が平均以上であると考えられる項目の数を合計する方式。すべての要素が平等であることを保証するが，もし判定後にデータが追加されればウエイト付けをする可能性も開かれている。

この方式では，訓練された書類審査の担当者が評価項目のチェックリストをもとに，審査書類に記載された内容を吟味する。チェックリストの項目に該当する場合にはプラス評価（+1）を，該当しない場合には (0) を，または何らかの点で問題がある場合にはマイナス評価（−1）をつける。特に優れた(問題がある) 場合に，+2，−2とする場合もある。チェックされた項目の数や必須の資質にチェックがあるか否か，などをあわせて合否の判定を行う。

(3) 完全ホリスティック（全体的）アプローチ

様々な評価項目を総合的に判断したうえで，全体的な点数を与える方式。総合点がひとつだけ与えられる場合と，学業とそれ以外の点数を分けてそれぞれに評価する場合がある。最も柔軟性が高いが，評価の等質性を保つために，最も多くの監査や訓練が必要でもある。

この方式は，評価項目に数字を付与して生徒を数値化するのではなく，全体像で判断するという試みである。最終的には総合点を与える形で数値化する場合も多いが，このアプローチでは，最大級の柔軟性をもって入学者の選抜に微妙な判断を加えることが可能となる。しかしこのアプローチを採用する場合，書類審査者には最大級の熟練とプロとしての判断力が求められるため，然るべき訓練を実施する必要性が出てくる。当然ながら前出の2つのアプローチの方が，大量の願書をかなり速く処理し，合否を決定することが可能である。

7. 総合的評価アルゴリズムの事例

以上に述べた各方式での評価について具体例を用いて解説する。

(1) 数値尺度的アプローチの例

表3-1 は，ある大学が重視する以下の3つの評価項目の評価基準の例である。

- 累積GPA（生徒の高校4年間の成績の平均）
- 選択コース・科目の難易度
- 面接評価

「選択コース・科目の難易度」については，例えば入学希望者のなかで

表 3-1　数値尺度的アプローチの例

累積 GPA		コース・科目の難易度		面接	
基準（GPA）	評価	基準	評価	基準	評価
3.90-4.00	10	特にレベルが高い	5	専攻・学問への興味	
3.80-3.89	9	レベルが高い	4	発話能力	
3.70-3.79	8	平均以上	3	専攻・学問の知識	
3.60-3.69	7	平均的	2	チームワークへの責任感	
3.50-3.59	6	平均より易しい	1	*あると認められればそれぞれ1を加算する	
3.40-3.49	5				
3.30-3.39	4				
3.20-3.29	3				
3.10-3.19	2				
3.00-3.09	1				

GPA のポイントが同じ生徒が大勢いた場合に，より難しいコース・科目を履修した生徒への評価ウエイトが重くなる。「面接」については，表にある4つの項目に着目するようになっており，それぞれの項目について1ポイント獲得できる。生徒が学びたいと思っている専攻や学問について，生徒の知識が豊富だったら1点，その専攻や学問についてもっと学びたいという熱意が見られたら1点を与える。話す能力やチームワークへの責任感・コミットメントなどの学業以外の点もこのサンプルでは評価対象となる。

(2) 名義尺度的アプローチの例

表 3-2 の例では，すべての項目にかかるウエイトは同じにしてある。各項目の評価をして，該当する場合はチェックボックスにチェックを入れるスタイルにしてもよいし，この例のように生徒がいずれかの項目で優れている場合に1点付与するような形にしてもよい。他の入学希望者たちとの比較において平均的であれば評価は0点となり，問題があればマイナス1点となる。

(3) 完全ホリスティックアプローチの例

総合的評価（Overall Recommendation）というものが多くの大学で採用されている。**表 3-3** の例の場合，最終的には最上段の総合評価をつけるのだが，

表 3-2　名義尺度的アプローチの例

評価観点	−1	0	+1
標準テストの点数	1		
選択コース・科目の難易度		1	
面接			1
エッセイ		1	
推薦書			1
リーダーシップ		1	
協働性・チームワーク			1
集計	1	3	3
合計得点	2		

学力・能力と，資質・経験をそれぞれ別に評価して総合する方式をとっている。評価は，最高レベル・強い・平均的・ボーダー上・不合格というように9～1段階を設けてある。こうした言葉を使った評価も，データベース上は数字に当てはめることにより，短時間で大量の願書を処理することを可能にしている。ただし，これは単純に数値で合否を決めるための数値化ではない。

学力については，多くの大学が1から9の段階に分けて評価する。この例のように，どのような項目について総合的に評価するかが補足されていることもある。高校の成績だけでなく，選択コースの難易度やテストスコア，エッセイなどで総合的に評価をする。

資質・経験については，リーダーシップ能力や，地域や他者への貢献，協働性，高校生活において困難に直面した経験があるなどの特筆すべき点など，個人的資質や高校時代に成し遂げたことについても同様の評価をする。アメリカの場合多くの大学がこの項目を重視している。学業の妨げとなるような事情，例えば親が離婚しかけていたり，家族の誰かが亡くなったり，その他の複雑な家庭事情があればそうした点を留意事項とすることもある（そのような要素を，Context「環境・文脈」と呼ぶ)。

以上見てきたように，総合的入学者選抜にも大まかに分けて3つのアルゴリズムがあり，その3つの中でも様々な評価のバリエーションがある。

表 3-3　完全ホリスティックアプローチの例

総合評価

9	8	7	6	5	4	3	2	1
最優秀		優秀		平均的		ボーダー上		不合格

学力・能力
学業成績，選択コース・科目の難易度，エッセイの評価，テスト得点の評価

9	8	7	6	5	4	3	2	1
最優秀		優秀		平均的		ボーダー上		不合格

資質・経験
リーダーシップ，他者への貢献，協働性，成熟度，ストレス耐性

9	8	7	6	5	4	3	2	1
最優秀		優秀		良好		一般的		不合格

8. 評価体制についての検討事項

総合的入学者選抜においてもうひとつの課題となるのが，書類審査のみで合否を決定する場合，書類審査者を１人にするか，２人にするかということである。１人で評価する方が効率的ではあるが，公平性や一貫性を重視するなら，すべての願書に総合的入学者選抜を２回行う「ダブルリード（２回読み)」が有効である。このダブルリードを取り入れているところの多くでは，２回目の審査者には審査を終えるまで初回のスコアを見せない「ダブルブラインド法」で審査を行っている。審査に一貫性を持たせるうえで最適な方法のひとつと言えるため，総合的入学者選抜の導入を計画する際にはこのダブルブラインド法を念頭に置いて進めることが推奨される。

9. 人間がやるか自動化するか

合否決定のアルゴリズムを決め評価項目のリストアップができたら，次はそれらを２つのカテゴリーに分類するとよい。つまり，評価項目を専門的判断が必要であるなどの理由から人による評価が必要なものと，自動的・機械的に評価が可能なものに仕分けるのである。例えば高校で取った科目の難しさによって評価するには一定の訓練と高校の事情に精通していることが必要

であるし，小論文のなかにリーダーシップの素養を見つけたり，経験した課外活動のリストから地域に貢献する精神性の高さを見出したりするためには訓練が必要である。一方，GPA スコアに基づいてポイントを付与するというようなことは自動的にできることなので，自動化する方法を検討する。

10. オレゴン大学における具体例

ここで，オレゴン大学の概要と同大学における入学者の選抜が実際にどのような体制のもとで行われているかを紹介しておこう。

オレゴン大学はオレゴン州ユージーンにあり，1876 年に設立された歴史のある州立大学である。学生数は 24,125 名，そのうち 20,552 名が学部生である。9 学部，そして 270 以上の専攻・副専攻がある。過去 45 年間にわたって AAU（アメリカ大学協会）[4] の 31 校しかない招聘会員のひとつであり，大阪大学と同様 APRU（環太平洋大学協会）[5] の会員でもある。州立大学であるオレゴン大学は，オレゴン州の利益に資するため，学生の約半数はオレゴン州出身者から採用すると決められている。残りの 35％は他の州から，14％にあたる 3,200 名余りは外国からの留学生である。留学生はおよそ 100 カ国から受け入れているが，そのうちでも日本人学生の数は毎年トップ 10 に入っている。

11. オレゴン大学のアドミッション・オフィス

オレゴン大学のアドミッション・オフィスの職員は 40 名と少数であるが，その人数で毎年 28,000 通もの願書に対応している。**図 3-1** の組織図に示した通り，ほとんど全員が募集・出願支援関係のスタッフである。このスタッフたちが他州や外国へ出向き，現地の高校やカレッジフェアなどのイベントで，オレゴン大学の特色や入学に必要な条件を高校生たちに伝えるという役割を担っている。また，実際に入学希望者の総合的入学者選抜を行うのも彼らである。したがって入学希望者たちについての知識が豊富で，入学希望者と直接会う，ということを頻繁にする必要性がある。

オレゴン大学は，20〜30 年かけて総合的審査プロセスを構築してきた。書類審査を実際に行うスタッフは 19 名（組織図の *）で，主に図の左側の，募

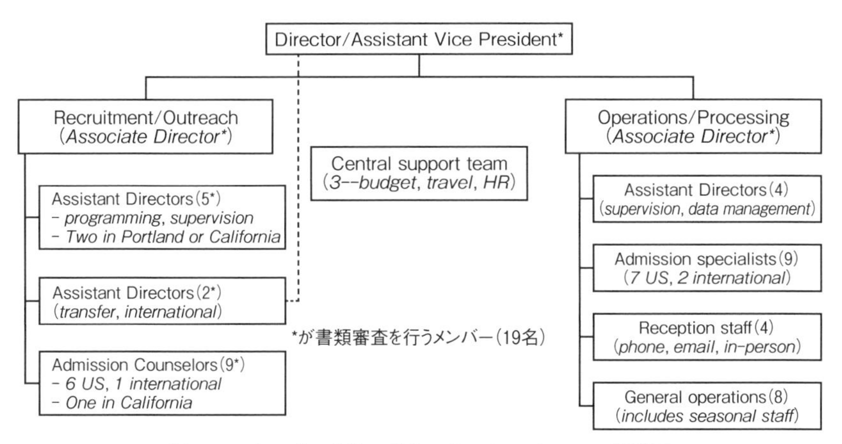

図 3-1　オレゴン大学アドミッション・オフィス組織図

集・広報を行う担当である。志願者は地域別にまとめられ，できるだけその地域の担当スタッフが審査するように振り分けられている。志願者の在籍する高校やその地域特有の事情を最もよく理解しているスタッフによって，より多くの情報を考慮できることが，客観的かつ公平であるために必要であると考えられるからである。

また，オフィスには事務的な手続きを担当する職員も多数いる。組織図の右側全体がこれにあたり，大量の情報をデータシステムに入力する仕事を行っている。彼らは願書を読むことはしないし，直接生徒に会うこともしないスタッフである。アメリカのアドミッション・オフィスの組織はほとんどこれと同じであるが，小規模な大学では職員の数も少なく，左側と右側の仕事を同じ職員が兼務している場合もあるかもしれないし，大きなオフィスであれば人数不足のために総合的入学者選抜だけに従事する臨時スタッフを雇っているケースも考えられる。

12. 合格者数と歩留まり

アメリカの入試では，１人の生徒が複数の大学に願書を出し，合格通知が来たらどの大学に行くかを決めるのが一般的である。そのため入念に総合的入学者選抜を行って合格を出しても，その生徒にオレゴン大学に行きたいと

表 3-4　2015 年秋の出願・合格・入学者数

	一般入試	編入学	合計
出願者数	21,791	3,734	25,525
合格者数	16,230	2,266	18,496
入学者数	4,057	1,310	5,367

思ってもらえるよう努力を続けなければならない。

表 3-4 は 2015 年のオレゴン大学への出願者数等である。表に示した通り，2015 年の秋学期に寄せられた願書は約 25,500 通であった。そのうち 4,000 通弱は編入学希望者，つまり他大学や 2 年制のカレッジからの志願者である。残りの約 22,000 通がいわゆる高校卒業見込みの生徒たちの願書であった。定員は約 4,000 名であるが，経験的に合格者の多くがオレゴン大学を選ばないことはわかっていたため，入学予定者数の 4 倍ほどの生徒に合格を出している。

日本と事情が異なるのは，オレゴン州出身の生徒が支払う入学金は，他州や他国の生徒の入学金と比べて 3 分の 1 から 4 分の 1 という点である。主にこの理由から，他州の生徒にたくさん合格を出しても家から近く費用が安い大学を選んでしまう，という事情がある。

13.　総合的入学者選抜の具体的な導入プロセス

これまで，3 つの選抜アルゴリズムの特徴や，オレゴン大学における入学者選抜の体制を例に評価体制の在り方などについて述べてきた。次に，これから総合的入学者選抜の導入を検討される大学側が，審査プロセスを設定するうえで留意すべき具体的なポイントについて説明する。

(1)　導入に向けて決めるべきこと

まずどのような選抜方法をとるかを決定する必要があるが，その方法を選んだ場合に入学希望者全員に対応できるだけの教職員数を確保できるかということを確認すべきである。すべての願書について 1 回審査できるだけの職員数がいるか，同じ職員数で 2 回審査するだけの時間が確保できるのか。そして先述のブラインドアプローチにするか，ダブルブラインド法にするか。

また，従来使っていた評価基準に代わって新しい評価基準を使う場合，合否決定のアルゴリズムはどのようにするかも決めなければならない。例えば，SATなどの標準テストのスコアがすでに使われている場合，ホリスティック評価と標準テストのスコアの2本立てで評価をするのか，何か他の評価項目を使うのか。また，審査のための資料を作成するシステムを担当するプログラマーにも審査に必要な評価基準をどのように使おうとしているのかを完全に理解してもらう必要がある。ニーズに合致したシステム構築のためにも，審査後にシステムの評価をするためにも非常に重要なことである。

(2) 本番前のトレーニングの重要性

総合的入学者選抜プロセスをはじめから作る場合は，実際に生徒が書いた願書を何通か使って評価の方法を設定し，実際に評価をしてみることを推奨する。また，模擬面接で高校生が返しそうな回答を体験させることも有用である。これらの訓練を経て，学内の誰を最高意思決定者，つまり承認を行う責任者とするのかを決める。正しい訓練を受けた職員が十分な人数いて，十分に時間をかけて仕事を完遂するのでなければ，この制度は機能しない。

(3) 推薦状と面接，個人情報の管理について

面接や推薦状は3つのアプローチのどれをとった場合でも利用が可能であり，すべての情報を使用することも一部のみを用いることもできる。所定の書式を用意するのか，自由書式とするのかも明確とする必要があるだろう。なお，高校の担任が推薦状を書く場合，個人情報の秘匿を十分に認知してもらう必要があるが，この点についてはアメリカでは明確なルールが設定されている。日本の事情に合わせてルールが遵守されるように留意すべきであろう。

(4) 入試審査プロセスの管理体制の構築

プロセスの監督者と担当部署が管理に努めることが重要である。審査に用いた情報は，審査後にも簡単に確認や活用ができるように格納しておく。審査プロセスに常に一貫性があり，数量化が可能なようにしておくと，非常に有益な結果をもたらす。

一通の願書を精査するために要する時間はごく早い段階で決めておくべき

である。審査を行う教職員は，審査以外の業務も行っているので，願書に目を通す時間を十分に確保できるように気を配らなければならない。特に先述のダブルブラインド法では単純に所要時間が2倍となり，それだけの労働を教職員に求めることになる。

さらに，経験の長い審査者のなかからリーダーを選出し，他の職員たちの仕事を確認し，監督する仕組みを作る。訓練によってどの審査者であっても同じ結論に達するように，常に標準化が実現されていなければならない。審査の客観性を担保するため，審査者の方が合否の判定ラインを把握してしまわないように配慮する必要もある。

(5) 結果データの収集と追跡調査による改善

総合的入学者選抜を導入したら，特に最初の数年間でできるだけのデータを集めることが重要である。個人情報に関するデータなど，保持することにリスクを伴う情報以外はできる限り残すことが望ましい。

願書の精査がすべて完了したら，すぐに最初からの道のりを振り返ることで様々な課題への答えが見つかるだろう。事前に掲げた目標を達成し，総合的入学者選抜が有意義なものであったと経営陣を納得させることができるか，できなかったとしたら翌年にどのような是正措置を取るべきかなどの検討と決断を早い段階でしておくべきである。

大学の優秀な研究者や院生に手伝ってもらい，制度がどの程度うまく機能しているのかを審査終了直後，また時を空けて1年後，2年後などに詳しく調べることも非常に意義深いことと言える。このような改善を追求し続けることで，仕事の効率性の見直しにも繋がる。

(6) 学内コミュニケーションの重要性

入学者選抜がどのように行われているのか，大学内で理解を得ることが非常に有益である。入学者選抜の価値を理解する教職員が増えるほど，大学が何を重視しているかというトピックや，進学準備についての会話において格好の話題となり，学外コミュニケーションにおいても優れた効果を発揮するからだ。

(7) 学外とのコミュニケーションと透明性の確保

学外とのコミュニケーションについて言えば，アメリカの場合はNACACのような組織が非常に役に立ってくれている。NACACはこれまでアメリカ国内での活動に重点を置いてきてはいるが，日本からも加入ができる国際的組織である。この10年間に海外から加入した会員数は数千に上り，NACACを通して学んだことを自国に持ち帰り，状況改善に役立てたという例も少なくない。アメリカ国内で定期的に多数の大学が集まって忌憚なく話し合い，アイデアを交換することができるのは，NACACのおかげにほかならない。NACAC主催の集まりでは，学内で良い事例があればその方法を教え合ったり，高校が進学準備において生徒をサポートするための共通のアイデアなどを話し合ったりする。

また，高校や生徒の家族とのコミュニケーションも非常に重要である。アメリカでは，大学進学のカウンセリングがほとんど実施されていない地域や，大学に縁のない家族の多い地域というものが存在する。そのような地域に出向き，もっと多くの生徒に大学進学という選択肢があると伝えることも大変に意義深い。

もし知識や記憶力以外のもので生徒を評価したいと本当に望むのであれば，どのような点を重視すべきなのか？　何をもって，記憶力以外の大切なものの有益性を証明することができるだろうか？　それを明らかにできれば，進学準備のこれまでにないサポートの在り方を高校に理解してもらうこともできるであろう。ここで重要になるのが透明性である。総合的入学者選抜を実施するうえで，最も難しいのが透明性の確保であろう。面接や小論文で高評価を得るコツがわかってしまうと，生徒は面接でよく意味もわからないまま正しい返答だけできるようになってしまったり，小論文では自分で書いたことの本当の含意を理解せずに，書くべきと思われることを書いて点数を稼ぐようになってしまったりする。

透明性の確保という観点から，生徒たちがやるべきことを理解するのに十分な程度の情報を開示しつつ，入学者選抜のシステムが好ましくない方向に利用されてしまう開示は避けなければならない。入学者選抜のために職員を雇うことを考えている場合は，在職中だけでなく退職してからも，外部に明らかにしてよいこととよくないことを明瞭かつ明確に伝えることも必要となってくる。これを完全にコントロールするのは不可能なことであるから，アメリカにおいても常に懸念材料となっている。総合的入学者選抜をこれだけの年数にわたって実施してきたという実績があっても，この点についてはNACACその他の団体を通じて様々な対策を講じながら維持しているというのが現状である。

＊本章は，2016年9月に行われた高等教育・入試研究開発センター発足記念国際セミナーでのジム・ローリンズ大阪大学特任教授の講演を書き起こし，抜粋したものである。なお，山下で2021年現在の内容を一部補足している箇所がある（構成：河村基〔㈱エールバリュー〕）。

注

1） National Association for College Admission Counseling
2） 当時は，Scholastic Aptitude Test（大学適性試験）という呼称であった。現在はSATという名称が正式である。SATは1926年に始まった。
3） American College Testing。SATに並ぶ，米国入試で使用される標準学力テスト。
4） Association of American Universities
5） Association of Pacific Rim Universities

第4章 イギリスの大学に学ぶ総合的入学者選抜方法（カレッジ単位での選抜）

ブリギッテ・シテーガ

はじめに

ケンブリッジ大学は非常に古い大学で，創設されておよそ800年になる。学生数は約2万人であり，ケンブリッジ大学は公立大学であるから，運営費用は国が負担している。講義も試験も他の大学と同様であるが，大学としての入試は行われない。カレッジに属すことが入学を意味するので，入学者選抜はカレッジが実施している。日本でいうカレッジと英国のカレッジは全く異なるものであり，英国のカレッジの位置づけをまず理解してもらってから，多面的・総合的入学者選抜について理解を深めていただきたい（**図4-1**）。

1. イギリスにおけるカレッジの役割

カレッジ制度はイギリス特有の制度であり，日本の大学とは全く異なる教育機関である。ケンブリッジやオックスフォードなどの大学はユニバーシティであり学位授与が目的とされるものであるが，カレッジは学生に生活の場を提供するコミュニティの位置づけである。カレッジは民間が経営しており，食事や運動施設を提供するほか，学生寮も存在する。ケンブリッジには31のカレッジが存在し，ケンブリッジ大学を希望する学生はまずカレッジに所属し，カレッジごとに選考が行われて，大学に合格すればケンブリッジ大学の学生となることができる。学生は大学の願書もカレッジに提出をし，入学者の選抜もカレッジが行う。

大学教員はカレッジではなく大学に雇用されているが，同時にカレッジの

ケンブリッジ大学
- 学生数は約 20,000 人（うち学部生 12,000 人）
- 公の性格を持つ大学（授業料はほかの大学並みで，現在年額 9,000 ポンド）
- あらゆる専門分野で講義，セミナー，学位論文の指導可能
- 種々の試験を実施
- 入学要件：傘下のカレッジの 1 つへの所属

31 のカレッジの概要・役割
- 学生数は 150 人から 1,000 人
- 民間の慈善団体として発祥。最古のカレッジは 1284 年に，最新のカレッジは 20 世紀末に設立：財政的に豊かなカレッジと貧しいカレッジがある。学生はカレッジに学費を納入
- 「スーパービジョン」と「パストラル・ケア」（健康・社会・財政など学業以外の問題に関する手助け）と呼ばれる個人的学習指導（チュートリアル）を提供。宿泊施設と食事を支援
- 社交の場，各種クラブ
- 入学者の選抜

図 4-1　ケンブリッジ大学とカレッジの概要

職員でもある。つまり，ケンブリッジ大学の学生や教員は異なるカレッジに所属した状態で，大学の校舎に集まり大学の授業を行い受けることになる。大学の教員はカレッジではフェローと呼ばれており，スーパービジョンと呼ばれる少数の学習指導のほか，学業以外の面でも学生の支援を行っている。

カレッジによって提供されるサービスは若干異なるが，例えばダウニング・カレッジでは，寮長であるマスターが存在し，入学者選抜や学業の進捗管理，個別の学習指導を行う複数のチューターが存在する（**図 4-2**）。その他にも，図書館を管理するライブラリアンや学生の規律を監督するディーンが存在する。カレッジでは食事中に学生の話し相手になる，一緒にスポーツを

- マスター：学寮（カレッジ）長（プレジデント，ウォーデントとも呼ばれる）
- シニア・チューター：個人指導をするチューターのリーダーで，教育問題を担当
- アドミッションズ・チューター：入学者選抜を監督
- ディレクター・オブ・スタディーズ：入学者選抜の担当と，学科ごとの学業の進捗を監督
- チューターとカレッジ付き牧師：学業以外の問題に関するパストラル・ケア（心理的ケア）を担当
- 学生監（ディーン）：規律
- フェロー・ライブラリアン

学籍担当官（academic registrar）や管理部門の職員を擁する「チュートリアル・アンド・アドミッションズ・オフィス」の管理下にある

図 4-2　カレッジの構成員と役割（ダウニング・カレッジの例）

楽しむなど，家族のような付き合いをすることが多い。

入学者選抜に関わるのはディレクター・オブ・スタディーズ（DoS）と呼ばれる人たちであり，学問の分野ごとに割り当てられている。入学後も学生の教育面での指導・監督も担っており，家庭教師のような役割を果たしている。学生とは1学期に2回面談を実施し，学業の進捗状況を話し合っている。

2. 大学入学者選抜のプロセス

各カレッジには多くのコース（学科）が存在し，それぞれのコースに入学希望者が数名ずつ存在する。6人とか12人など多数の場合もあれば，3人という少数の場合もある。これをコーディネートするのが，アドミッションズ・チューターと呼ばれる人である。ディレクター・オブ・スタディーズ（DoS）はこのアドミッションズ・チューターと話し合い，入学させたい志願者を指名する。そして入学の最終決定を行うのが教育委員会であり，管理機関としてカレッジ議会が存在する。

以上が大まかな仕組みであるが，入学者選抜の主体は大学ではなくカレッジである。入学希望者の数は，カレッジによって多いところと少ないところがあり，良い学生がたくさん集まりすぎるカレッジと足りないカレッジがある場合には，カレッジ同士で話し合いをして加減をしなければならない場合もある。

図4-3がカレッジで理事会が定めている出願要件と審査の方式である。出願要件としては，12年間の教育，高等学校までの教育を受けていること，そして18歳時点でAレベルテスト[1)]の成績が制定ラインに達していることが条件となっている。本学では文系の学科でA*AA，または理系の学科でA*A*A以上の成績であることが求められる。国際バカロレアの基準で言うと40〜41点に相当するため，レベルは非常に高いと言える[2)]。

次に，志望理由書（Personal Statement）及び成績証明書が必要である。志望理由書は本学の学科を専攻したい理由などを示したもの，成績証明書は履修中の科目も含め成績の見込みを証明したものである。ちなみに，出願はUCAS（University and Colleges Admissions Service）という全国共通のWeb出願システムによって行われる。ケンブリッジ大学とオックスフォード大学，および医学・歯学部・獣医学部は10月に出願締め切りになる。出願するコ

- Aレベルテスト等の学力証明：最低の必要条件は A*AA（文系学科）または A*A*A（理系学科）・IB（国際バカロレア）45 点中 41 点ないし同等の成績
- 志望理由書：その学科を専攻したい理由，学業資格，どのような準備をしたか
- 成績証明書：在学校は，履修中の科目についても成績の見込みを願書に記載
- 志望コースと関連する小論文 2 点の提出（専攻学科・カレッジにより異なる）
- 面接試験前のテスト（2016 より）
- 面接試験

図 4-3　出願要件と提出書類・審査（ダウニング・カレッジの例）

ースによってはケンブリッジとオックスフォード両大学に同時に出願できない場合がある。また，ケンブリッジ大学の場合は，UCAS による出願後，SAQ（Supplementary Application Questionnaire）という追加の質問項目にオンラインで回答するフォームがメールによって送られるのでそれに記入しなくてはならない。

入学テスト（Admission Assessment）は 2016 年秋に新しく追加されたものであり，A レベルテストと共に改革され価値が低くなった AS レベルテスト[3)]の代わりに，高校 2 年時点での生徒の学力を証明するものである。この試験の目的のひとつは，面接を行う志願者を選抜することである。面接には大変な労力がかかるため，ある程度人数を絞らなくてはならない。また，一部のテストは面接直前に行い，その結果をもって面接を行うというコースも存在する。

一方，健康問題や家庭の事情などの特別な事情がある場合，そうした事情を勘案して面接に進んでもらうこともある（Contextualized admission と呼ばれる)。DoS の仕事が増えすぎないようにしながらも，きちんと入学者選抜ができるように配慮している。

このように事前の選抜を行ったうえで，学生の面接試験を実施する。DoS は，面接の準備から面接官まで面接のすべてを担当しており，出願書類にも目を通す。通常，入学希望者には 2 回面接試験を実施する。志望学科が複数ある場合は 3 回行う場合もある。それぞれの面接は 2 名の試験官で実施するが，担当学科の面接官が 1 名しかいなければ他のカレッジの面接官に依頼をして面接を実施する。前述の UCAS に入力された志望理由書や SAQ のデータなどを参照しながら面接を進めていく。

このようにイギリスでは面接前のテスト[4)]は実施するものの，日本のよう

- 入学志願者は，UCAS 経由で，希望のカレッジに直接申し込む（チュートリアル・オフィスが管理）
- 出願書類（願書と小論文）は，ディレクター・オブ・スタディーズ（DoS）に送付される。DoS は，明らかに受験資格を満たさない出願者（全体のごく少数に過ぎない）を振るい落とし，残りの志願者を対象とする面接試験を手配
- 入学テスト（Admission Assessment）の受験（カレッジ／コースで異なる場合がある）
  面接前テスト（面接より前に行われるテスト。コースによって異なるが，コースの専門知識，コースに関連する選択肢式の教科・科目テスト，記述式の教科・科目テストで構成される）
  面接時テスト（面接の際に，直前に解答してその結果をもとに面接を行う）
- 各志願者は通常 2 人の面接試験官との面接を 2 回受ける

図 4-4　出願後の選考の流れ

にテストの点数のみで合否が決まることはなく，また入学者選抜は大学ではなくカレッジがすべて担当することになっている。カレッジは独立した存在であるが，もちろん入学者選抜においてカレッジ間での大きな差異が出ないように調整は行っている。

選考に用いる指標の一例を示すと，例えば本学のアジア・中東学科の場合，高校で書いた論文を２つ提出するように伝えている。高校内の試験時のエッセイでも，何らかのプロジェクトで書いたものでも構わないが，担当教師が採点をして，確かにその生徒が書いたものだという裏書きがあることを条件としている。論文から学生の書く能力や，議論の進め方や考え方が評価できる。このように学生の書く論文は，この学科の入学者選抜においては非常に重要なものとされているが，学科が変われば指標も変わってくる。

3. 面接で何を評価し，どのような質問をするか

面接は，１人の志願者につき２回行う。１回に 30 分近くの時間をかけ，場所を変えて２回目を行う。

面接試験で学力の他に評価したいのは学生のポテンシャルである。高校生の段階で，志望する専攻分野に関する知識や専門能力を評価することは簡単ではないが，重要な評価の観点となるものである。また，ケンブリッジ大学に入学することがその生徒のためになるのか，といったことも見極める必要がある。カレッジで家族の一員のように落ち着いて学習や研究に専念できるか，大学・カレッジの提供する教育や環境をうまく役立てられるか，などと

いうことも非常に重要である。お互いの相性が良いかどうかを見る，日本でいうところの「お見合い」に似たところがある。もちろん優れた成果を上げられそうか，という点については明確な基準も念頭に置いている。例えば数学専攻を志望しているなら，必要な基礎力があることを示してもらう必要がある。

また，学生の意欲や関心についても評価をするようにしている。例えば，日本研究なら，若い人たちはアニメが好きという人が多いが，どうやって興味を追求しているかと尋ねた答えが，もし「8歳の時から毎日アニメを観ています」だけなら，その生徒はケンブリッジに来るべきではないだろう。反対に，「アニメが好きで見ているうちに日本の歴史に興味を持つようになり，こんな本を読みました」などと話をしてくれれば，ポテンシャルがあると判断できる。これに加えて，批判的・分析的な考え方ができるかということも重要である。

また，通常の面接の準備の際には，志願者が特別な配慮を要するかどうかを確認することを欠かしてはいけない。視覚障がい者のためには，大きく印刷された資料を用意するとか，バリアフリーの面接場所を準備するといったことも重要である。

面接では，毎回同じ質問をするわけではないが，質問の難しさは同じ水準にするよう努めている。志願者の興味関心も千差万別であり，ひとつの同じ質問が，誰にとっても同じ難しさだとは限らないため，その生徒が回答しにくいことは話題にしないようにしている。もちろん難しい質問をし，助言を与えつつ，どのように対応するのかを見るようなこともする。助言をうまく利用し，考えを進めていけるか，ということを見る。

ケンブリッジ大学では，**図 4-5** のような模擬面接試験のビデオを用意している。志願者に面接でどういうことが期待されているのかを理解してもらうために，大学が作った紹介ビデオである。模擬面接であって実際のものではないが，このようなやり方でやっているということを見せるためのものである。どのようなやり取りがされているのか，詳しくはビデオを参照されたいが，ここでは面接がどのように進められ，それを通して志願者たちのどのような素養を見ようとしているのか，説明している。

ケンブリッジ大学は面接試験を通じて入学候補生それぞれについて多くの点を評価する。面接中は目の前の志願者が各コース（専攻）で求められる適

図 4-5　ケンブリッジ大学トリニティ・カレッジの模擬面接ビデオ

出典：https://www.youtube.com/watch?v=dUwN6Gl-0EQ

切な基礎知識を持っているかということと，ケンブリッジの教育環境で開花することができるかということ，そして端的に言うと「考えることのできる人か」，などを常に考慮している。面接で志願者に最も期待するのは，質問をよく聞いているということである。志願者のものの考え方をよく知ることを重視しているため，どのようにしてその答えに至ったかがわかるように，考えをその場で声に出して説明させる方法は大いに役に立つ。

人文学や社会学分野の面接の場合は，UCAS に提出された志望理由書とケンブリッジ専用の質問票（前述の SAQ）の回答を活用して面接の質問を構成することが多い。志望理由書に書かれたことについて面接ではより掘り下げた話をしてもらうこともあれば，カリキュラム以外に取り組んだ学問や読みたいと思っている本の分野などについての話をしてもらうこともある。

自然科学や工学，数学分野の面接の場合は，教員がその学生が教えやすいかを評価する。こちらが提示した材料にどう興味を示すか，それまでに聞いたことのないような概念をどのように取り入れ，それをどう展開していくか，というようなことを見るのである。回答に行き詰ってためらっている際に，面接官が適切な助け舟を出せるようにするためにも，会話を繋ぐことがとても重要になる。あきらめずにどこまでも頑張って答えを出そうとすることや，面接官が与えたヒントをよく聞いていてそこから閃きを得るような場面がある。このような姿勢こそが求められるのである。

コース・専攻によっては面接前に学生に専門知識を身につけておいてもらって面接に臨むことを期待する場合があるが，学問の性質として基礎知識の用意があることがさほど期待できない場合もある。ケンブリッジにおける日本研究はそれに該当するが，面接では言語を学ぶことができそうか，努力することができそうか，ということを見極めるための質問をする。

学生の興味の示し方などによって，面接中の会話の方向性はかなり変わってくる。会話するなかで，話の流れを臨機応変に変えることもある。したがって，質問をあらかじめ用意しておけばよいというものでもない。面接であっても結局会話であることには変わりはなく，少し頭を捻らせる話題も交えつつ，候補生の最悪の部分ではなく，最善の部分を引き出そうと心がけることが大切である。

ケンブリッジ大学は漕艇や演劇など，非常に課外活動が盛んなことで知られているが，課外活動さえ熱心にやっていれば入学基準をクリアできるというわけではない。学生が活動的，健康的であることは歓迎するし，入学後の学生たちの課外活動はサポートするが，それをメインの部分として扱うことはない。

また，面接試験において，行ってはいけないことがいくつか存在する。**図**

- あなた自身があまり話しすぎないこと
- あなたが感じた第一印象には，それが良い印象であれ悪い印象であれ，頼らないこと
- とりわけ適切であったり，馬鹿げていたりする１つの答えを過度に重視しないこと
- 志願者があなたと類似点がある，あるいは違っているという理由で，志願者を過大評価したり，過小評価したりしないこと
- 服装や態度の面で，威厳的であることも，くだけすぎることも避けること
  関連情報の全てに目を通すまでは，個々の志願者について急いで判断を下さないこと。ある志願者と，その直前及び直後に面接した他の志願者との相違を過度に重視しないように心がけること
- 面接中に，その志願者，学歴，あるいは出願結果について，何らかの結論を下したとしても，その結論についての印象を相手に面接中に漏らさないこと
- 志願者を動揺させる恐れのある質問をしたり，話題（例えば，自殺）を持ち出したりしないこと
- 志願者の出身校や生い立ちなどの社会的背景によっては，偏見を意味する恐れのある質問を避けること

図 4-6　面接時に行ってはいけないチェックリスト

4-6 で示しているのは，面接官に渡される標準的な注意事項である。

4. 優秀な志願者を逃さないための「プール」

最後に，合否の決定の流れについて解説する。

カレッジは全て独立しており入学者選抜も個別に実施するが，希望するカレッジに入れなかった優秀な学生をプールしておくことができる。

最適な入学者を選抜できなかったカレッジなどはこのプールを利用して，他のカレッジのプールに存在する学生のなかから，最良の候補者を選抜し直す。当然，カレッジ間でよく協議をして，プールのなかの有望な候補者を検討し，本当に入学する資格があるかを確認する。もちろん，その学生には希望したカレッジではない旨を確認するが，特に理由もなくカレッジを選ぶ学生も多いので，この点が問題になることはほぼない。

このように入学許可には段階がある。下記に示した「無条件合格」は高校卒業後に与えられる。「条件付き合格」は，面接後の成績が良ければ入学許可を与える。「プール」については，先述の通り次善の候補として位置づけられる。「条件付きプール」は，他にもっと適当な候補生がプールにいないかどうかを見てから決めたいと思う候補生である。そしてそれ以外が「不合格」ということになる（**図 4-7**）。

以上が，ケンブリッジ大学における多面的・総合的入学者選抜の概要である。この解説が，日本における入試の改革の参考になれば幸いに思う。

第一段階　合否判定を以下のように決定（DoS がアドミッションズ・チューターに提案）
1. 無条件合格
2. 条件付き合格（在学校で良い成績をあげることが条件）
3. プール（保留）
4. 条件付きプール（保留）
5. 不合格

第二段階　教育委員会での調整
第三段階　学部間調整会議
第四段階　プールを確認し，検討を行う
- プールでの追加合格者を検討する会議

図 4-7　合否判定のカテゴリーと流れ

＊本章は，2016年9月に行われた高等教育・入試研究開発センター発足記念国際セミナーでのブリギッテ・シテーガ ケンブリッジ大学現代日本研究学科上級講師の講演を書き起こし，抜粋したものである。なお，山下で2021年現在の内容を一部補足している箇所がある（構成：河村基〔㈱エールバリュー〕）。

注

1） Aレベルテスト（General Certificate of Education, Advanced Level）はイギリス他の大学入学資格として認められる統一試験。複数の資格授与団体が実施，運営している。
2） 2021年現在，国際バカロレアによる出願可能基準は40～42／45となっている。（https://www.undergraduate.study.cam.ac.uk/applying/entrance-requirements）.
3） かつてASレベルテストは各科目の高校2年時点での学力を示す，Aレベルテストの前半部の意味合いがあったが，2015～18年に行われた教育改革でAレベルと分離され，17歳次で終了するコースの修了試験となった。
4） 面接前のテストの具体的な内容は，下記を参照のこと。（https://www.admissionstesting.org/for-test-takers/cambridge-pre-interview-assessments/）.

第5章 韓国の大学に学ぶ総合的入学者選抜方法(学校生活記録簿による多面的評価)

パク・ピルソン

はじめに

韓国も日本と同様に，毎年入試のことが社会で大きな話題となる国のひとつである。以前行われていたCSAT（大学修学能力試験）[1]の結果のみによる入学者選抜は社会問題となり，入学者選抜の変革を求める声が次第に大きくなった。これを受けてソウル大学においても2001年から多面的・総合的評価システムの研究を開始し，2007年より新しい入試方式の運用を行っている。導入から10年経った現在では生徒の多くがこの制度を通して入学してきている。

ここでは新しい入学査定制度の具体的な仕組みやそれを導入するに至った経緯，また，この制度において新設され，重要な役割を担うこととなった入学査定官による書類審査のシステムについて解説していく。

1. ソウル大学における大学入学者選抜

ソウル大学では随時募集と定時募集という2種類の入学査定（入試）を行っている。このうち随時募集の合否判定は多面的・総合的評価によって行われる（**表5-1**）。一方，韓国ではCSATという日本の大学入学共通テストのようなものがあり，定時募集の合否判定はCSATのスコアのみによって行われる。なお，随時募集で大学合格を得た生徒は，定時募集に申し込むことはできないルールとなっている。

随時募集は9月に出願書類提出，10月に審査，12月の第1週目くらいに

表 5-1　ソウル大学の入試の種類

	入試の種類	
	随時募集	定時募集
定員内	• 地域均等（高校長推薦）選考 • 一般選考	• 一般選考
特別枠	• 機会均等特別選考 I	• 機会均等特別選考 II

• 機会均等特別選考 I：低所得世帯の学生，農山漁村出身の学生
農山漁村系列の専門科目を 30 単位以上履修した学生（農業生命科学部）
• 機会均等特別選考 II：特別支援教育対象者，北朝鮮離脱住民

合否判定が出る。この随時募集で不合格だった生徒たちは，その後定時募集に挑戦することができる。定時募集では 11 月中旬に実施される CSAT の結果をもって入学の申し込みをする。こちらは 12 月に選考を始めて 1 月に合否判定が出るというスケジュールになっている。

ソウル大学に政府から割り当てられる入学者数は 3,000 名を少し超える程度である。2017 年度の通常の定員は 3,136 名で，随時募集での受け入れが全体の約 77%，定時募集での受け入れが 23% である。随時募集での受け入れは，地域均等（高校長推薦）選考が約 23% であるのに対して一般選考（学生簿総合選考とも言われる）は 50% 強となっており，この一般選考枠がソウル大学の入学査定の大きな部分を占めている。

この通常の定員に加えて，特別な配慮を要する生徒のために 2 つの特別枠がある。特別枠のうち，機会均等特別選考 I は低所得世帯の生徒，都市から離れた農村や漁村に住む生徒が対象となり，機会均等特別選考 II は特別支援教育対象者と北朝鮮離脱住民を対象としているが，**表 5-2** に示した通り，割当人数はごく少数にとどまっている。

この特別枠で政府から許可されたのがわずか 164 名であり，定時入試での特別支援教育対象者枠は 18 名しか割り当てられていない。韓国では入試は大きな問題であることから，入学者数は政府主導で決められるため，大学側の一存で入学者を増やすことはできない。

表 5-2　ソウル大学の入試毎の定員枠（2015〜2017）

定員内

	随時募集		定時募集	合計
	地域均等（校長推薦）選考	一般選考	一般選考	
2017 年度	729 名（23.4%）	1,672 名（53.3%）	729 名（23.3%）	3,138 名
2016 年度	681 名（21.7%）	1,688 名（53.2%）	768 名（26.4%）	3,135 名
2015 年度	692 名（22.1%）	1,675 名（53.4%）	771 名（24.6%）	3,138 名

歯学部の学士・修士統合課程の別枠 45 名含む

特別枠

随時募集	定時募集	合計
機会均等特別選考Ⅰ	機会均等特別選考Ⅱ	
164 名	18 名以内	182 名以内

2. 入学者選抜区分と選抜方法

(1) 随時募集について

随時募集のうち，高校長推薦による地域均等選考では，各高校がソウル大学に対して 2 名の生徒を推薦する。ソウル大学はおそらく韓国では最難関の大学であるため，高校長推薦を受けられるのは実質的に各高校のトップ 2 名と言うことができる。

提出した学校生活記録簿と推薦状などの書類をもとに評価が行われ，この段階で定員の約 2 倍の人数が面接に進む。この面接ではテーマを決めずにいろいろなことについて話し，創造力や論理性を確認する。生徒を総合的に評価するのが目的の面接である。なお書類審査においては，生徒の学校での生活の記録しか見ないため，学力が大学の基準を満たしているかどうかを確認する必要性から，CSAT のスコアの最低ラインを設定している（**表 5-3**）。したがって面接を通過できても CSAT のスコアが最低学力基準に達していないと合格にはならない。この多面的・総合的評価の具体的な方法論については後述する。

次に随時募集の一般選考（学生簿総合選考）であるが，これは全ての大学が

表 5-3　ソウル大学の地域均等選抜の選抜方法詳細（2017）

○選考方法

- 書類評価と面接の結果を総合して合否判断を行う
  ※美術学部，音楽学部は書類評価，面接，実技試験の結果を総合して合否判断を行う

○大学修学能力試験　最低学力基準

※大学修学能力試験：韓国で実施されている大学共通の入学試験

- 4 教科（韓国語，数学，英語，社会 / 科学）のうち，3 教科以上で 2 級以上の成績であること
  ※音楽学部声音科，器楽科は 4 教科のうち，2 教科以上で 2 級以上の成績であること
- 学部別の「大学修学能力試験応募基準」を必ず満たすこと

〈文学部〉大学修学能力試験の受験を要する教科・科目	一韓国語，数学(B)，英語，韓国史，社会 / 科学，第 2 外国語 / 漢字 一韓国語，数学(A)，英語，韓国史，社会 / 科学

採用している方法である。この方法の場合も 2 段階の審査が行われる（**表 5-4**）。まず書類審査があり，募集人員の 2 倍に相当する入学希望者が面接に進む。そこで一般的な面接 15 分に加えて口頭試問が 45 分行われる。口頭試問の内容は希望する学部によって異なり，例えば数学科に進学を希望する生徒には数学の問題が出される。ソウル大学では同じ学部に進学を希望する生徒全員に同じ問題を与えている。受験生は面接前に問題を提示され解答時間を与えられ，時間が来たら面接室に入って答えを示し，教員たちと話し合いを行う。また，美術学部や音楽学部のように実技の能力が求められる学部では，口頭試問に代わって描画や演奏の実技試験が行われる。

(2) 定時募集について

韓国では随時募集でひとつでも大学に合格すれば，その生徒は定時募集に申し込むことはできないが，随時募集でどこにも合格しなかった生徒は 12 月に始まる定時募集に申し込むことになる。定時募集では評価は完全に CSAT のスコアだけで行うことになっており，ソウル大学もほぼ全ての学部で CSAT のスコアだけを見て選考を行っている。ただし教育学部体育教育科だけはランニングやダンスなど，専攻に合った実技試験を行う。

(3) 特別枠について

以上に加え前述したように，特別枠として機会均等特別選考 I と II がある。機会均等特別選考 I の選考プロセスは地域均等選考（高校長推薦）などと全

表 5-4　ソウル大学の随時募集一般選考（2017）

○選考方法

- 全学部（教育学部，自由専攻学部，美術学部，音楽学部を除く）

学部（随時募集の一般選考 / 全定員）	選考方法			
	第 1 段階		第 2 段階	
	書類評価（割合）	募集人員に対する倍率	第 1 段階点数（割合）	面接・口頭試問（割合）
文学部（176/278） 社会科学部（164/364） 理学部（149/250） 看護学部（27/63） 経営学部（40/135） 工学部（418/780） 農業生命科学部（115/297） 生活科学部（36/107） 獣医学部（25/40） 医学部（45/95） 歯学部 歯学科（30/45）	100%	2 倍	100%	100%

く同じで，まず出願書類に基づいて審査をする。ただし，この段階では選考は行わず，入学希望者は100%面接に進む。その面接の結果を経て，合否判定に至る。機会均等特別選考Ⅱでは，特別支援教育対象の生徒に対しては，３年分の学校生活記録簿を提出する代わりに，CSAT のスコアの提出が求められる。身体上の問題のために，高校に３年間続けて通えない生徒もおり，学校生活記録簿の審査が難しい場合を想定しているためである。体は弱くてもアカデミックな能力がすばらしい生徒はいるため，書類審査と面接に加えて CSAT のスコアにより選考を行う。

3. 多面的・総合的評価への転換

ソウル大学が求める人材像を**図 5-1** に示した。ソウル大学では優れた学力と積極性はもちろんのこと，グローバル社会にふさわしい資質を備え，他人に対する思いやりの心を持つ学生を求めている。また，ダイバーシティも非常に重視しているため，生徒のバックグラウンドが審査に影響を及ぼすことはないが，多様なバックグラウンドを持つ学生を入学させる努力はしている。

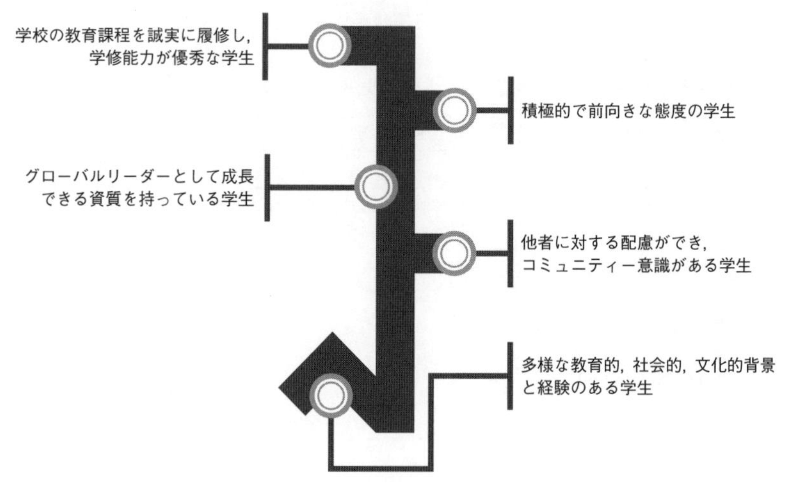
学校の教育課程を誠実に履修し，
学修能力が優秀な学生
積極的で前向きな態度の学生
グローバルリーダーとして成長
できる資質を持っている学生
他者に対する配慮ができ，
コミュニティー意識がある学生
多様な教育的，社会的，文化的背景
と経験のある学生

図 5-1　ソウル大学が求める人材像

機会均等特別選考ⅠとⅡを継続して運用しているのはこのためである。

1990 年代まではほとんどの大学で CSAT のスコアのみに基づく入学者選抜を行っていた。しかし試験当日に体調が悪くなってしまったり，そもそも体が弱かったりという理由で，試験で実力を出せない場合もあり，3 年間の勉強の成果を 1 日の試験で決めてしまうやり方では公平な評価ができているとは言えないのではないか，と問題視されるようになった。

先述の通り，ソウル大学では学力に優れていることはもちろん，他者への配慮ができ，人を助けようとする人格を持った学生を望んでいる。このように大学によって求める資質は様々であり，もっと創造性を重視したい大学などもあって然りなのである。これに対して CSAT のスコアでわかるのは学力だけだから，大学側にも不満があった。

また，CSAT の試験は 5，6 科目であるため，生徒たちはその科目だけを勉強しがちになり，他の大切な科目を勉強しない傾向があったため，高校側としても不満を抱えていた。

これら高校，大学双方の側から出てきた多くの不満の声に，政府も入学査定の在り方を改善せざるを得なくなり，新しい入学査定システムが開発されるに至った。おそらくソウル大学は新システムの開発に韓国で初めて着手し，構築した大学だと思われる。

4. 多面的・総合的評価の具体的評価方法

ソウル大学は，前述のように2001年に多面的・総合的評価システムの研究を開始し，2007年に運用を始めているので，システムの開発に6～7年を要したことになる。生徒たちは，2007年になって初めてCSATスコアの替わりに学校生活記録簿などの出願書類を提出するようになったわけであるが，初年度においては多面的・総合的評価システムを利用する生徒の割合は大きくなかった。その後徐々に増加し，現在ではソウル大学に入学する生徒の約77%が多面的・総合的評価を経て入学している（注：2022年度入試では，地域均等選考で20.8%，一般選考で48.6%であり，合計69.4%となっている（ソウル大学 2021））。

ソウル大学の随時募集で実施する一般選考（学生簿総合選考）は，学校での生活の記録全般に基づいた多面的・総合的評価システムである。生徒の成績の記録は最も重視する要素ではあるが，課外活動や高校生活で示した熱意の度合いも考慮に入れられる。また，そうした活動に関わった動機や取り組みの状況は，各学部が非常に重視している点である。教室での活動については，学校生活記録簿で，特に協働学習と主体的学習に注目して判断する。学校での全般的活動については，読んだ本や好きな本，そして勉強に対する積極性が評価される。勉強面ではより高度で難しいものを対象として勉強をするチャレンジ精神を重視する。興味を持ったことについてより掘り下げて勉強し，広い知識を身につけようとする姿勢を持っている生徒を求めているからである。また，獲得した知識を活用する能力も見ている（**図5-2**）。

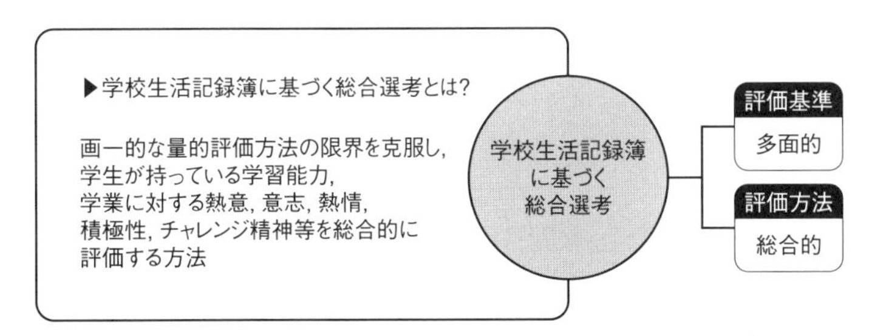

図5-2　随時入試の一般選考（学生簿総合選考）のコンセプト

また，**図 5-3** に示したのがソウル大学の入学査定官が書類を審査したり，評価したりする上での着目点である。この生徒はなぜ一生懸命に勉強したのか？　この生徒は最善を尽くしたのか？　などの問いを念頭に審査を行う。

ソウル大学の書類審査にあたって，生徒が提出する書類は４種類ある。高校が用意する学校生活記録簿，そして生徒が作成する自己紹介書，推薦書，そして学校紹介資料である。学校紹介資料が必要なのは，例えば科学や外国語など，ある分野に対して高度な授業内容が組まれている高校もあるため，そのような各高校の特色を知る必要があるためである。学力は，学校生活記録簿や自己紹介書，あるいは推薦書に基づいて評価し，個人的特性は学校生活記録簿や自己紹介書で判断する（**図 5-4**）。

通常，推薦書は担任教師かロールモデルになる人が書く。メンターに頼んで推薦書を書いてもらう生徒もいるが，推薦書を書くメンターは教師である必要はない。

提出されたこれらの書類をもとに書類審査が行われる。この審査には４つのグループが関わっている。メインとなるのが入学査定官のグループと学部教員のグループで，３つ目はアドミッション・オフィスの部長と副部長，及び職員で構成される委員会のグループ，４つ目が各学部の副学部長のグルー

個人的に記憶に残っている経験を挙げてください。
頑張って勉強した理由は？
与えられた条件で最善を尽くしたか？
コミュニティの構成員としての自覚があるか？
積極的，継続的に努力してきたか？
多様な領域の知識を習得したか？
主体的学習を行ったか？
頑張って成長した自分の姿は？
知識を深めるためにどれくらい努力してきたか？
習得した知識を適切に活用した経験があるか？
学校生活において困った経験とそれを乗り越えた経験は？

図 5-3　入学査定官の評価の観点

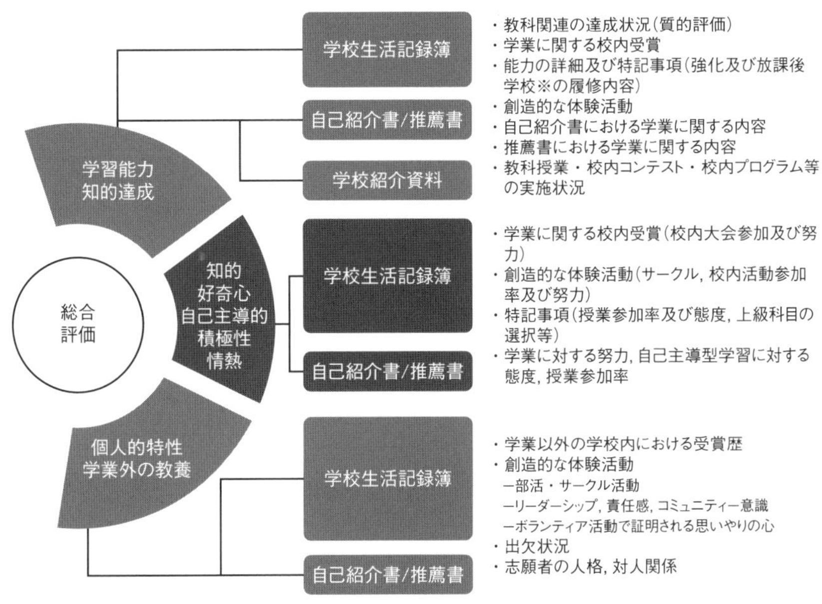

※放課後学校は私教育費の軽減と教育格差の軽減を目的として，小学校，中学校，高等学校にて運営している。プログラムは小学校の保育教室から大学修学能力試験の準備に至るまで様々な種類のプログラムを運営している。

図 5-4　評価の観点と対応する提出書類

プである。

ソウル大学における評価の段階を**図 5-5** に示した。１・２段階は入学査定官が担当しており，これにはダブルブラインド法を採用している。それぞれの段階で，入学査定官たちは審査を独立して行い，評価結果を他の同じ志願者を担当した査定官に知らせることはしない。もし出した結果に差異があれば委員会の協議にかけられる。ここで委員会はアドミッション・オフィスから出された結果について判定を行い，学部教員が評価を行い，続いて副学部長が最終決定を行う。

5. 韓国における教育行政情報システムと Web 出願

韓国において大学入試は国民の大きな関心事であり，大学の動向に注目しているため，あらゆるプロセスにおいて，高い透明性と公平性を確保しなけ

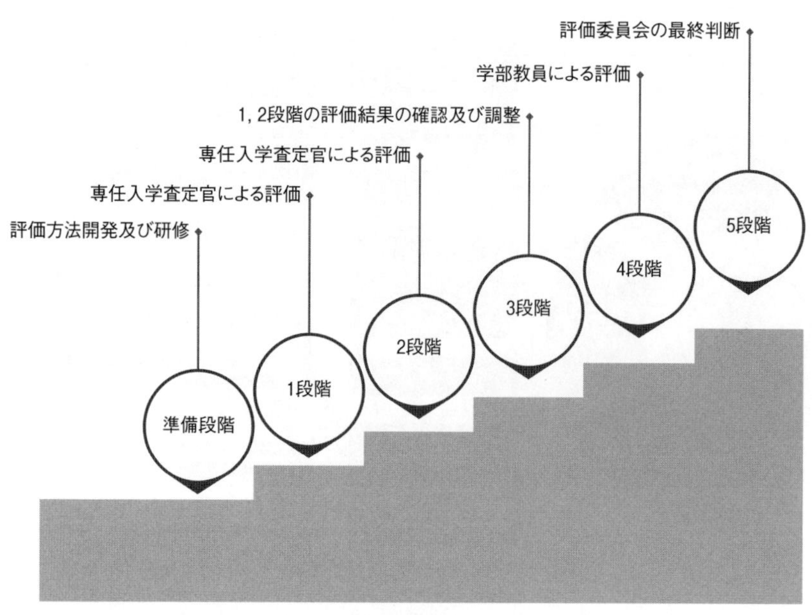

図 5-5　評価の段階とプロセス

ればならない。

韓国では政府が多額の予算と労力をかけて作り上げた教育行政情報システム NEIS（National Education Information System）を 2002 年から運用している。入学審査に必要な学校生活記録簿や学校紹介などの情報資料は高校がこのシステムに入力し，推薦書も推薦者がこのシステムにオンラインで登録する。その後生徒が入学を希望する大学に Web 出願システムを通して申請し，自己紹介書もオンラインで提出する。高校と大学間の直接のコンタクトを一切排除した，非常に透明性の高い仕組みとなっている。

生徒が Web 出願システムを通して出願すると，その情報を受け大学がその生徒の情報提供を申請し，該当生徒の学校生活記録簿などが教育行政情報システムを通して大学に提供される。ソウル大学でも情報はこのシステムを介してのみ受け取ることができる。

学校生活記録簿に入力される項目は標準化されており，教科目標達成度には教科履修状況と生徒の成績が含まれる。成績は素点と各学校での平均点，標準偏差などのデータで示される。科目とグレード，そしてそのグレードを持つ生徒の人数，割合などのすべての入力項目が統一化され，管理されている。このほかにも創造的な体験活動や進路希望のほか，教師のコメントも含まれる。この教師のコメントは，学校生活記録簿の中でも非常に重要な項目である。普通の授業に加えて生徒全員の特性や意見をまとめなくてはならず，教師にとって大変な負担となるためシステム導入当初は不満が寄せられた。しかしそれまでCSATの試験勉強だけをしていた生徒たちが，学校での学習態度を改めるようになり，試験以外の授業にも身を入れるようになると，教師たちも教育行政情報システムを歓迎するようになった。自己紹介書では，生徒が何をなぜ勉強したいのかということをはじめ他にも様々なことを記入する。

韓国では社会の目があるため，公平さや平等性が非常に重視されている。その中で，政府と高校と大学は緊密に協力し合う必要があり，この教育行政情報システムは非常に有効なシステムである。高校と大学の間に癒着の疑いが生じないように，政府主導で生徒の記録を収集し，大学に提供するシステムを開発したという事である。しかしこのようなネットワークシステムやインフラにはお金がかかるため，このシステムの管理に要する多くの学校の予算や入学査察官の給料などは政府が援助する必要がある。このように特に韓国では政府の役割が非常に重要なのである。

高校の教師は教えること以外にはあまりすることがないように見えるが，先述の通り学校生活記録簿における教師のコメントは非常に重要である。また一方大学も生徒の記録簿を審査し，面接を行う技量が求められるようになったため，ソウル大学もまた入学査定官を新設することになった。書類審査では一貫性が重視されるため，入学査定官になるためには500時間以上の訓練を受ける必要がある。更に教員たちもアドミッション・オフィスにおいて一定時間の訓練を受けることになっている。また，高校についての情報にも精通する必要もある。このようにして，大学側も入学査定において重要な役割を担うこととなった。

6. おわりに

ソウル大学における新しい入学査定方法の導入から10年が経った。そして，現在この方法で入学する生徒は，全入学者数のおよそ7割を占めるようになった。一方，定時募集はソウル大学に合格できなかった受験生にとって重要な制度である。もう1年間勉強する猶予ができ，次の年にまた入学希望申請をすれば，昨年と同様に入学査定を受けることが可能になる。現在，ほとんどの高校生が随時募集による多面的・総合的評価での入学者選抜を選択しており，この選抜方法を導入する大学も増加している。

しかし，いまだ解決できていない課題も多く残っているのも事実である。随時募集と定時募集の最適な割合や，高校長推薦と一般選考の割合などはその一例である。重要なのは，多面的・総合的評価は継続的に研究し，評価，再分析をしていくことである。現時点では，理想とする形の半分といったところではないだろうか。今後も研究を続け，理想を追い求めていかねばならない。

＊本章は，2016年9月に行われた高等教育・入試研究開発センター発足記念国際セミナーでのパク・ピルソン ソウル大学入試部次長の講演を書き起こし，抜粋したものである。なお，山下で2021年現在の内容を一部補足している箇所がある（構成：河村基〔㈱エールバリュー〕）。

注

1） College Scholastic Ability Test

引用文献

ソウル大学，2021，2022 학년도 신입학생 수시모집 안내（2022年度随時募集案内）（https://admission.snu.ac.kr/undergraduate/early/guide, 2021.12.21）.

ソウル大学，2021，2022 학년도 대학 신입학생 정시모집（'나' 군）안내（2022年度定時募集案内）（https://admission.snu.ac.kr/undergraduate/regular/guide, 2021.12.21）.

第6章 フランスの大学入試 バカロレア試験と高等教育登録システム

田川　千尋

はじめに

フランスの高等教育機関には，中等教育修了資格でありリセ[1)]修了時の試験であるバカロレア（baccalauréat）の取得によって登録が可能である機関と，選抜を課する機関とがある。前者の主たるものは大学で，振り分けと呼ばれる仕組みは経るものの，無選抜で登録することができたが，近年の改革によりその様相は変化している。後者の代表的なものはグランゼコールであるが，バカロレア取得後2年間の準備級を経て選抜試験が行われている。バカロレアはこのように中等教育の修了を保証し，同時に高等教育へのアクセスを可能とする資格であり，中等教育修了資格と訳されるが，ときに大学入学資格試験とも訳されることがあるのはこのためである。高等教育への入試制度としては，バカロレア試験と高等教育登録システムであるParcoursupにおける手続きとは併せて理解する必要があるため，本章ではバカロレア試験，Parcoursup上での高等教育機関への志願・登録という一連の流れを概観していくこととする。

1. フランスの高等教育機関の構造と選抜制度

フランスの高等教育は多様な修業年数の課程からなりその構造は複雑であり（**図6-1**参照）全てを紹介することはできないが，入試制度という観点からは，無選抜制である大学と，選抜制であるその他に大きく分けることができる。無選抜制である大学は，高等教育在籍者のうち最大の受け入れ先であ

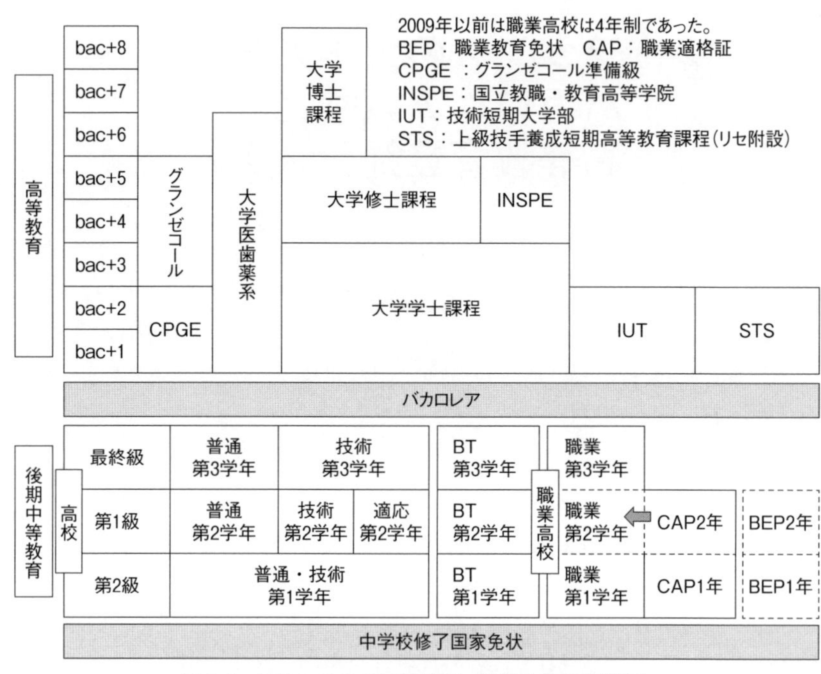

図 6-1　フランスの学校系統図（後期中等教育以降）

り，272.5 万人の在学者中，約 6 割にあたる 163.5 万人が登録している (MESRI-SIES 2020)。大学はバカロレア取得によって登録が可能な高等教育機関だが，2018 年度に Parcoursup と呼ばれる高等教育への登録システムができてからは，志願書類の序列化が可能となり，志願者が多く集まる一部の大学や専攻では志願者の実質的な選抜が行われるようになった。グランゼコールは選抜制であり，バカロレア取得後に 2 年間の準備級を経た後に選抜試験が実施される。この試験についてはいくつかのグランゼコールに共通の試験が実施されてはいるが，基本的には各機関の個別試験である。

本章では以下，高等教育機関のなかでも受け入れ学生の比率が大きく，大衆化の影響を大きく受けてきた無選抜機関である大学への入学システムを述べる。

2. バカロレア試験

(1) バカロレア試験の概要

バカロレア試験の歴史は19世紀初頭に遡る。当初口述試験だったところへ1830年に筆記試験が加わり，1960年代以降には大衆化時代を迎え技術バカロレアや職業バカロレアが創設される（これにともない従来のバカロレアは普通バカロレアとなる），など幾度かの大きな改革を経ているが，直近では2020年に大きな改革が行われている。ここでは，普通バカロレアについて説明する。

2020年の改革では留年問題，学士号取得率の低さ（田川 2020; 2021）を受け，バカロレア試験が高校2・3年生における学習をより反映したものとし，高等教育における学びを準備するものとするという目的のもと，高校2年及び3年における内申点が40％の比率を占める，より平常点を重視したものとなった。**表6-1**は普通課程（普通バカロレアを取得）の高校2・3年生の授業科目一覧である生徒の履修した科目が内申点の対象となる。

残りの60％については，最終試験の結果が反映される。これは学校が実施する共通試験及び全国共通試験からなる。共通試験は，2年生でフランス語筆記および口述，3年生で専門科目（生徒の選択した科目）2科目で，3月に実施される。共通試験は，「受験者と学校間における平等を担保するために（フランス国民教育省 2021）」デジタル化された全国問題バンクからの出題，回答用紙は匿名化のうえで生徒の担任以外が採点，評価基準の調整（harmonisation）の実施がされている。

全国共通試験は哲学，専門科目についての口述試験で，6月に実施される。

また，2年生および3年生の学習記録簿，フランス語の筆記・口述試験及び専門科目の試験結果はParcoursup（後述）で考慮される。

(2) バカロレア試験の特徴：論述の重視

前述のようにバカロレア試験では平常点の比率が高くなり，伝統的に実施されていた全国共通試験のうち残る筆記試験は哲学のみであるが，学校における共通試験も筆記においては記述試験としての性格はフランス特有のもの

表 6-1　フランスの高校 2 年生・3 年生の履修科目

	科目名	2 年生時間数	3 年生時間数
共通教養の基礎（Socle de culture commune）	フランス語	4 時間	—
	哲学	—	4 時間
	歴史地理	3 時間	3 時間
	道徳・公民	30 分	30 分
	第一・第二外国語	4 時間 30 分	4 時間
	体育・スポーツ	2 時間	2 時間
	科学的・デジタル人文学	2 時間	2 時間
	計	16 時間	15 時間 30 分
専門科目（Disciplines de spécialité）	芸術	4 時間	6 時間
	環境，作物，領土	4 時間	6 時間
	人文学，文学，哲学	4 時間	6 時間
	言語，外国文学	4 時間	6 時間
	数学	4 時間	6 時間
	デジタル，情報科学	4 時間	6 時間
	生命地球科学	4 時間	6 時間
	工学（技術科と関連した時間数）	—	—
	経済・社会科学	4 時間	6 時間
	物理化学	4 時間	6 時間
	計	3 科目選択・12 時間	2 科目選択・12 時間
	学年合計	28 時間	27 時間 30 分
進路指導（Orientation）		1 時間 30 分	1 時間 30 分
自由選択科目（Enseignements facultatifs）	2 年生で次の科目から最大 1 科目を選択：芸術，古代の言語・文化，体育・スポーツ，第三外国語	3 時間	—
	3 年生では上記の科目と，次の科目が選択可能：専門数学，補充数学，法律・現代社会の重要な諸課題	—	3 時間

出典：Ministère de l'Éducation Nationale, 2021, *Baccalauréat 2021*: 17-19 より筆者作成

であり，大きな違いはない。本書の意図からすれば，本章では，高校及びバカロレア試験における論述方法を述べることが適切であろう。

紙幅の都合上，バカロレア試験の各科目についての詳述は，筆者も共著者である先行の著作に譲り（細尾・夏目・大場編 2020），ここではこのなかから哲学試験に関する先行研究を紹介しつつ，日仏の比較の視点から，より一般的にフランスの学校教育における論述について述べる。

一般にフランスの教育においては初等教育より論理的思考力を育成することが意識されているが，リセ（後期中等教育）においては，これをより高度な方法で行う。代表的なのはバカロレアの全国試験に改革後も象徴的科目として残る哲学の論述試験である。哲学はリセの最終学年で履修する科目であり，これまで様々な科目で初等教育より育んできた論述の力を結集する科目と位置づけられる。例えば2021年の普通バカロレア（本土）の哲学試験問題を見てみよう。

> 1. 議論するとは，暴力を断念することか？　2. 無意識はあらゆる認識の形式から逃れているか？　3. われわれは未来に責任を負っているか？　4. デュルケム『社会分業論』（1893年）の一節を説明せよ。（4時間）

この問題を見て，フランスの高校生が相当な教養を有していると驚くのは少々早とちりである。リセの哲学の授業では，1年かけて哲学的思考の型の習得の準備を行っている。重要な領域（主体，文化，理性と現実，政治，道徳）及びこれに関する概念（例えば主体であれば意識，知覚，無意識，他者，欲望，存在と時間[2)]），また著者リストを学ぶ。著者リストからは，重要な引用を学び，暗記をしなければならない。問いを自らで定義しなおし，これに対して，適切な引用を用いながら論の展開を行う訓練が，中等教育までの集大成として，1年間かけて行われている。

フランスの伝統的論述の型であるディセルタシオンでは，問いに対して自らの内なる他者を設定し議論を展開する。これは社会における多様な他者の存在を意識し，議論を行う訓練だという（渡邉 2021）。共通の型を通してこそ議論が可能になるということ，また，このなかで他者を意識した議論の訓練を学ぶことが，市民性を育むと考えられているのである。このような論述の

「型」の習得は，哲学だけでなく，他の科目，例えば歴史・地理や，数学，物理化学でも行われており，科目横断的に育成されていることが特徴である。すなわち，フランスの学校教育における中心軸に置かれたものが論述であると言える。

なお，これらの試験と日常的な学習に関連する重要な事項としてバカロレア試験が日本の大学入試と大きく異なる点は，作問および採点が高校の教員により行われる点である。高校で育まれた力を高校の教員が評価することは，中等教育修了資格であることを鑑みると自然なことではあり，日常的な論述の指導とバカロレア試験とは関連づけながら行われている。

3. 大学への出願

(1) これまでの高等教育登録システム（APB）と新しい登録システム（Parcoursup）

2007年までは，高等教育への志願及び登録は紙の書類で行われ，無選抜制である大学への志願者は5つの教育課程まで順位をつけて希望を提出し，大学の側は定員に鑑み社会的基準（居住地など）により抽選を行っていた。第一希望の大学で受け入れられなかった場合，書類は第二希望，そこで受け入れられなかった場合第三希望，というように希望準に大学に送られていたが，この方法では非常に時間がかかるため，2007年よりインターネット上の各機関への志願者振り分けの全国的なシステムであるAPB（Admission Post-Bac：バカロレア取得後進路志望事前登録システム）が作られた。しかし，APBは振り分けのアルゴリズムが不明である等の批判を受け，これに代わり2018年より新しい高等教育出願システムであるParcoursupと呼ばれる高等教育に出願・登録するためのプラットフォームが置かれた。Parcoursupとは，parcours（あゆみ），sup（「高等」の略）を繋げた造語で，高等教育へのあゆみ，とでも訳すことができよう。

(2) 新高等教育志願システムParcoursupの概要

新しい志願システムであるParcoursupの創設は，2018年に出された「学生の進路と成功に関する法（ORE法）」における高大の接続時における問題を改善しようとする大きな改革の中に位置づけられる。Parcoursupは，志願者が定員を超える場合に大学における志願書の序列化（classement）を可能にする点がこれまでと最も異なる点のひとつであり，これにより定員よりも多くの志願者が集まった一部の大学の専攻においては入学者の実質的な選抜を行うことができるようにするものである。序列化の方法は各大学に任されており，高校までの学習歴，バカロレアの種別などがあるようであるが，提出書類への係数のかけ方も含め，これらの基準は公開されていない。ただし，一定の割合で奨学生（フランスの場合社会的基準による）を入れることが明らかにされている点は，高等教育へのアクセス機会を均等するための取り組みのひとつだと言える。

従来課題とされてきた高校から高等教育への進路の一貫性[3]を目指し，Parcoursupでは，プラットフォーム上における情報提供を充実させている。高等教育の教育課程についての情報や，そこで求められる学業への準備状況や資質が「分野別期待される力の全国枠組み」（後述）により示され，志願者は志願する際に十分に自己チェックを行うことが促されている。このことから，Parcoursupは，高等教育機関への志願書の提出を行うだけのプラットフォームではなく，情報提供を行う進路選択支援ツールであることが強調された作りとなっている。このなかでは，高校における進路指導から，大学における学習支援も視野に入れたものであり，Parcoursupは「コミュニケーションである[4]」。生徒は志願書，志望動機書をプラットフォーム上に出願時に提出し，また，高校の成績，推薦書は高校から直接システム上に提供される。優先順位をつけずに最大10の志願書を出すことができる[5]。

条件付き入学（「Oui-si」）制度ができたことも新たな点である。条件は各大学により定められており，リメディアル講義の受講などがある。

(3) 自己評価質問書

法学及び理系の14分野では自己評価質問書への回答が課されており，リセにおける科目履修およびそれにより獲得された力の志願者による自己点検が他の分野よりも厳密に行われるように促される仕組みになっている。ただし，自己評価質問書が志願書の序列をつける際に考慮されることはないとされている。

理系の自己評価質問書の場合，次の3つの部から構成されている。第1部では，理解力，科学的テクストの分析力，表現力・語彙を動員し，科学的資質を証明するものである。6つの質問項目がありそれぞれに選択式で答える。第2部は，科学的問題提議に興味があるかどうか，映像資料から情報を抜き出せるかどうか，科学的な良いセンスと文化を持っているかどうかを調べるものであり，16のテーマからひとつを選び，それについて6つの質問項目それぞれに選択式で答える。テーマは例えば「レーザーはどのように機能するか」「DNA解析はどのように行うか」といったものである。第3部は，志願者が入学したい専攻に合わせて2つの専攻領域（デュオ）を選び，リセで習得した全般的知識を動員できるかどうか調べるものである。第2部でも提示された16のテーマについて，各々に12の専攻領域のデュオが示されている（例えば数学／物理，生物／情報)。ここでも，6つの質問項目に対し選択式で回答を行う。

(4)「分野別期待される力の全国枠組み」策定とParcoursupにおける機能

「分野別期待される力の全国枠組み[6]」は学士課程およびグランゼコール準備級，IUT（技術短期大学部)，STS（上級技手養成短期高等教育課程）について策定された。学士課程の「分野別期待される力の全国枠組み」は46分野から構成されている。資質，能力，態度，リセでの関係科目の履修，そして分野によっては自己評価質問書への回答という条件から成る。いずれの分野においても共通する項目は以下のものである。

- 論証できるための表現力の活用（筆記・口頭両面で）
- 論理的能力
- 外国語能力
- 学問的手法への関心があること
- 自律的な学習者であること
- 文献への興味
- 政治・経済・社会・歴史（これらは分野によって多少異なる）への興味

また理系や医学分野においては

- 科学的能力
- コミュニケーション能力（ここに外国語能力が含まれる）
- 高校での履修に関する詳しい記述

法学や心理学などは，リセで明確に対応する科目のない専攻領域である。心理学では理系分野の履修歴・知識が必要であることが明記されている（「理系分野の能力を備えていること（この項目は，以下のうち少なくともひとつの分野において優れた水準を要求するものである：数学，物理-化学，生命・地球科学）」）。なお，理系においてはリセにおける科目履修に関することが詳しく述べられており，入学後の学業には高校での準備が必要であることが強く注意喚起されている。

能力に「非常に」という形容詞や「優れたレベル」などで水準が表現されていることがある。例えば哲学にある「優れた一般教養」，理系分野における，能力を「非常によく使いこなせること」などである。しかし，これらの能力が，バカロレアの点数（「何点以上」というように）によって表現されることや，各大学においてParcoursupの振り分けにおける点数基準を公開することは，とりわけ回避すべきこととして決定されたという。それは，高大の連続性の向上のために策定したはずの「分野別期待される力の全国枠組み」やParcoursupが，「リセにおいて（バカロレア試験の）点取りゲームを促進し，本質的な学習を導くものにはならないから」とのことである[7]。すでに述べたようにParcoursupはリセ生徒との「コミュニケーション」であるという位置づけも鑑みると，進路の不一致解消を目指すものではあるが，あくまで選抜的になることは避けたい，ということであるようだ。なお，各大学は2021年度Parcoursupより，前年度の定員とこれに対する志願書数，受け入れ数については公開している。

4. おわりに：多面的・総合的な選抜という観点から見たフランスの大学入試制度

ここまでフランスのバカロレア試験の概要およびその後の大学登録制度について述べた。バカロレア試験が，高校の学習を総括する試験であり作問や採点が高校教員であること，内申点の配分が大きなこと，高等教育機関への登録の仕組みであるParcoursupでは，学習記録簿が考慮されること，序列化において社会的基準が反映される仕組みがあること，自己評価質問書や「分野別期待される力の全国枠組み」により自己チェック機能が置かれていること。これらのことからは中等教育修了及び大学入学の資格が自己評価も含む多様な評価によって測られていることがわかる。

また，さらにこのなかでは，高校までに科目横断的に育まれる論述及びこれを支える論理的思考能力が重視されていることが見てとれる。大学入学に関し，Parcoursup における手続きからは，生徒が自律的な進路選択者であることが強調されていることがわかる。

さて，このバカロレア試験は1世代のどの程度の割合の者に関わるものであろうか。最新の2021年の統計によれば，合格率は3種全てのバカロレアあわせて93.8%，本章で紹介した普通バカロレアについては97.6%，取得率は3種合計で83.1%，普通バカロレアでは44.8%である。取得者のうち普通バカロレアでは9割近くが高等教育機関に登録し（内，大学へは62%），その率は全バカロレア合計では約8割（内，大学へは41%）である（DEPP 2021）。

2020年のバカロレア改革以降の大学登録者についての統計はまだ明らかになっていないが，2015年入学者についての追跡調査によれば，規定の3年で修了する学生が全体の29.6%，4年で修了した者を入れた累計でも42.2%であり，半数以上が留年，中退あるいは進路変更をしている。この率は取得しているバカロレアにより開きがあるが，普通バカロレア（追跡対象者の77.3%）では3年修了率が36.6%，4年累計51.2%である（技術バカロレアと技術・職業バカロレア取得者の修了率は低い）（MESRI-SIES 2020）。バカロレア改革の評価をするには時期尚早だが，Parcoursup などの施策を含めた2018年ORE法への評価によれば，リメディアル教育を行う Oui-Si のシステムは一定の評価を受けている（Cour des comptes 2020）。それ以前より，中等教育段階における学習が大学における学士号取得に寄与することは明らかにされており（ユグレ 2021），1回きりの試験だけでなく，自己評価も含む多様な評価を用いて多面的に中等教育の学習成果をより的確に評価する制度には，学士課程の中退率を減少させる機能があることが期待される。

一方で同時に，これら一連のバカロレアから登録システムという多面的な評価のなかに自己評価が関与する点については議論すべきこともあるだろう。本章では詳しく扱わなかったが，技術バカロレア・職業バカロレアの取得者は，「分野別期待される力」において高校での履修が推奨される科目が何であり，求められる能力の水準を見て，大学を回避するのではないだろうか。2013年には技術・職業バカロレア取得者への短期職業高等教育課程への割り当て制度が置かれたが，これに加え2018年に策定された「分野別期待される力」によって，彼らは彼らが「進むべき」と誘導される短期職業高等課程への進学へよりいっそう誘導（自己検閲も含め）されるだろう。技術・職業バカロレア課程への進学は，希望による進路選択ではなく，成績不振による普通課程からの落第であり中等教育における中退回避進路であること，さらには社会階層間格差がそこにはあることも踏まえると，割り当て制度による進路の固定化は，高等教育免状の取得率を上げるという政策的には「成功」であるが，民主化の視点からは，批判的な検討が行われるべきであろう[8)]。生徒が自身の進路選択の主人公であると規定されるなかにおいては[9)]格差が生じやすい（ショベル 2018）。この点で，序列化において社会的基準による奨学生の割合を定めていることは評価できるが，同時に今後はリメディアル教育のよりいっそうの充実が求められるだろう。

フランスは冒頭で示したEUにおける１世代あたりの高等教育免状目標値（40%）をすでに達成しているが，背景にはこのように階層化した進路の仕組みがある。これらを論じることは本章の主要な目的ではないが，多面的な選抜を実施する際には，これにともなう格差の問題には注意を向けたいということを本章の結びとして強調したい。

注

1）　本章でのリセは，普通科・技術科を併設するリセと職業科を置く職業リセを合わせた後期中等教育機関という意味での広義のリセを指している。

2）　領域および概念は，（坂本 2020）を参照した。

3）　フランスでは高校と大学の接続問題が長年の課題とされてきた（田川 2021）。高大接続の諸策については（田川 2020）で詳述されているので参照されたい。

4）　国民教育省 Parcoursup 担当官ジェローム・テイヤール氏への著者によるオンライン・インタビュー（2021 年７月 15 日実施）。

5）　Parcoursup の詳細については（田川 2021）。

6）「分野別期待される力の全国枠組み」学士課程分の全訳は（田川 2022）。

7）　同注４）。

8）　オランジュは，高等教育の進路選択行動における社会階層間格差を指摘している（2016，2018）。また，ボダンとオランジュは，割り当て政策と社会階層の再生産性について批判している（ボダン＆オランジュ 2021）。

9）　La loi d’orientation sur l’Éducation（n°89-486 du 10 juillet 1989）.

参考文献

ボダン，R., オランジュ，S., 田川千尋（訳），2021,「高等教育の現代における分析と改革のいくつかの矛盾に関する検討―保守的改良主義」園山大祐（編）『フランスの高等教育改革と進路選択』明石書店，123-135.

Cour des comptes, 2020, *Un premier bilan de l'accès à l'enseignement supérieur dans le cadre de la loi orientation et réussite des étudiants.* Communication au comité d'évaluation et de contrôle des politiques publiques de l'Assemblée nationale, Février 2020.

DEPP, 2021, *Note d'information n°21.32 - Juillet 2021.*

細尾萌子・夏目達也・大場淳（編），2020,『フランスのバカロレアにみる論述型大学入試に向けた思考力・表現力の育成』ミネルヴァ書房.

MESRI-SIES, 2020, *Note d'information du SIES*, 20.20, décembre 2020.

MESRI-SIES, 2020, *Note Flash du SIES*, n°22, octobre 2020.

Ministère de l'Éducation Nationale（フランス国民教育省）, 2021, *Baccalauréat 2021.*

オランジュ，S., 田川千尋（訳），2016,「上級技術者証書（BTS）という選択」園山大祐（編）『教育の大衆化は何をもたらしたか』勁草書房，24-50.

オランジュ，S., 田川千尋（訳），2018,「高校卒業後の学業選択・社会階層による異なったロジック」園山大祐（編）『フランスの社会階層と進路選択』勁草書房，24-36.

坂本尚志，2020,「論理的に考えて表現する力を育む高校教育―哲学教育を中心に」細尾萌子・夏目達也・大場淳（編）『フランスのバカロレアにみる論述型大学入試に向けた思考力・表現力の育成』第6章，ミネルヴァ書房，111-133.

ショヴェル，S., 園山大祐（訳），2018「学校への道，進路決定を前にした教師，生徒，良心」園山大祐（編）『フランスの社会階層と進路選択』勁草書房，79-90.

田川千尋，2018,「進路形成における自律的生徒・学生像―ナント大学区を事例に」園山大祐（編）『フランスの社会階層と進路選択』勁草書房，13-23.

田川千尋，2020,「大衆化した高等教育における学生受入れの問題と改善に向けた取り組み」細尾萌子・夏目達也・大場淳（編），『フランスのバカロレアに見る論述型大学入試に向けた思考力・表現力の育成』ミネルヴァ書房，195-210.

田川千尋，2021,「高校から高等教育への進路選択システム―高大の接続支援と公平性に関する考察」園山大祐（編）『フランスの高等教育改革と進路選択』明石書店，105-122.

田川千尋，2022,「バカロレア試験で測られる能力をどのように高等教育へ繋ぐか―『分野別期待される力の全国枠組み』の検討から」細尾萌子（編）『大衆教育社会におけるフランスの高大接続』第7章．広島大学高等教育叢書，広島大学高等教育研究開発センター.

ユグレ，C., 田川千尋，2021,「『出来の良い』生徒とは？―どのように大学で学士号を手にするのか」園山大祐（編）『フランスの高等教育改革と進路選択』明石書店，43-57.

渡邉雅子，2021,「『論理的思考』の社会的構築―フランスの思考表現スタイルと言葉の教育」岩波書店.

Ⅲ

大学入試設計と入試募集広報

Ⅲ部では，日本の大学入試専門家が自大学の入試制度や広報戦略を設計するための基礎知識を解説する。まず，国公立，私立大学でそれぞれどのような入試制度があり，大学間の合意や通達での規制などがあるのかを概観する。次に，生徒の進路設計という観点と客観的データに基づく入試広報戦略の立案方法を解説する。また，各個別大学で設計を行わなくてはならない入試方式の考え方，DX（デジタル・トランスフォーメーション）の導入の観点や事例までを解説し，実務にも役立つ内容となっている。

第7章　日本の入試制度概論

林　篤裕

近年の大学入試改革は，2016年12月に中央教育審議会が発表した答申「新しい時代にふさわしい高大接続の実現に向けた高等学校教育，大学教育，大学入学者選抜の一体的改革について～すべての若者が夢や目標を芽吹かせ，未来に花開かせるために～」（いわゆる高大接続答申）をひとつの区切りとして実を結んだ。それに先立つ1997年の答申ではすでにアドミッション・オフィスの整備が挙げられており，その後次第に大学入試に関わる学内の組織としてアドミッション・オフィスが認知されるようになった。アドミッション業務に携わる者が担当する作業は多岐にわたるが，そのベースとして日本の大学入試制度とそれに関連する事項を把握しておくと，諸活動に携わる際の意義等を認識できると考えるので，本章ではそれらを簡単に紹介する。

1. アドミッション・ポリシー

個々の大学はそれぞれの学問領域や特徴に応じた「卒業又は修了の認定に関する方針（ディプロマ・ポリシー，Diploma Policy，DP)」，「教育課程の編成及び実施に関する方針（カリキュラム・ポリシー，Curriculum Policy，CP)」，及び「入学者の受入れに関する方針（アドミッション・ポリシー，Admission Policy，AP)」を策定すること，加えて，これら3つのポリシー相互の「一貫性の確保」が，学校教育法施行規則によって義務付けられている（第165条の2）。大学入試について言えば，DPとCPを実現するために掲げたAPにそうように入試を設計・実施する必要があるため，APの策定も極めて重要であり，その内容自身はもちろんのこと，実施する入試方法との関連性を常に意識しておく必要がある。特に近年は多様な選抜方法を有機的に関連づけて志願者を多面的・総合的に評価・判定することが求められている。

2. 入試区分

かつての入試区分は「一般入試」とそれ以外の「特別入試」の2つに大別されていたが，その後いくつかの変遷を経て，これまで，一般入試，AO入試，推薦入試と呼ばれていたものが2021年度入試からはそれぞれ「一般選抜」,「総合型選抜」,「学校推薦型選抜」に名称を変更された。他には,「専門学科・総合学科卒業生選抜」や「帰国生徒選抜・社会人選抜」も用意されており，それぞれの特徴を理解して入試を設計・運用する必要がある。

なお，それぞれの試験の教科・科目や配点については，各選抜単位ごとに6月初旬から7月下旬の間に公表することが大学入学者選抜実施要項のなかで規定されている。配点についても各大学・学部の特徴・メッセージが表れており，例えば選抜性の高い大学では共通試験の配点比率を下げている等，APを具現化するためにいろいろと工夫されている。

ここでは多くの受験生が志願する最初に挙げた3つの入試区分についてそれぞれの特徴を紹介する。

(1) 一般選抜

高等学校の教科・科目に基づいた学力試験や小論文等を実施し，その試験成績を主な評価資料として合否を決める選抜方法が一般選抜である。高等学校段階における基礎的な学習の達成の程度を判定することを目的とした共通試験と，個々の学部・学科の学問体系に合わせて設定された個別学力試験との，2つの試験成績を組み合わせて総合的に評価することが国立大学協会から配下の大学に求められており，多くの公立大学もこの方式を採用している。一方，私立大学においては，共通試験のみ，もしくは個別学力試験のみでの判定も多用されている。入学者数割合としては国立大学では83%，公立大学では71%，私立大学では43%（いずれも2020年度）がこの選抜方法を経て入学している。

また，2月1日から3月25日までの間に試験を実施し，3月31日までに合格発表をすることが大学入学者選抜実施要項のなかで規定されている。

2つの試験成績を組み合わせて合否判定を行っている大学において，両者の合否に与える影響を把握しておくことは，将来試験方法を改定したり，新しい選抜単位を設けようとする場合の参考になる。その指標として合否入れ替わり率があり，詳細は6.を参照されたい。

(2) 総合型選抜

もとはアメリカで実施されてきたAO入試（Admission Office入試）を，1990年に慶應義塾大学が湘南藤沢キャンパス（SFC）を開設するにあたって導入した入試形態である。その後，1999年には国立の3大学（東北大，筑波大，九州大）にアドミッション・オフィスが設置され，翌年にはこの3大学を含めて国公私立合わせて約70の大学がAO入試を実施し，多くの大学が採用したことからこの年を日本における「AO入試元年」と呼ぶことがある。

総合型選抜の具体的な選抜方法は大学ごとにいろいろと工夫を凝らして実施されている。また，アメリカと日本，それに韓国（2009年度入試より本格的に導入）の3カ国のAO入試（総合型選抜）を概観してみると，それぞれの国の事情に基づいた運営・選抜方法が採られており単純には比較できない。例えば，アメリカは，大学教育の修学状況を評価して卒業を認可しており，入学時には志願分野の学問体系と高等学校での履修状況のマッチングを主に審査する程度で日本ほどには厳密に行われていない。一方，日本や韓国は入学時に厳格な基準で評価を行う文化を持つ国であるので，単にアメリカの方式をそのまま導入したとしてもうまく機能しないことは明白である。その点で慶應義塾大学SFCが日本の教育文化に馴染むように改変したうえで日本にAO入試を導入したことの功績は大きい。

また，国公私立の設置者ごとに総合型選抜（旧AO入試）おける入学者割合は相当に様相を異にしており，その試験方法や評価方法も多様であり，表面的な比較は意味をなさず，設置者や選抜方法を限定しての議論を行わないと生産的な結論を得ることが難しい。参考までに高大接続システム改革会議の最終報告に挙げられている選抜方法には**表7-1**のようなものが紹介されている。

これらの選抜方法からもわかるように，一般選抜と比較すると，評価者の主観の持ち込みが許容される選抜方法と言えるが，大前提である公平性が求められることに変わりはなく，選抜する側の倫理観や道徳観，美学が求めら

表 7-1　多面的・総合的評価において利用される選抜方法

•「大学入学希望者学力評価テスト（仮称）」の結果
• 自らの考えに基づき論を立てて記述させる評価方法
• 調査書
• 活動報告書
• 各種大会や顕彰等の記録，資格・検定試験の結果
• 推薦書等
• エッセイ
• 大学入学希望理由書，学修計画書
• 面接，ディベート，集団討論，プレゼンテーション
• その他（例えば，総合的な学習の時間などにおける生徒の探究的な学習の成果等に関する資料や面談などが考えられる）

れる選抜方法と言える。

学校推薦型選抜が高等学校長の推薦書を必要とするのに対して，総合型選抜は高等学校長の推薦書を必要としない，いわゆる自己推薦で出願できるため，AO 入試導入当初は一部の高等学校から敬遠されていたが，現在はそのようなことも軽減されてきた。今回の高大接続答申を受けて，総合型選抜や学校推薦型選抜での定員が増えつつある。

なお，高等学校の教育への影響を懸念して，大学入学者選抜実施要項では，「出願時期は 9 月以降」，「合格発表時期は 11 月以降」と規定されている。学生定員に対する総合型選抜の募集人員の割合には制限を設けられていない。

(3) 学校推薦型選抜

学校推薦型選抜の歴史は意外に古く，1967（昭和 42）年度の大学入学者選抜実施要項において「入学定員の一部について，学力試験を免除して出身学校長の推薦に基づいて判定する方法によることができる」として推薦での選抜方法が記載されている。現在の大学入学者選抜実施要項においては「学力試験を免除して」との文言は削除され，代わって「調査書を主な資料としつつ」と謳われている。加えて，「高等学校の学習成績の状況など調査書・推薦書等の出願書類だけではなく，「見直しに係る予告」[1)]で示した評価方法等又は大学入学共通テストのうち少なくともいずれか一つを必ず活用」するとなっており，何らかの学力試験を含めた評価資料を用いることが求められている。

年々入学定員が増加している選抜方法で，特に私立大学においては指定校推薦を用意している大学も多いため，入学者の44％（2020年度）がこの選抜を経て入学しており，一般選抜での入学者割合を超えた。

前項の総合型選抜と同様に，高等学校の教育への影響を懸念して，「出願時期は11月以降」，「合格発表時期は12月以降」と規定されている。また，学生定員に対する学校推薦型選抜の募集人員の割合は「募集単位ごとの入学定員の5割を超えない範囲」と制限されている。

なお，総合型選抜と学校推薦型選抜は共に原則として併願は認められず，専願での出願が基本となる。つまり，これら選抜で合格した受験生は，特別な事情がない限り必ず当該大学に入学することが求められている。

また，国立大学協会では，2015年9月に発表した「国立大学の将来ビジョンに関するアクションプラン」のなかで，確かな学力とともに多様な資質を持った入学者を受け入れることを目指して，総合型選抜と学校推薦型選抜で入学してくる者の割合を30％まで引き上げるよう提言している。大学入学共通テストの導入時の紆余曲折やCOVID-19等の影響もあり，歩みは鈍いものの，国立大学は今後この2つの選抜定員を増やしていく方策を検討していくことになる。

以下に，ここで紹介した3つの入試区分の外形的な特徴を**表7-2**に示すと共に，入試区分ごとの割合について，年次変化と設置者ごとの違いを**図7-1**，**図7-2**に示す。

表7-2　国立大学における入試区分の外形的な特徴

	一般選抜	総合型選抜	学校推薦型選抜
推薦書	不要	受験生の自己推薦	学校長による推薦
定員	前期／後期	制限を設けない	5割まで
出願時期	2月から3月	9月以降	11月以降
合格発表時期	3月末までに	11月以降	12月以降
主な選抜方法	学力検査	学力検査の他，小論文，面接などを含めて多様	
共通試験	課す	大学・選抜単位によって異なる	
入学義務	なし	あり	

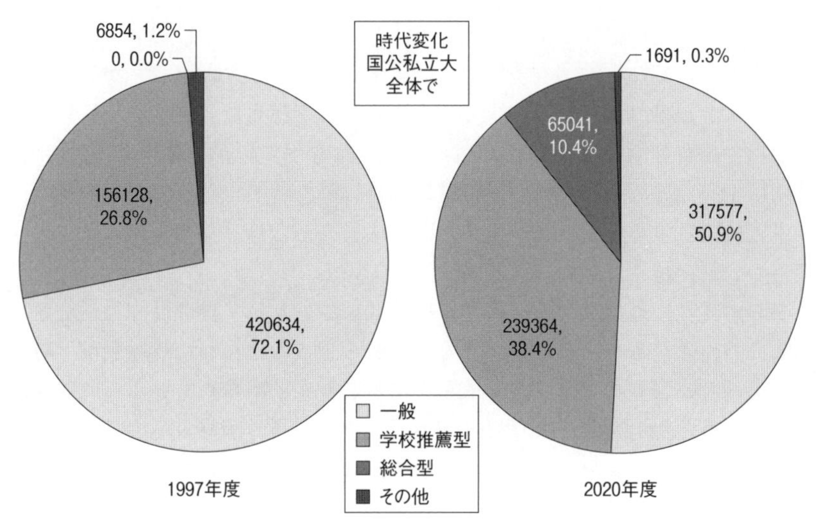

図 7-1　入試区分別入学者数の割合（1997 年と 2020 年の比較）

出典：文部科学省大学入試室調べ

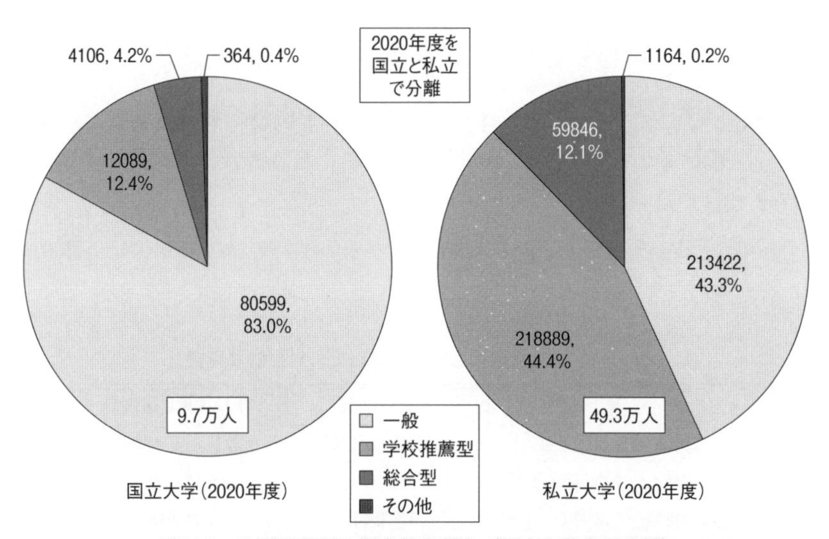

図 7-2　入試区分別入学者数の割合（国立と私立で分離）

出典：文部科学省大学入試室調べ

3. 大学入学資格

大学に入学することができるのは，一般的には高等学校または中等教育学校を卒業した者（学校教育法 第90条第1項）となるが，高等専門学校の学生や，海外の中等学校の生徒も条件を満たせば日本の大学に入学することができる。アドミッション部門で入試に係る作業を担当していると出願条件を相談されることがあり，その場合は文部科学省の「大学入学資格について」と題したウエブページに13の項目がコンパクトにまとめられていて重宝する。このページにはそれぞれの項目の依拠する法令が併記されているので，これらを参考にして前例等とも対比しながら個々の事例を審査することになる。基本的には「12年の学校教育を修了していること」がベースになるが，海外での様々な就学形態を経て進学を希望する生徒に対しては判断が複雑になり，グローバル化の時代を迎えて今後この種の出願が増加することが予想されるので，海外の教育制度についても適宜把握しておく必要がある。場合によっては，出身高等学校のカリキュラムを調べたり，当該国の大使館等，海外の関連機関に連絡をとったりして審査することになる。

4. 共通試験

日本の大学進学に向けての共通試験として，古くは進学適性試験（1948-54年），能研テスト（1967-68年）があり，その後，大学入試センターが設置（1977年）され，共通第1次学力試験（1979-89年，11回），大学入試センター試験（1990-2020年，31回），そして，大学入学共通テスト（2021年-，出版時点で2回）と続いている。

大学入試センター設置後の3つの共通試験の測定目的は「大学に入学を志願する者の高等学校の段階における基礎的な学習の達成の程度を判定すること」と大学入試センター法第13条1に規定されている。大学はこの目的を鑑みながら自大学での利用方法を考え，また，個別学力検査も課す大学においては個々の大学が求める資質等を測定すべく選抜方法を設計することになる。

大学入学共通テストは6教科30科目で構成され，1月13日以降の最初の土曜日及び翌日の日曜日に実施されることになっており，1日目に地理歴史・公民，国語，外国語，2日目に理科，数学が実施されている。2021年1月に実施された第1回の大学入学共通テストでは，志願者数53.5万人，受験者数48.4万人（受験率90.5%），全国約700カ所に設置された試験場で，延べ約16万人の大学の教職員が各種業務に従事していた。検定料は1万8,000円（3教科以上）と1万2,000円（2教科以下）となっており，成績通知を希望する場合は800円が追加される。病気や事故といった受験者本人の事情で受験できなかった者に対しては追試験を受験することができ，この場合の試験会場は原則として全国で2カ所設定される。一方，雪や地震等による災害，試験場の停電，運営側の不備等で受験できなかった者に対しては再試験を受験することができ，この場合は本試験実施会場と同じ場所で受験することになる。これまで追試験と再試験は本試験の1週間後に実施されてきたが，COVID-19の影響で2021年度と2022年度は2週間後に実施され，追試験会場も全国に設置されている。

受験したにもかかわらず試験成績を利用しない者が2割を超えており，この傾向は年々増加している。また，2025（令和7）年度からは新しい学習指導要領に対応した試験内容になり，そのなかには新しい教科として「情報」が取り入れられる一方で科目数を整理し7教科21科目に再編されることが決まっている。

これまで試験成績には0点から満点までの1点刻みの素点が用いられてきたが，ボーダーライン近傍では1点（場合によってはそれ未満）の差異が合否を分けることも珍しくなく，1点の意味合いに疑問の呈する考えもあり，このような「1点刻みの客観性」にとらわれた評価から脱して，多様な評価方法の導入を促す目的から段階表示による成績提供が高大接続答申で提言された。これを受けて，2019年6月に大学入試センターから公表された「令和3年度大学入学者選抜に係る大学入学共通テスト問題作成方針」（2020年1月に一部変更あり）には「大学への成績提供等（第6節）」として「科目ごとの9段階の段階表示」の提供が明記されている。これまで延べで42年間にわたって実施されてきた共通試験としての共通第1次学力試験と大学入試センター試験では各科目の成績データとしては素点だけであったが，大学入学共通テストからは素点に加えてStanineと呼ばれる9段階の段階表示による段階点が合わせて提供されることになった。

Stanineとは，受験者群を点数の低い方から順に，４，７，12，17，20，17，12，７，４％の９つの左右対称な割合に分割する手法（United States Army Air Forces 1947; 前川 2019）で，この一見不規則とも思えるこれら割合のもととなっているのは，得点分布が平均μ，標準偏差σの正規分布であった場合に，平均を中心とする$\mu \pm 1.75\sigma$，$\mu \pm 1.25\sigma$，$\mu \pm 0.75\sigma$，$\mu \pm 0.25\sigma$の８箇所で分布を区切った際の割合にあたる。記憶媒体が高価で貴重な時代に成績を一桁の段階値で表現することを目的に開発された手法であり，得点分布が連続分布であれば上記の割合に分割することができるが，共通試験の得点は整数値をとるため離散分布となり，実際の得点分布データに適用した場合には上記のパーセンテージから多少前後する割合で分割されることになる。Stanineで表現された成績は１番（低評価）から９番（高評価）の階級を示す段階点で通知され，階級点が同じ受験者を同じ評価で扱うことが想定されている。とは言え，Stanineの利用方法はまだ緒に就いたばかりであり，利活用に関する研究・試行が待たれる。

一部の大学関係者からは共通試験は大学入試センターが主導的に実施していると解釈している向きもあるが，大学入試センターは「大学が共同して実施することとする試験に関し，問題の作成及び採点その他一括して処理することが適当な業務を行うこと」（大学入試センター法第13条１）となっており，あくまでも利用大学との共同実施であることを理解しておく必要がある。この仕組みは非常に巧妙で，例えば試験問題を作成する作題者には利用大学から適切な教員を選出してもらって作業にあたる等，有効に機能している。ちなみに，問題作成には約２年間をかけ，選出された約600人の大学教員等（２年任期の半数交代制）による問題作成（本試験と追再試験の２セット）と点検プロセスが採られている。

共通試験はその実施や成績の利用方法，平均点等に注目が集まるが，実施後には志願者数・受験者数等の統計資料はもちろんのこと，教育関係団体・学会による試験問題の評価が行われているので，個々の教科・科目の試験内容がどのような特性を持って実施されたかも知ることができる。過去問を含めてこれらの情報は大学入試センターのウエブページに掲載されている。

また，共通試験の運営や今後の方針については文部科学省と密接に連携を図りながら大学入試センター内に設置された大学入学共通テスト企画委員会とその下に設置された各種部会で検討・議論されており，議事録も公開されている。

なお，少し本論から逸れるが，国立大学の試験実施形態である分離分割方式（前期日程試験と後期日程試験）において，入学手続き者の管理を行っているのは大学入試センターであることはあまり認知されていない。つまり，前期日程試験で合格し，入学手続きを取った者は，後期日程試験の合格対象者から除外される仕組みを実現するには，前期日程試験の合格者・入学手続き者を把握して，後期日程試験出願大学に提供する必要がある。大学から提供された志願者合否データに基づいて，受験者の出願先相互でデータを共有する作業は大学入試センターが担っていることを知っておくことも，共通試験の運用を把握する上で必要な知識と言える。

5. 調査書

志願者の高等学校段階での学習成果や諸活動を把握するための資料として高等学校が作成する調査書（内申書と呼ばれることもある）があり，どの入試区分においても出願時に提出を求めている。今回の高大接続答申でも選抜時にこの資料の利活用を求めており，記載フォーマットも改訂され情報量も増加した。高等学校生活3年間の日頃の活動履歴が記載されているので，学力の3要素のうち，例えば「主体性を持って多様な人々と協働して学ぶ態度」の評価資料として利用する等が考えられる。様式は統一されてはいるものの，全国で5,000校近くある高等学校間で統一の評価基準を設定することはきわめて困難であるため，提出された調査書の評点を単純に点数化して選抜資料に利用するのには注意が必要である。

なお，2021年度から新しいフォーマットになり，情報量が増え，枚数も制限がなくなったが，高等学校教員の負担軽減の観点等を踏まえて，再度改訂され2025年度からは表裏1枚に戻ることが決まっている。

6. 合否入れ替わり率

国公立大学の一般選抜で採用されている共通試験（1次試験）と個別学力試験（2次試験）といったように，2群の試験成績を組み合わせて合否判定を行う選抜方法において，両者の合否に与える影響を示す指標として合否入れ替わり率がある。2つの試験群のうち，一方だけが課されて合否判定が行われたと仮定した場合に合否が入れ替わる合格者の人数を，全合格者に対する割合で示したものである。

図 7-3 は1次試験成績を横軸に，2次試験成績を縦軸にとった時の受験生の散布図である。2つの試験の合計点が高い受験者から順に合格者としていく行為は，この図に基づいて具体的に説明すると，図の右上から合計点の等しい斜め右下がりの直線を左下に向かって移動させることに相当し，合格者数が定員に達したところで固定することになり，これが合否分離ラインとなる。なお，2つの試験の重みが等しい場合は，斜め右下がり45度の直線となるが，傾斜配点を行っている場合は，直線の傾きが両試験の重みに応じて，立ったり寝たりする。一方，1次試験の成績だけで合否を判定するという行為は，垂直軸を図の右端から左方向に順に移動させ，この垂直軸より右側領域に含まれる受験者数が定員に達したところで停止させる動作に相当する。この際の合否分離点を X_0 で示すことにする。同様に2次試験だけで判定した場合の分離点を Y_0 とする。

このような関係を用いて，1次試験と2次試験の合計成績による合格者群を**表 7-3** に示す特徴を持った4領域に分割して考える。なお，合否分離ラインと X_0，Y_0 の位置関係によっては，領域dが存在しないことも起こり得る。各領域に含まれる合格者人数を用いて，一対の合否入れ替わり率は以下の式で定義される。

- 1次試験による合否入れ替わり率
  ＝{領域［a+d］の人数}／{領域［a+b+c+d］の人数}
- 2次試験による合否入れ替わり率
  ＝{領域［c+d］の人数}／{領域［a+b+c+d］の人数}

合否入れ替わり率の大小が試験問題や評価結果の良し悪しを示す指標ではないことに注意する必要がある。毎年の経年変化や学内の選抜単位ごとの比較等に用いることができ，将来的な教科・科目の配点割合や傾斜配点を検討する際にも参考になる。また，上述の説明では1次試験と2次試験の2群の対比で説明を行ったが，特定の教科（例えば数学）とそれ以外の教科の2群に分割して適用すれば，特定の科目が合否に与える影響を見ることができる

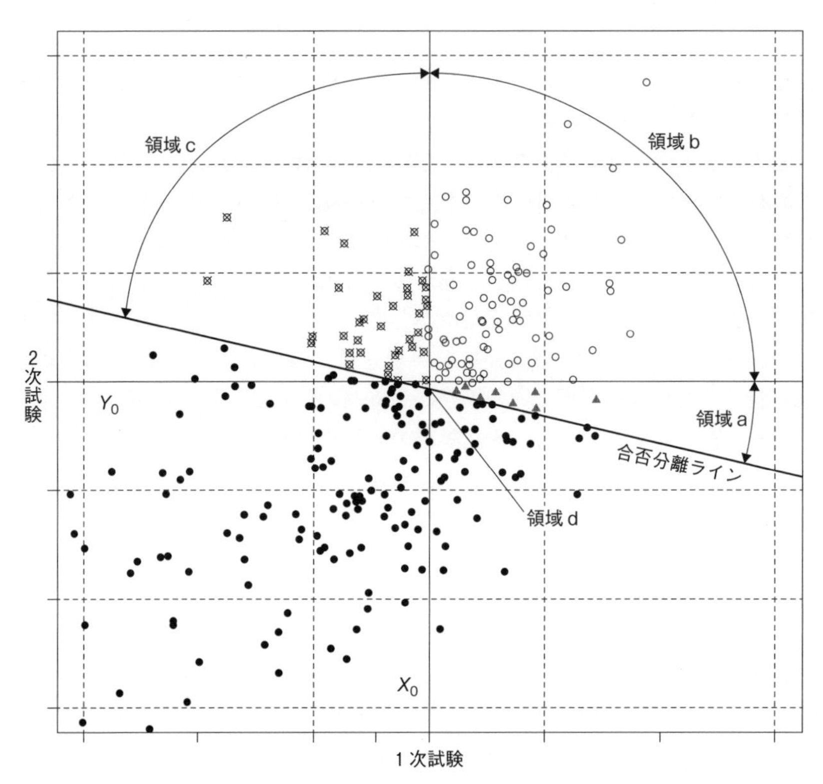

図 7-3 受験者の分布と分類

表 7-3　領域ごとの受験生の特性

領域 a	1次試験の成績の優位さを武器に合格した群。 逃げ切り群。$X \geqq X_0$ かつ $Y < Y_0$。
領域 b	どちらの試験でも合格点に達しており，かつ，合計成績でも合格した群。 先頭群。$X \geqq X_0$ かつ $Y \geqq Y_0$。
領域 c	2次試験の成績の優位さを武器に合格した群。 逆転群。$X < X_0$ かつ $Y \geqq Y_0$。
領域 d	どちらの試験でも合格点に達していないが，合計成績により合格した群。 幸運群。$X < X_0$ かつ $Y < Y_0$。

ため，入学者の特性を把握したり，入学後のクラス編成に応用することも可能である。

7. 医学部・医学科における地域枠・地元出身者枠

地方における医師不足や診療科の偏在という問題に対して，地域医療に従事しようという意思を持つ高等学校生を対象とした，地域枠・地元出身枠と呼ばれる選抜形態が医学部・医学科には採用されている。1997 年度に 2 大学，11 人でスタートしたこの募集枠は，2020 年度には 70 大学（全国 80 大学中），募集定員総数 1,679 人（医学部定員の 18.2%）まで広がっている。なお，これ以外に地域医療に資することを建学の精神として全国の都道府県の共同により 1972 年に設立された自治医科大学（栃木県）がある。

「医療法」とそれに関連した「医療法第 30 条の 23 第 2 項第 5 号に規定する取組を定める省令」の 2018 年の法改正によって，大学に対して地域枠・地元出身者枠の設定・拡充を地域医療対策協議会での協議を経て要請する権限が都道府県知事に与えられた。医師の養成には長い年月を要するので，将来の過不足の動向を地元関係者と協議しながら必要に応じて要請することになる。

地元出身枠は特定の地域の高等学校を卒業した者を対象とした募集枠であるのに対して，地域枠は卒業後一定期間，指定された地域において医師として従事すること（従事要件）を出願要件のひとつとする募集枠であり，両者は異なった意味合いを持つ。これらには修学資金の支援等が付帯しているものも少なくないが，従事要件を満たさずに指定された地域を離れる者がいたり，医師のキャリア形成としての専門医資格の取得との関係等の課題があり，対応が検討されている。

8. 2 年程度前予告のルール

大学に進学を希望している高等学校生は，その受験に向けての準備を学校生活の 3 年間のなかで行うことになる。教科・科目の履修は短期間では習得できないので，在学中に履修する科目についても計画的に立案する必要があり，そのためには，大学出願時に評価対象となる受験科目や校内外での活動等の事項があらかじめ明確になっていることが求められる。そこで，当該学年が高校1年生の間（つまり受験の2年程度前）に各大学は受験科目を予告することが大学入学者選抜実施要項のなかで言及されている（第7　学力検査実施教科・科目，試験方法等の決定・発表）。このことを「2年程度前予告のルール」と呼ぶ。

また，10年程度の間隔で改訂される高等学校の学習指導要領の変更時には，教科・科目の再編に呼応して受験科目も変更されることがあるので，このような入学志願者の準備に大きな影響を及ぼすと考えられる際には，より早期の告知が推奨されている。高等学校側はクラス編成や教科書発注の問題もあり，早めの告知を期待しており，改訂期はこの種の要求が大学側に寄せられる。

9. 障害等のある入学志願者への対応

病気・負傷や障害等のために受験上や修学上の配慮を希望する志願者が増加しており，各大学においては事前相談のための窓口を設けている。大学入試センターでも共通試験の受験に際しての相談・対応を行っており，専門家による審査を経て別室受験や試験時間の延長，拡大文字問題冊子の利用，もしくはチェック解答・代筆解答等の特別措置の適用を決定している。志願大学においては受験時の配慮もさることながら，入学後の修学活動全般にわたって支障が出ないように，車いす用のスロープやエレベーターの設置，講義のノートテイカーの手配等，様々な環境整備や体制づくりを行う必要がある。参考までに2020年1月に実施された大学入試センター試験では，3,119名が配慮決定者となっていた。

近年のICT化の流れや，初等・中等学校におけるGIGAスクール構想の実現を受けて，大学入試でもCBT（Computer-based Testing，コンピュータを利用した試験実施）の利用が検討されている。文字サイズの拡大・縮小や画像・音声等を取り入れたマルチメディアの利用，直前の解答に呼応した試験問題の提示（コンピュータ適応型テスト，Computer-adaptive Testing）等，これまでの紙を用いた試験（PBT，Paper-based Testing）では実現できなかった試験環境が提供できるようになる。これは障害を持つ受験者に対しても有益な機能が利用可能になる一方で，色彩や動きに対する反応状況から解答に支障が出ることも予想され，CBT 導入にはまだ検討課題が多く残されている。

10. おわりに

入学式の式次第には「開式の辞」に続いて「入学許可」が置かれている。ここで行われる行為は，両者が起立した後，学長が新入生に向かって「入学を許可する」と発するだけである。残念なことに最近はこの項を無くした大学も少なくないようだが，ここで言う「許可」とは何を指しているのであろうか。筆者はここに日本における大学入試の目的が現れていると考えている。

「欧米の大学は出るのが大変，日本の大学は入るのが大変」と言われる。確かにこのように受け取れる現象も散見されるが，これらはそれぞれの国の文化や教育的背景と結びついた運用がされているからで，一概に良し悪しを論じることはできない。しかし，少なくともこのことからわかることは，日本では合格者と不合格者を厳格な基準（時には１点未満の点差）で分離する作業を大学入試において行っているということである。欧米は出口で管理し，日本は入り口で管理しているとも言えるであろう。

では改めて，日本において大学入試は何を目的に実施されているのであろうか。それは，「入学後の修学に耐えることができるか」を判断するために，受験者をその習得度合い応じて識別するための試験であると言えるであろう。入学後に受ける講義や演習について行くことができる者を入学させることが建前になっており，それを判断するのが大学入試と言える。逆に言えば，大学が「許可」を与えた入学者に対してはできうる最大限の教育を提供し，知識やスキル，思考方法等を修得させ，社会に送り出す義務があるとも言える。そこには，能力ある若者を受け入れ社会を生き抜けるだけの体力をつけて送り出そうとする大学としての覚悟も感じることができるであろう。

日本におけるアドミッション業務は，このように高等学校と大学との分岐点に立脚し修学に耐える者を選別する重要なポジションと言え，その精度を上げるべくいろいろな方策を提案し，試行を続ける必要がある。大げさに言えば，この業務に携わることは大学の将来を左右するとも言えるのではないか。是非このような気概を持って業務にあたっていただきたいと考えている。

そのためには，入試制度を把握しておくことはもちろん，高等学校や大学の動向を把握し，日本の若者を教育する行程の一翼を担う大学の役割を考えながら業務を遂行する必要がある。その端緒として，文部科学省や国立大学協会から発表される文書に注目すると共に，基本文書とも言える大学入学者選抜実施要項や大学入学共通テスト実施大綱を手元に置いて一読されることをお薦めする。もし，時間的余力があるのであれば，本文でも一部紹介した「大規模入学者選抜におけるCBT活用の可能性について（報告）」（大学入試センター，2021年3月）にも目を通されてはどうだろうか。表題こそCBTが冠されてはいるものの，広く共通試験の実施や運営に関しての小話が16のコラムとして掲載されており，通常では見過ごしてしまいそうな事項がコンパクトに紹介されているので，知識を深めることの一助となるであろう。

注

1）調査書等の出願書類だけでなく，各大学が実施する評価方法等（小論文，プレゼンテーション，口頭試問，実技，各教科・科目に係る試験，資格・検定試験の成績等），もしくは「大学入学共通テスト」の少なくともいずれかひとつの活用を必須化することとしている。

参考（引用）文献：書籍・論文等

大膳司，2007，「戦後日本における大学入試の変遷に関する研究（1）：臨時教育審議会（1984～1987年）以降を中心として」『大学論集』38: 337-351.

林篤裕，2021，「段階表示を用いた合否判定方法の試行」『令和3年度 全国大学入学者選抜研究連絡協議会 第16回大会 研究会 研究発表予稿集』144-149.

倉元直樹（編集），2020，『大学入試センター試験から大学入学共通テストへ』金子書房.

前川眞一，2019，「得点の段階表示とStanine」『大学入試センター研究開発部 リサーチノート』RN-19-1.

中村高康，1996，「推薦入学制度の公認とマス選抜の成立―公平信仰社会における大学入試多様化の位置づけをめぐって」『教育社会学研究』59.

大谷奨・島田康行・本多正尚・松井亨・白川友紀，2018，「大学入学者選抜実施要項とその変遷に関する考察―新制大学発足時から大学共通第1次学力試験導入までを中心に」『大学入試研究ジャーナル』28: 105-112.

清水留三郎，1995，「入学者選抜における試験の効果の評価―合否入替り率を中心に（第1報）」『大学入試研究ジャーナル』5: 1-4.

山本以和子，2019，「韓国のアドミッション専門家養成・能力開発システム―日本におけるアドミッション専門人材の養成と能力開発の意義の探究」『大学入試研究ジャーナル』29: 155-161.

参考（引用）文献：Webで公開（2021年12月12日確認済み）

大学入試センター，2016，「独立行政法人大学入試センター法」（https://elaws.e-gov.go.jp/document?lawid=411AC0000000166）．

大学入試センター，2021a，「令和3年度試験」（https://www.dnc.ac.jp/kyotsu/kako_shiken_jouhou/r3/r3.html）．

大学入試センター，2021b，「大規模入学者選抜におけるCBT活用の可能性について（報告）」（https://www.dnc.ac.jp/research/cbt/cbt_houkoku.html）．

医療法，2021，https://elaws.e-gov.go.jp/document?lawid=323AC0000000205.

川嶋太津夫，2021，「大学入試のあり方に関する検討会議の検討状況について」『第7回教育再生実行会議 高等教育ワーキング・グループ 資料2』（https://www.kantei.go.jp/jp/singi/kyouikusaisei/jikkoukaigi_wg/koutou_wg/dai7/siryou2.pdf）．

国立大学協会，2015，「国立大学の将来ビジョンに関するアクションプラン」（https://www.janu.jp/janu/voice/actionplan/）．

国立大学協会，2021，「国立大学の入試」（https://www.janu.jp/univ/exam/）．

厚生労働省，2019，「医療法第30条の23第2項第5号に規定する取組を定める省令」（https://elaws.e-gov.go.jp/document?lawid=431M60000180001）．

厚生労働省 医師需給分科会，2020a，「今後の地域枠のあり方について」『第34回 医師需給分科会 資料1』（https://www.mhlw.go.jp/content/10800000/000607931.pdf）．

厚生労働省 医師需給分科会，2020b，「地域枠離脱について」『第35回 医師需給分科会資料6』（https://www.mhlw.go.jp/content/10800000/000665193.pdf）．

厚生労働省医療政策研修会，2020，「令和4年度以降の医学部定員と地域枠について」『第1回 医療政策研修会 資料8』（https://www.mhlw.go.jp/content/10800000/000683719.pdf）．

文部科学省，2019a，「大学入学資格について」（https://www.mext.go.jp/a_menu/koutou/shikaku/07111314.htm）．

文部科学省，2019b，「諸外国の教育統計」（https://warp.ndl.go.jp/info:ndljp/pid/11293659/www.mext.go.jp/b_menu/toukei/data/syogaikoku/index.htm）．

文部科学省，2021，「学校教育法施行規則」（https://elaws.e-gov.go.jp/document?lawid=322M40000080011_20210226_503M60000080009）．

文部科学省大学入試のあり方に関する検討会議，2020，「AO入試における学力把握措置（平成28年度）」『第14回 大学入試のあり方に関する検討会議 参考資料2』（https://www.mext.go.jp/content/20200929-mxt_daigakuc02-000009870_7.pdf）．

文部科学省高大接続システム改革会議，2016，「最終報告」（https://www.mext.go.jp/component/b_menu/shingi/toushin/__icsFiles/afieldfile/2016/06/02/1369232_01_2.pdf）．

文部科学省高大接続特別部会，2012，「AO入試等の実施状況について」『第4回 高大接続特別部会 資料1』（https://warp.ndl.go.jp/info:ndljp/pid/11402417/www.mext.go.jp/b_menu/shingi/chukyo/chukyo12/shiryo/__icsFiles/afieldfile/2013/01/09/1329266_1.pdf）．

文部科学省高等教育局，2018，平成33年度大学入学者選抜実施要項の見直しに係る予

告（https://www.mext.go.jp/component/a_menu/education/micro_detail/__icsFiles/afieldfile/2018/11/06/1397731_03.pdf）.
文部科学省高等教育局，2021a,「入学者選抜実施要項」（https://www.mext.go.jp/a_menu/koutou/senbatsu/1346785.htm）.
文部科学省高等教育局，2021b,「令和 4 年度大学入学者選抜実施要項」（https://www.mext.go.jp/content/20210617-mxt_daigakuc02-000010813_1.pdf）.
文部科学省高等教育局，2021c,「令和 5 年度大学入学者選抜に係る大学入学共通テスト実施大綱」（https://www.mext.go.jp/content/20210617-mxt_daigakuc02-000010813_3.pdf）.
文部科学省高等教育局，2021,「令和 7 年度大学入学者選抜実施要項の見直しに係る予告」（https://www.mext.go.jp/content/20210729-mxt_daigakuc02-000005144_3.pdf）.
文部科学省高等教育局医学教育課，2010,「これまでの医学部入学定員増等の取組について」『第 1 回 今後の医学部入学定員の在り方等に関する検討会 資料 2』（https://www.mext.go.jp/b_menu/shingi/chousa/koutou/043/siryo/__icsFiles/afieldfile/2011/01/18/1300372_1.pdf）.
文部科学省中央教育審議会，2014,「新しい時代にふさわしい高大接続の実現に向けた高等学校教育，大学教育，大学入学者選抜の一体的改革について（答申）（中教審第 177 号）」（https://www.mext.go.jp/b_menu/shingi/chukyo/chukyo0/toushin/1354191.htm）.
United States Army Air Forces, 1947, “Stanines: selection and classification for air crew duty”, Aviation Psychology Program, Office of the Air Surgeon, Army Air Forces（https://collections.nlm.nih.gov/catalog/nlm:nlmuid-35721550R-bk）.
一般社団法人 全国医学部長病院長会議，2018,「平成 29 年度 地域枠入学制度と地域医療支援センターの実情に関する調査報告」（https://www.ajmc.jp/pdf/chikiwaku-29.pdf）.

第8章　入試広報と広報戦略の立案

山下　仁司

入試広報とは，生徒募集のために大学が行う一連の活動を指す。その範囲は大きくは大学全体のブランディング（University Identityの確立）から，個々の高校への訪問まで，多岐にわたる。大学のブランディングには入試の範囲を超えて，大学の施設設備や教育，研究までを含む改革に繋がることもあり，この章ではそれより一段下げた「募集広報」に関して解説を進める。

1. 高校ではどのように進路指導を行っているか

入試広報の在り方や戦略を検討する際に，まず知るべきなのは，高校生は高校でどのように進路を決める指導を受けているか，ということである。**図8-1**にあるように，高校では一般的に進路指導を1年，2年，3年でテーマを分けて行っている。

まず1年次には，キャリア教育として，「大学の向こうにある社会」（文部科学省 2011: 63）にはどのような職業が存在するのかを調べさせ，将来どのような分野や業種に進みたいか，どんな職業を目指すのかを考えさせる[1)]。また同時に，1年次の終わりには，大学進学の際に，文系・理系いずれの学問系統に進みたいかを考えさせるいわゆる「文理分け」を行う。

2年になると，学問・学部系統でどのような専門を学ぶのかを調べさせる。もちろんこの時点で目標となる大学まで意識する生徒もいるが，多くの高校では具体的な大学よりも，1年時に調べ，興味を持った職業にどんな学問がどんな形で結びつくかを理解させることを優先する。一方で，「大学」という場所を知るため低学年からオープンキャンパス（OC）に参加させ，進学をよりリアルに意識させるなどの活動をさせる高校も多い。特に地元大学への

高1 → 高2 → 高3春〜夏 → 高3秋〜冬

高1

【主な進路学習活動】
- 職業調べ→どんな職業があるか，将来どんな職業に就きたいかを考える
- オープンキャンパスに夏休みの宿題で参加（大学を肌で感じる）
- 学力判定の模擬試験
- 文理分け
- 三者面談

高2

【主な進路学習活動】
- 学問系統調べ→将来の職業に繋がる学問を知る
- 志望大学を意識させる
- オープンキャンパスに参加（進学したい候補の大学を実際に見る）
- 模擬試験（冬頃から志望大・学部を判定）
- 三者面談

高3春〜夏・高3秋〜冬

【主な進路学習活動】
- 大学調べ→興味のある学部を持つ大学を調べ，（第一）志望校を決定する
- 受験科目，入試方式，日程などを確認する
- オープンキャンパスに参加（進学をリアルに考える）
- 模擬試験
- 相談会などに参加する
- 大学案内やパンフレット，募集要項などを取り寄せる
- 三者面談

図 8-1　一般的進学校の進路指導スケジュール

進学の多い高校では1年次に夏休みの宿題にしているケースも多い。

3年になると，いよいよ自分が興味を持った学部を持つ大学を調べ，候補を絞るという段階になる。インターハイや各種大会が終了する3年の夏休みまでは，生徒は憧れの大学と，自分の学力と見合った入れそうな大学を両方意識するが，秋以降の後半になると入学の可能性をより重視しつつ志望校を決め，勉強に追い込みをかける。総合型・学校推薦型で進学を決めたい生徒は年内に出願して受験をするが，一般入試では私学では1月から，国公立は共通テストを受け1月〜2月に出願に至る。

2. 入試広報は単なる宣伝活動ではない

冒頭で高校ではどのような進学指導がなされているかを説明したのには理由がある。それは，入試広報は単なる大学の広告宣伝活動ではなく，高校生の側から見ると，高校生自身の進路選択に必要な情報を得る活動だからである。そのように考えれば，大学から高校生に向けて，いつ，どのような働きかけを行うかも，高校生がどの時期にどのような進路指導を受けているかを知ったうえで行う必要があるとわかるだろう。

例えば，オープンキャンパス（OC）でどのようなコンテンツを準備すべきかを考えてみよう。これまで述べたように，現在は高1・2年次に大学を訪問する生徒が増加している。近年，OCをウエブからの事前申込制にしている大学も多いので，それを活用すると，学年別に予約を受け付ける形で，以下のようなメニューを学年別に提供することができる。

図 8-2　高校生が大学を選び，出願するまでの行動

- 1年生以下向けには，キャンパスの雰囲気を知り，大学とはどういう場所かを知るツアー
- 2年生向けには，学部とそこで学べる学問の内容に関する研究室訪問，模擬講義
- 3年生向けには，入試のレベルや具体的中身や学習法の相談会，教師や保護者を説得するための，就職先や就職率などの材料

このように，入試広報が高校生にとっての進路選択プロセスと密接に関わると知れば，その必要性に応じたコンテンツを適切に提供することができる。入試専門家は，高校生の進路選択を支援し，その結果として自大学を選んでもらう，という姿勢を持つべきなのである。

3. AISDA：高校生の進路選択行動に沿って

一般的マーケティングでは，消費者の購買行動の流れを説明するのにAISAS[2]などが有名であるが，高校生の大学選びにも，これによく似た流れが存在する。ここでは，仮にAISDAと名付けてみよう（**図 8-2**）。それぞれ，Aは「学問を知る，認知する」，Iは「興味を持つ」，S「は調べる，検索する」，Dは「学びたい，行きたいと思う」，最後のAは「出願する」である。

一般的マーケティングと違うのは，まずAとIの「大学ではどのようなことが学べ，またそれがどのように職業に繋がるかを知り，興味を持つ」という部分が，高校における進路学習で賄われている，という部分である。このため各個別大学では，不特定多数の高校生に直接自大学の学問について知ってもらい，興味を持ってもらう活動は行いにくいのが実情である。この観点から大学が従来行ってきたことは，先に述べたOCでの模擬講義や研究室訪問，大学教員や院生などが高校の求めに応じて行う「出前授業」などであるが，出願者が「高校で聞いた出前授業が出願の際の参考になった」と回答した割合はあまり高くないという調査結果もある[3)]。これは，特定の学問分野の講義を一律に高校生に聞かせても，その分野に興味を持ちにくい生徒にはあまり効果がないということであろう。その意味では，オンデマンド型の講義ビデオなどを充実させて，観たい者が絞れる方式が望ましいと言える。

これに対し，近年では「探究学習」を総合的な学習の時間のなかで行い(2022（令和4）年度より「総合的な探究の時間」となった)，高校生たちに自由に様々な学問的な探究・研究を行わせることで，学問に興味を持つことを促す活動が盛んになっている。ただ，高校での指導上の問題点として39.5%が「課題（筆者注：研究テーマ）の設定」を挙げている。(ベネッセ総合教育研究所 2018: 4-7) このことは，大学にとって地元の高校と連携して高校生に学問の内容を教え，興味を持ってもらうチャンスが来ていることを示している。例えば，大学教員や院生と連携し，文学，歴史，国際，法，経済，心理といった文系分野や，数学，物理，化学，生物，地学などの理系分野で，探究テーマを検討する基礎となる講義や，テーマ設定の相談などを高校に提供する活動が考えられる。このような活動は，入試専門家だけでは実施できないし，教員が独自に行っても広がらない。協働での活動が必要となるだろう。

また，高校を通してではなく，高校生にキャンパス内で研究を行わせ，学問に興味を持たせる活動もいくつかの大学で行われている。このような活動で有名なのは，国立研究開発法人科学技術振興機構（JST）が行っている，グローバルサイエンスキャンパス（科学技術振興機構 2015）である。筆者の勤める大阪大学でも，2015（平成27）年度よりSEEDSプログラムという名の高校生向け研究・指導プログラムが採択され，JSTの支援対象期間が終了した後も独自に継続している。

4. 学部や大学の「検索」はどのようになされるか

さて，高校生が自分の学びたい学問や進みたい進路をある程度絞り込んだのち，初めて具体的にS = Search「検索」されることになる。ただし，ここで「検索」と言っても，検索エンジンに「法学部」などと入力して検索する生徒はいない。どのように検索されるかは高校の進路指導の場で行われる場

表 8-1　大学検索用の冊子やウエブサイトを提供している主な企業（五十音順）

企業名	旺文社	KEI アドバンス（河合塾グループ）	進研アド（ベネッセグループ）	フロムページ	マイナビ	リクルート
高校配布冊子名		栄冠を目指して	マナビジョンブック	テレメール進学カタログ		
市販（無料）の職業，学部，大学調べ冊子・雑誌	蛍雪時代				マイナビ進学マガジン	
Web サイト名	大学受験パスナビ	Kei-Net	マナビジョン		マイナビ進学	スタディサプリ進路
全国型模擬試験		全統模試	進研模試（駿台模試）			
参考	旺文社 2021	KEI アドバンス 2021	進研アド 2021	フロムページ 2021	マイナビ 2021	リクルート 2021

合と，生徒が個人で探す場合とで大まかに分かれる。

まず，高校の進路指導などで大学を探させる場合は，受験産業から高校に配布される大学調べ冊子などが利用される。そういった冊子では，各学問系統別に，その学問で何を学ぶか，どんな職業に繋がるかなどが解説され，その後にその系統の学部を持つ大学の一覧が紹介される。このような冊子の場合は，高校生は自分の興味のある学問系統のなかから，自分の地元に近い地域を探して学びたい学問ができる学部のある大学を見つけたり，すでに知っている大学名を探してその所在地や難易度を確認したりする。

高校生が自分で独自に探す場合は，例えば高校で教室や進路指導室に貼られる「ランキング・ポスター」がある。このランキング・ポスターは，学部系統別に整理され，いわゆる偏差値のボーダーライン順に大学名が並んでいる。そこで，高校生は例えば法学部を持つ大学にはどんな大学があり，どのくらいの難易度であって，今の自分はどこなら合格できそうか，という目で一覧を眺めるのである。

また，これに加えて学部系統や地域などを入力して大学を絞り込む専門のウエブサイトを運営している企業も増加している。特に，模擬試験を全国規模で行っている企業の場合は，高校生が自分の偏差値を入力し，そこから合格の可能性の高い大学を絞り込むといった機能を提供している。**表 8-1** には，大学検索のための媒体を提供している主な企業をまとめている。

5. いかに「検索」でヒットするか

このように，多くの高校生は進路指導のなかで，興味のある学部や学問，職業などを考え，その検索すべき情報を頭に置きながら大学を探し始める。ここで留意しておかなくてはならないのは，1991（平成 3）年の「大綱化」以降大幅に増加している「何が学べるかよくわからない学部名」である。1991（平成 3）年時点では文学部，法学部などのいわゆる「一文字学部」を中心に 29 種類であった学士の名称数は，2015（平成 27）年度には 723（文部科学省 2016）にも上る。学部名が高校生の関心と結びつきにくい場合は，選ばれる可能性は低くなる。もしそのような心配がある場合は，高校生・保護者，高校教員を対象とする外部アンケート等を行い，学部名を見て何が学べるか想起できるか，学部で学べること，取れる資格などがどれだけ認知されているかを調べ，課題が見つかれば対応を検討する必要があるだろう。

また，学部名は一般的であっても，そのなかの学科名が特殊で，やはり受験生がやりたいことができるのかどうかがわからない，というケースもあり得る。例えば，工学部の学科名が特殊で，建築学を学びたい（建築士になりたい）がそこで建築学が学べるかどうかわからない，というようなケースである。AI，ビッグデータ解析などを学びたい高校生が情報学科という言葉に惹かれて入学すると，電子回路設計しか学べなかったといったミスマッチも避けなくてはならない。

そのため，上記の高校生が使っている大学検索用の冊子やウエブサイトを点検し，自大学・学部がどのようにカテゴライズされ，索引がつけられ，高校生がどのように自学部を発見するのかを一度点検してみることをお勧めする。

6. 高校生の興味と学問を繋ぐ：学問コンシェルジュ

高校生の興味・関心と，大学の学部や学科，研究室を繋ぐ試みとして，大阪大学で開発した「学問コンシェルジュ」（大阪大学 2019）を紹介する。これ

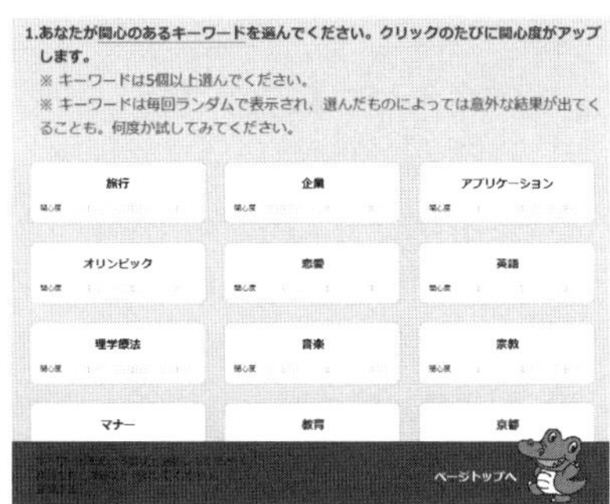

図 8-3　学問コンシェルジュの実際の画面

は，高校生に身近なキーワードで関心があることや得意な教科を選択すると，興味に沿った学部や学科，研究室をマッチングして高校生に提示する，というウエブサービスである。高校生が，自分にあった学部や学問系統がよくわからない時に，具体的な大学で行われている学問や研究を参考に提示して，直接興味を持ってもらおう，という試みである。

これで診断すると，「あなたに向いている学部・学科」と合致度（%）が4つまで表示され，また相関図ボタンを押すと学部や研究室，選んだキーワードなどの相関図が示される。興味深いのは，生徒自身が思ってもみなかった学部等を提案されることである。経済学部と同時に工学部や医学部保健学科などが表示される，などということがある。偶然（セレンディピティ）によって，高校生の視野が開けるという効果もありうる。また，創薬を志す高校生に工学部（化学系統）や理学部も併せて提示されることで，薬の研究＝薬学部では必ずしもないことも示すことができる。

7. 進学意欲を高め，出願につなげる

次に，D「学びたい，行きたいと思う」，A「出願する」という点をいかに強めるかについて整理しておこう。志望校の候補として高校生があなたの大学・学部を選んだとしたら，行う行動は主に以下の3つである。

①大学のことをよりよく知ろうとする

- 大学のウエブサイトを訪れ，大学の概要，特徴，学部で学べる内容，カリキュラム，入試の概要（入試種別や日程，定員，入試科目等）を調

べる

- （高 3 生の場合）大学案内や募集要項などを取り寄せる
- 大学が比較的近い場合はオープンキャンパスや大学訪問を行う

②大学に受かるかどうかを知ろうとする

- 受験情報サイト，ランキング・ポスターなどを使って，難易度（偏差値の合格水準）を知る
- 模擬試験を受け，自分の合格可能性を知る

③受験するための準備をする

- 保護者に相談する（経済的事情などの確認）
- 高校の担任に相談する（進路についての確認や，準備に関する指導，アドバイスを受ける。また，提出書類などについても相談する）
- 志望校の受験対策を行う（過去問題集を購入する，先輩に聞く，ネット上での対策情報を検索する，面接などがある場合はその練習をする）

これらのうち，大学である程度対策が立てられるのは，大学案内やウエブサイトをわかりやすく，魅力的にすること，オープンキャンパスなどの改善，高校訪問などで高校の教員に大学・学部の内容を伝えることなどである。わかりやすく，魅力的にするとは，デザインを綺麗にしたり，ビジュアルにしたりすることに留まらない。特に大学案内やウエブサイト（そのなかでも学部のサイト）は，その中身が，高校生が「学びたいことがここで学べるか」「研究したいことがここで研究できるか」「将来なりたいものになれるか」を理解できるかどうか，が重要である。

また，近年では，私立大学を中心に，自大学の入試対策の解説などを大学が OC などで提供する例が増加している。やりすぎはよくないが，後述のように自大学への出願のない地域を開拓したい場合，面接など全く情報がないようなものについては，アドミッション・ポリシーを詳細にするなどの形である程度の準備に役立つ情報を提供すべきであろう。

8. 入試広報戦略の要素分解

これまで，高校生の大学選択プロセスをベースに，その概要とそれぞれの過程で留意すべきことを解説してきた。それではこれから，一般的な入試広報戦略の立て方に関して解説していく。

	(1)		(2)		(3)		(4)		(5)		(6)
志願者数 A_f ＝	出願可能人数と地元占有率	×	大学認知度	×	学部（f）の志望者割合	×	学部（f）の認知度・魅力度	×	合格可能性偏差値帯内密度	×	入試方式入試回数

図 8-4　志願者数と重要要素の分解

最初に，ある学部の志願者数と，志願者の質（目的意識や大学の志望度，学問への傾倒等）を決める要素を**図 8-4** のようにモデル化する。大学全体の志願者数は，各学部の志願者の合計だからである。ある学部 f の志願者数を A_f とおくと，志願者数と質に関する主な要素の関係は上図のようになる。

ほかにも細かい要素はあると思われるが，このモデルは正確な予測をするためのものではなく，戦略を検討するための要素であると考えていただいて，それぞれを解説していこう。なお，下記説明では，自大学のデータだけでなく，競合する大学がどのような状況であるかを併せて取れるものがあればとっておくと，より効果が高くなることを申し添えておく。

(1) 出願可能人数と地元占有率

まず出願可能な母数を把握する。自大学・学部の地元地域（通学が可能な範囲。公共交通機関で 2 時間までと言われている）に高校生が何人いるかを確認する。それに進学率を掛けると地元母数が確認できる。地元地域を「通学が可能な範囲」としているのは，公共交通機関が地域によって違うからである。交通機関が充実していない地域では比較的近くても，通えなければ下宿しなくてはいけなくなるため地元外となる。

次に，自大学・学部の地元および地元外からの出願者割合を確認する。地元の高校生人口と地元からの出願率の関係で，広報として打つべき優先順位は**表 8-2** のようになる。

この表から考えられる戦略的打ち手は，例えば地元への働きかけであれば高校訪問の強化，高大接続の試みなど。地元外への打ち手としては，地方試験会場（地方入試）の実施や，近年ではリモートオープンキャンパスなどがある。地元高校生が少ない地方大学が大都市圏で地方入試を行った成功事例としては，富山大学の事例（船橋 2019: 263-268）などがあげられる。

表 8-2　地元人口と地元出願率による打ち手の優先順位

地元からの出願 ＼ 地元の高校生人口	少ない	多い
少ない	地元外に対する働きかけを強化	出願の多い高校との絆を強化しつつ，地元外に拡大
多い	地元の高校のうち関係性の薄い高校の開拓	出願の多い高校との絆を強化しつつ，さらに地元を拡大

(2) 大学認知度

大学認知度とは，大学のブランドのようなものである。また，認知度（知られているかどうか）に加えて，想起確率も含む。つまり高校生が，興味のある学問や職業がある程度固まってきた時，調べてみようと思う大学に自大学が上位に入るかどうかである。

戦略立案においては，まず認知度のデータを取る必要があるが，この点においても，地元における認知度，ブランドの確立状況と，地元外（全国）における認知度は異なる。地元占有率の高い大学が，全国的認知を得る必要はない。大学認知度を確認するための調査などを行う場合，どの地域にいる誰の認知を調べるのかを意識して行う必要がある。

大学ブランドの確立は，本章の目的ではないが，広告宣伝，一般広報活動などを総動員して行う必要があり，広報担当部署との連携が重要である。

(3) 学部の志望割合

ここで言う学部の志望割合とは，高校生がどのような学部系統に興味を持ち，志望しているかを示すデータである。1大学ではこのようなデータは取ることは不可能であるが，先述の模擬試験を行っている企業から情報を取り寄せることは可能である。

例えば，**図 8-5** は進研模試 2021 年度 6 月の模擬試験における国公立大学の学部系統別志願者割合で，各学部系統にどのくらいの高校生が集まり得るかの目安にはなる。

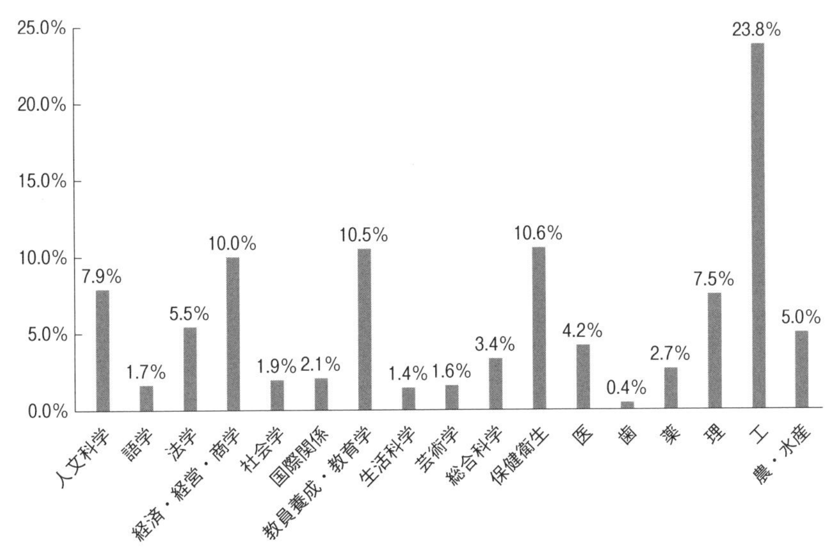

図 8-5　学部系統別志願者割合

出典：進研模試 2021 年 6 月　志望動向より抜粋

合計して100%を超えるのは，この模試の志望校記入欄は８大学・学部まで入力でき，複数回答での集計になるからである。国公立大学としたのは，記入総数が受験者数の約２倍で前期・後期合計２学部分にほぼ相当するため，割合としては実態をよく反映していると考えられるからである。

志望動向について入試担当者からできることはほとんどないが，大学・学部広報においてどの学部に焦点をあてるべきか，オープンキャンパスの模擬講義などを準備するうえで，どのような系統をカバーすればより多く投網がかけられるかなどの参考になると考えられる。

(4) 学部の認知度・魅力度

より質（目的意識や大学の志望度，学問への傾倒等）の高い学部の志願者を増やすために重要なのは，「その学部で何ができるのか，どんな者になれるのか」といったことが明確に認知されているかどうか，ということである。これは（2）の大学認知度とは別の認知度になる。5. で述べた通り，高校生が自分のしたいこと，就きたい職業に就くために，自大学の中にその学部や教育システムがあるということをどれだけわかっているか，知っているかを確認しなければならない。まずそのデータを獲得したうえで，対策を取る必要がある。

また，次に確認したいことは，高校生が自大学・学部をどれだけ魅力的だと感じているかである。その点では，学問の面白さや，特定の領域で日本や世界をリードしていること，地元企業などとの連携，地元への貢献，教育内容の充実，卒業生の活躍，企業や社会からの評価が高いといったことをどれだけ伝えられるかが重要な手立てとなる。そのため，これまで述べてきたように，特にホームページや大学案内などの大学・学部の特徴や教育内容の記述を「高校生目線」で再点検すべきである。どのようなプロセスを経て「なりたい自分」「やりたいこと」が実現できるのか，また明確にやりたいことが決まっていない高校生には，自大学でいかにそれが発見でき，それを実現できるのかを知らせるようにすべきである。このような再点検は，大人の入試広報担当者が自分の頭で考えただけでは難しく，見落としがちな場合がある。その点を補うために学生を動員し，自大学・学部の良い点をワークショップの形で検討してもらい，広報媒体に成果を反映させた例として，高知大学の事例が参考になる（喜村・大塚 2020: 66-73）。

さらに，学部認知度，魅力度を高める戦術のひとつに，高校教員を味方につける方法が考えられる。三者面談等で高校生に具体的アドバイスを教員からしてもらえれば，より効果的となるだろう。そのため，高校訪問だけでなく，例えば，高校生ではなく高校教員向けの一種のオープンキャンパスを行って，実際に教育設備や研究施設などを見てもらい，大学の良さや特徴を実感してもらうと良いのではないだろうか。このような事例として新潟大学の実践事例（吉田ほか 2021: 265-271）を挙げることができる。

(5) 合格可能性偏差値帯内密度

合格可能性偏差値帯内密度とは，平たく言えば「自分の大学を受けてくれそうな学力の高校生がどのくらいの割合でいるか」ということである。偏差値は正規分布を仮定したうえで，平均を 50 として何標準偏差分平均から離れているかを示す指標である。例えば，偏差値 80 以上の高校生は理論的には全体の約 0.1％しかいない。受験生が 60 万人いるとすると，600 人である。

例えば，合格可能性 50％のラインが偏差値 50 の学部であれば，おそらく偏差値 45～55 程度の者が出願して来るだろう。その場合は，全体の約 38％

表 8-3　偏差値帯に含まれる割合

偏差値帯	含まれる割合
80～	0.1%
75～80	0.5%
70～75	1.7%
65～70	4.4%
60～65	9.2%
55～60	15.0%
50～55	19.1%
45～50	19.1%
40～45	15.0%
35～40	9.2%
30～35	4.4%
25～30	1.7%
20～25	0.5%
～20	0.1%

が対象となりうる。

表 8-3 は，5 刻みの偏差値帯のなかに志願者が含まれる理論的な割合を示したものである。

正規分布の性質から，偏差値が高いほど（低いほど）その前後に含まれる割合は少なくなる。入試広報や大学のブランディングが成功し，ボーダーラインが上昇していけば，その分合格が難しくなるために対象となる志願者が少なくなるトレードオフの関係にあることは知っておくべきである。

(6) 入試方式・入試回数

志願者の数を決める主要な要素の最後は入試方式及び入試回数である。国公立大学は，総合型・学校推薦型入試と，一般入試では前期・中期・後期で設定しうる入試回数の上限が決まっているが，私立ではその限りではない。ただし，近年の入学定員の厳格化などで無限に入試を増やせるわけではない（早期の入試で合格を出してしまうと，一般入試での割ける定員がなくなってしまう恐れがあるため）。

入試方式に関しては，広報の域を外れるが，(1) で述べた地方入試の実施など，一部広報戦略に関係する部分があり触れておいた。詳細の入試方式は第9章を参照してほしい。

9. 入試広報戦略の立案プロセス

これまで述べてきたように，戦略立案にはまず要素の分解と，実情を把握するためのデータの収集が必要である。その際，可能であれば競合などのベンチマークデータを取っておく。そうすることで，それぞれのデータを評価しやすくなる。データを取得したら，自大学の課題は何かを検討し，優先順位をつける。自大学の課題は，大学の認知度が低いことなのか，学部の認知度が低いことなのか，それらはよくやっているけれど，地元の生徒数が減っているのが問題なのか……このような観点でまずは「課題発見」を行うことが第一である。

課題の発見ができれば，まずそれぞれの優先順位に応じて具体的な目標を

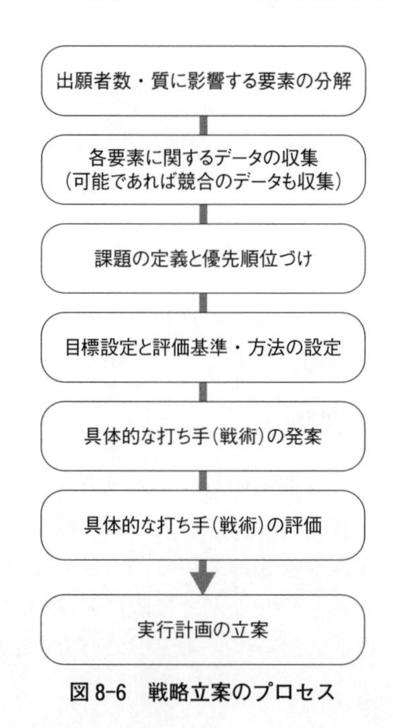

図 8-6　戦略立案のプロセス

決める。目標は数値で表現されるものがよいが，定性的なものであっても，ある程度客観的に表現できるのであれば利用可能である。実行計画を立てる前に，まず目標とその評価方法を決めておくことがPDCAを有効に機能させるポイントである。目標が明確になれば，具体的な打ち手を検討していく。打ち手には，入試専門家が自分の足で行える高校訪問から，大学で全体に取り組むべき学部の見直しや，入試方式の変更，大学ブランディングまで大小様々であろう。ブレインストーミングなどで打ち手を多く出した後に，それぞれの打ち手の目標との関連性，有効性，コストをベースに評価していく。可能であれば，打ち手の間に関連性を持たせて，相乗効果が見込めるような計画が立案できればよい（**図8-6**）。

ここでは考え方の原則しか示すことはできないが，ぜひエビデンスに基づいた戦略立案と意思決定を学内の風土となるようにしていただきたい。

注

1） ただし，全ての高校生が将来就きたい職業や，学びたい学問を明確に決められるわけではない。筆者が以前行った調査では，大学入学前の高校生のおよそ1/3が就きたい職業，1/3が学びたい学問，1/3が特に目的を持たず進学するという結果であった（出典：ベネッセ教育総合研究所「高校生の大学選択の基本要因に関する調査（2013）」未公表）。

2） Attention, Interest, Search, Action, Shareの略で，2005年に㈱電通が商標登録している。

3） 大阪大学の志願者アンケート（2020～21）では，「大学の教員などが行った模擬講義」が出願の参考になったと回答した生徒は「とても」「少し」あわせて19.2%であり，「大阪大学のホームページの受験生向け大学紹介の内容」71.3%の1/3以下である。

引用文献

ベネッセ総合教育研究所，2018，「課題整理―次期学習指導要領の解説から読み解く「探究」と，データで見る学校現場の状況」『View21 高校版』3: 4-7.

船橋伸一，2019，「富山大学における入試改革と入試広報戦略」『大学入試研究ジャーナル』29: 263-268.

フロムページ，2021，「テレメール」（https://frompage.jp/service/telemail.html, 2021.10.21）.

科学技術振興機構，2015，「次世代人材育成事業」（https://www.jst.go.jp/cpse/gsc/about/shoukai.html, 2021.10.22）.

KEI アドバンス，2021，「事業紹介―学生募集強化」（https://www.keiadvanced.jp/business/recruit-students/, 2021.10.21）．
喜村仁詞・大塚智子，2020，「学生が創る学生募集広報―理論検証型手法から理論生成型手法への転換」『大学入試研究ジャーナル」30: 66-73.
マイナビ，2021，「マイナビ進学」（https://shingaku.mynavi.jp/, 2021.10.21）．
文部科学省，2011，「高等学校キャリア教育の手引き」（https://www.mext.go.jp/a_menu/shotou/career/1312816.htm, 2021.10.22）．
文部科学省，2016，「学位に付記する専攻分野の名称について」（https://www.mext.go.jp/b_menu/shingi/chukyo/chukyo4/siryo/__icsFiles/afieldfile/2016/12/01/1379805_06.pdf, 2021.10.21）．
大阪大学，2019，「学問コンシェルジュ」（https://concierge.osaka-u.ac.jp/, 2021.10.22）．
旺文社，2021，「教育受験情報」（https://www.obunsha.co.jp/info, 2021.10.22）．
リクルート，2021，「スタディサプリ進路」（https://shingakunet.com/, 2021.10.21）．
進研アド，2021，「学生募集戦略・広報支援」（http://shinken-ad.co.jp/service/solution3.html, 2021.10.21）．
吉田章人・並川務・板倉孝信・坂本信，2021，「高校教員に向けた入試広報活動―新潟大学におけるアドミッションフォーラムを中心に」『大学入試研究ジャーナル』31: 265-271.

第9章　入試設計の進め方

井ノ上憲司

ここでは，入試設計のなかでも，日本の大学における入試設計を実際に行うためには，どのような手順で行うかに焦点をあてて話をすすめる。2021（令和3）年から始まった新しい入試制度における入試の区分（種類），それぞれの入試において決定する事項，日程や定員といったことについて，文部科学省の大学入学者選抜実施要項（文部科学省 2021b）に基づいた形で解説する。

1. 入試の公表スケジュール

初めに入試設計をすすめるうえで最も大切なことはスケジュールである。具体的には次の3つのルールを最低限守り，志願者等に周知するということが求められている。

(1) 実施方法の公表

大学入学者選抜の方法を定める，文部科学省の大学入学者選抜実施（文部科学省 2021b）によると，入試方法の公表は「6月4日～7月31日」とされていることから，毎年この時期までには具体的実施方法（どの選抜を行うか，入試の内容，科目）を定めておく必要がある。大阪大学の場合は，「○○選抜学生選抜要項」としてこの時期に発行することがこれに相当するが，大学によって選抜別ではなくひとつの入試情報として発行するところもあるだろう。現在は冊子として印刷する必要はなく，ホームページの記載等でも問題ないことになっている。

(2) 学生募集要項の公表

次に公表する必要があるのが「学生募集要項」である。大学入学者選抜実施要項（文部科学省 2021b）によると，これには受験と入学までの事柄を記述する必要があり，アドミッション・ポリシーや募集人員をはじめとして，出願要件，出願書類とその評価方法，試験日程・場所・内容，入学の手続き等を公表するものである。これは12月15日までに発表することになっているが，これより早くに始まる入試方法もあること，広報のことを考えるともっと早い方が望まれるであろう。

(3) 2年前告知

また，入試の教科・科目の変更を行う場合，入試を廃止する場合など，これまで受験してきた志願者が受験できなくなるような変更を加える場合は，2年程度前に予告・告知することが定められていることから，入試の準備は2年以上前に始める必要がある。

2. 入試実施スケジュールの検討

すでに第7章でも述べられているが，改めて文部科学省の大学入学者選抜実施要項（文部科学省 2021b）に記述された日本における大学入試の区分（入試方法）は，以下の通りである。

- 総合型選抜（出願は9月以降，合格発表は11月以降）
- 学校推薦型選抜（出願は11月以降，合格発表は12月以降で一般選抜試験期日の10日前まで，大学入学共通テスト利用の場合は一般選抜の前日まで，募集人員は入学定員の50%まで［短期大学は募集人員の縛りなし］）
- 一般選抜（2月1日～3月25日に試験を実施，合格発表は3月31日まで）
- 専門学科・総合学科卒業生選抜（時期は一般選抜に準ずる）
- 帰国生徒選抜・社会人選抜（時期は特に定めなし）

大学入学者選抜実施要項では，一般選抜を行うほかは，各大学の判断により多様な入試を工夫することが望ましいという表記がされており，この例に依らない入試方法を行う大学も存在するが，ここでは話をわかりやすくするため，総合型選抜，学校推薦型選抜，一般選抜の３つに絞って話を進める。

国公立大学の場合は，一般的に前期・中期・後期という日程を用いて一般選抜を行っており，**図 9-1** のようなスケジュールとなる。前期日程はほぼすべての大学で実施され，中期日程は公立大学の 25％で実施，後期日程は全体の８割程度の大学が実施している（文部科学省 2021a）。なお，各実施日は試験が１日で実施される場合で，２日間行う場合は翌日も実施する（前期日程なら２月 26 日が２日目）。

総合型選抜や学校推薦型選抜に関しては，**図 9-1** の範囲で様々な日程となっている。共通テストの成績を利用する場合と，利用しない場合によって，合否発表の期限が異なる。

私立大学の場合は国公立大学と違い，多様な状況になっている。まず一般選抜は，２月１日から３月 25 日までの間に１回～３回程度行う。50 日程度の期間に約 600 の大学で試験が実施されることから，ほとんどの日程は重複しており，大学が求める志願者全てが１回の機会で受験することは非常に困難な状況にある。求める志願者が併願しそうな大学の日程調査を行いよりよい日程を選択することになるだろう。

そういった状況で，一般選抜で入学者を大量に集めるという戦略では，志

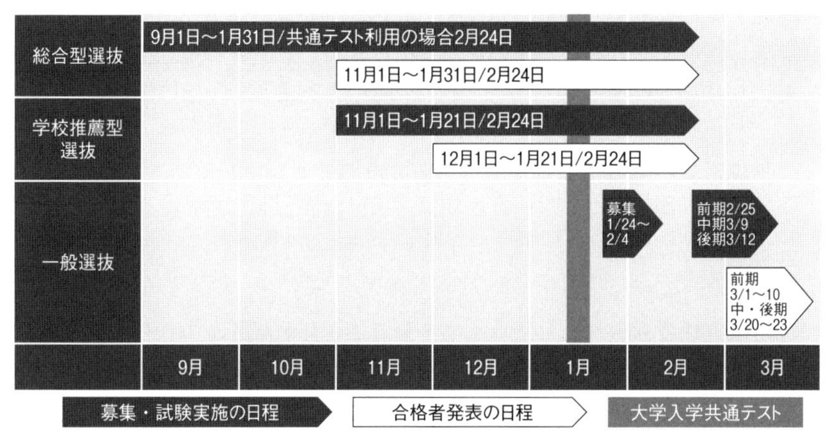

図 9-1　国公立大学における入試スケジュール（2022（令和４）年度の例）

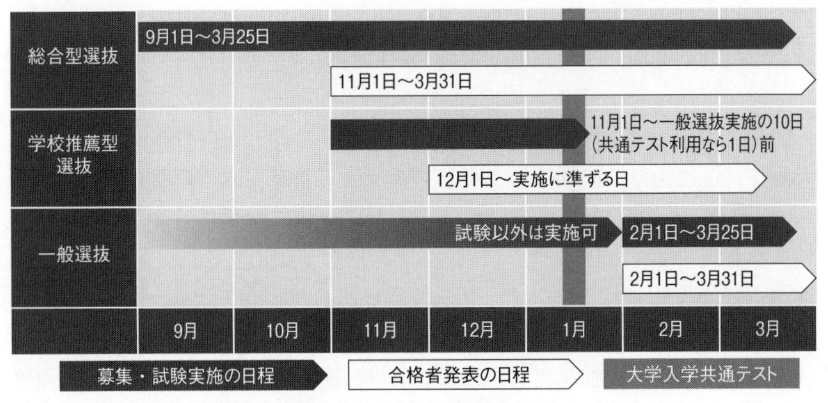

図 9-2　私立大学における入試スケジュール

願者を集めること自体が難しくなってきており，大学入学者共通テストのみを使用する入試（8 割の大学で実施）や，学校推薦型選抜・総合型選抜を活用して，早めに入学者を確定するということが戦略として一般化しつつある。

特に総合型選抜や学校推薦型選抜の制度を利用し，早めの入学者確保に動く大学は年々増えている。「2021 年度入学者選抜に向けた各大学の検討状況に関する調査研究　調査報告書」（文部科学省 2019）（692 大学と 309 の短期大学が回答）によると一般選抜の実施率 87.9%に対し，総合型選抜は 72.7%，学校推薦型選抜は 86.5%が実施するという回答であり，これらを組み合わせて実施することはすでに多くの大学一般化しているのが実態である。

募集日程も早期の大学が多い傾向が出てきている。総合型選抜の出願受付時期は 9 月が 59.5%と最も多く，次点の 10 月 10.8%を大幅に上回る結果であり，実施要項の開始時期に合わせ，早期に実施する大学の多さがうかがえる。学校推薦型選抜に関しても，実施要項の最も早い時期である 11 月の割合が 70.7%と最も多く，やはり早期の入学者確定に各大学が動いていることがうかがえる。

各選抜方式の選択は，第 7 章や第 8 章で述べられてきたようにアドミッション・ポリシーをどのようにして具体化（評価）するか，入学してほしい志願者をどのようにして確保するかの 2 点によって選択することが望ましい。勿論，前述の 2 点を実現するためにこのなかに存在しない入試方式（留学生入試や地域選抜等）を実施することもでき，実際に留学生入試などは各大学で様々な時期で実施されており，実際の大学においてはより複雑になることは心に留めておいてほしい。

3. 入試内容の検討

入試の日程感が把握できたところで，次に各入試方法（入試区分）で，志願者にどのような資料を求めて，何を評価するのかという点を概要的に決める作業に入る。これは言い換えればアドミッション・ポリシーによって決まった「大学の求める志願者」というのをどのように評価するかということになる。アドミッション・ポリシーの設定方法についてはⅣ部に詳しく述べるので，ここでは，大学で行われる入試の内容について概論的に述べよう。

文部科学省の高大接続システム改革会議の「最終報告」（高大接続システム改革会議 2016）では，「学力の3要素」を多面的・総合的に評価する個別学力試験以外の具体的な評価方法として次の方法が記述されている。

- 「大学入学者共通テスト」の結果
- 自らの考えに基づき論を立てて記述させる評価方法
- 調査書
- 活動報告書
- 各種大会や顕彰等の記録，資格・検定試験の結果
- 推薦書等
- エッセイ
- 大学入学希望理由書，学修計画書
- 面接，ディベート，集団討論，プレゼンテーション
- その他（例えば，総合的な学習の時間などにおける生徒の探究的な学習の成果等に関する資料や面談など）

これら以外にも，芸術や体育等の技術面を重視する大学では実技テストを実施したりなど多様な方法がある。また，時期的にも育成型と言われるアサーティブプログラム（入試）（追手門学院大学 2021），学習過程を評価する新フンボルト入試（お茶の水女子大学 2021）など多様な評価方法があり，これら

表 9-1　各入試方法の評価方法

順位	総合型選抜（n ＝ 817）		学校推薦型選抜（n ＝ 950）		一般選抜（n ＝ 964）	
1	面接	51.4%	面接	55.5%	個別学力試験	54.6%
2	調査書	47.9%	調査書	54.8%	調査書	45.9%
3	小論文	27.5%	小論文	40.3%	共通テスト	36.7%
4	活動報告書	26.2%	活動報告書	18.4%	英語 4 技能結果※	32.5%
5	プレゼン	24.4%	個別科目試験	17.9%	面接	29.6%
6	口頭試問	17.0%	英語 4 技能結果※	16.4%	小論文	21.8%

※本アンケートの実施後に大学入試英語成績提供システム（大学入試センター 2021）の導入見送りが発表されたため，実際の入試では利用しなかった可能性がある。

出典：文部科学省 2019 より筆者が抜粋して掲載

の様々な方法を組み合わせて入試方法（入試区分）ごとに入試内容の検討を行う。

各大学では実際にどのような入試内容を採用しているかを表したのが**表 9-1** である。総合型選抜，学校推薦型選抜においては，面接，調査書，小論文，活動報告書の順が共通しており，一般選抜では個別学力試験，調査書，共通テストの順となっている。

面接については，質問内容によって多様な状況・評価に対応できることから，採用が多い方法であると言えよう。一言で面接と言っても，個人面接（志願者が 1 人ずつで面接を受ける），集団面接（複数の志願者が同じ部屋で面接を同時に受ける）の違いや 1 人あたり 5 分程度の短時間のものから，30 分以上かけてじっくり質疑を行うものまで，実に様々なスタイルが存在し，面接官も 2 人の場合もあれば多人数の場合もあり，募集人員・評価内容・面接にかけられる時間や人員等で様々な調整が必要である。本書でもⅣ部第 15 章において，面接の質問の考え方や評価の方法について紹介するので，採用する場合は参考にしてほしい。

調査書は，実施要項においても「大学が志願者に提出を求める資料」として明記されており，活用する大学も多いと考えられる。活用方法は，学力評価をはじめ，資格や役職等の事実確認，総合的な学習の時間（探究活動）の姿勢・成果など様々なことが考えられる。書類の評価方法に関しては，本書

表 9-2　調査書の学力に関する部分の例

2. 各教科・科目等の学習の記録

教科・科目		評定				修得単位数の計	教科・科目		評定				修得単位数の計
教科	科目	第1学年	第2学年	第3学年	第4学年		教科	科目	第1学年	第2学年	第3学年	第4学年	
国語	国語総合	4				4	情報	情報Ⅰ	5				4
	古典B		3	4		4		情報Ⅱ		4			2
数学	数学Ⅰ	5	5			4	芸術	美術	3	3			4

3. 各教科の評定平均値	国語	数学	地理歴史	公民	理科	保健体育	情報	芸術	外国語	全体の評定平均値
	3.6	5.0	4.0	3.5	4.0	3.5	4.5	3.0	4.5	3.9

出典：調査書の第1面の項目2と3のみ抜粋

Ⅳ部第12章・第14章に詳細な手順があるので割愛するが，ここでは実際にどのような活用が行われているか概要的に把握していこう。

すでに挙げた調査報告書（文部科学省 2019）の結果を参照すると，評定平均値の活用が65.4%と最も多く，その次が部活動・ボランティア活動・留学・海外経験等の56.1%，出欠状況54.7%，資格・検定等52.4%と続く。評定平均値とは，**表9-2**のような調査書の第1面にある「全体の評定平均値」の値のことで，高校の全修得科目の評定値（1～5の整数値で5が最も良い）を修得科目数で割った値で，5が最も高く，1が最も低い値である。

学力以外の点に関しては，調査書では第2面に記述されている。記入項目としては「5. 総合的な学習の時間の内容・評価」，「6. 特別活動の記録」，「7. 指導上参考となる諸事項」，「8. 備考」，「9. 出欠の記録」の5つとなる。7に関してはさらに「(1) 学習における特徴等」，「(2) 行動の特徴・特技等」，「(3) 部活動・ボランティア活動・留学・海外経験等」，「(4) 資格取得・検定等」，「(5) 表彰・顕彰等の記録」，「(6) その他」の6つに細分化されている。先程の調査報告の部活動等はこの7の (3) に記述された内容を活用するということであり，同様に資格・検定等は7の (4)，出欠状況は9の内容を活用するということである。

5・6・9に関しては学校の課程内の活動となるが，7の (3)・(4)・(5) に関しては，生徒が独自で行った事項と学校で実施する事項等が混ざっている状況である。課外活動や生徒が独自に行う活動については，高校が把握しておらず調査書に記述されていない場合もあるため，**表9-3**のような活動報

表 9-3　活動報告書の例

(1) 学業に関する活動
① 学内での活動内容 ※総合的な学習の時間，部活動，生徒会活動等において取り組んだ課題研究等を書く 活動期間（○年○月～○年○月）　内容（○○部の部長）
② 学外での活動内容 ※ボランティア活動，各種大会・コンクール，留学・海外経験等 活動期間（○年○月～○年○月）　内容（○○国の○○高校での交換留学）

(2) 課題研究等に関する活動
テーマ（○○の実証研究） テーマを選んだ理由（高校の授業において，○○理論を学習したが，それが実際の社会でどのように活用されているか調査した） 概要（○○を調べたところ，○○の事実が判明し，まとめることができた） 成果（○○年○○月　県主催の○○コンテストにてプレゼンを行い優勝した）

(3) 資格・検定等に関する活動
資格名（実用英語検定）スコア等（２級合格）取得年月（○○年○○日）

出典：文部科学省 2021b を参考に筆者が加筆したもの

告書等を別途提出してもらい，大学が何を評価したいのかを明らかにした方が望ましいと考えられる。

どのような評価が必要かをアドミッション・ポリシーと大学が求める入学者の考えに基づき考え，それを測る手段として，入試内容を決定し，志願者に提出してもらう提出物，評価の日程，評価の方法を決定していくことになるだろう。本書では，Ⅳ部で総合型選抜・学校推薦型選抜等の実施を想定した書類選抜，面接の実施方法を紹介しているので，入試内容の確定に活用してほしい。

4. 募集人員の検討

2020（令和２）年度の調査結果（文部科学省 2021c）によると，大学の設置者別での入試方法ごとの入学者割合は，以下の通りである。

- 国立大学：総合型選抜 4.3%・学校推薦型選抜 12.5%・一般選抜 83.2%

• 公立大学：総合型選抜 3.1%・学校推薦型選抜 25%・一般選抜 71.6%
• 私立大学：総合型選抜 13.2%・学校推薦型選抜 42%・一般選抜 44.6%

国公立大学においては，一般選抜の割合が 7 ～ 8 割を占める一方，私立大学では学校推薦型選抜と一般選抜が同程度の入学者となっているのが実態である。ベネッセの調査報告（進研アド 2021）によると，国公立大学，私立大学ともに総合型選抜と学校推薦型選抜の割合が増加傾向にあり，特に年内に合否を決定するという傾向が増えていると分析している。

ただ，学校推薦型選抜に関しては実施要項で入学定員の 50% までとされていることから，私立大学の学校推薦型選抜の募集人員は頭打ちになっており，これに代わり一般選抜を総合型選抜に変更する傾向が見られる。総合型選抜は，2020（令和 2）年度から 2021（令和 3）年度で，国公立大学で約 1.2 倍，私立大学で 1.6 倍に増えており，総合型選抜と学校推薦型選抜を念頭に入試を設計することはすべての大学で一般化しつつあると考えていいだろう。

2021（令和 3）年度入試においては，私立大学における定員の充足率が 100% を下回る事態となっており，定員 400 名未満の小規模の大学や都市圏以外の地方部では特に悪く，約半分の大学では定員割れの状況となっている（日本私立学校振興・共済事業団 2021）ことから，募集人員を早期に満たす戦略はこれからも加速すると考えられる。

もともと私立大学においては，「歩留まり率」という言葉が一般的に使われており，合格者に対する入学者の割合を示した数であるが，これが平均で 34% 程度となっている。大学数で考えると中央値は 50% の前半辺りであるが非常に低い値の大学が多くあり平均値を押し下げてしまっている状況を汲み取ることができる。戦略的に歩留まり率を低めにする（受験機会を異常に増やす）大学もあるため，低いことが一概に悪いとは言えないが，いずれにしても私立大学においては，入試方法・学部ごとにこの歩留まり率を考慮し合格を出すことが必要な条件となっている。

5. 出願日程と実施日程と募集人員を組み立てる

最後に総合型選抜・学校推薦型選抜・一般選抜の 3 つをどのように組み立

てるか，順を追って説明するとともに，入試設計の進め方をまとめよう。

国公立大学の場合は，一般選抜については，前期のみに絞るか，中・後期を実施するかという選択が一番大きいところだろう。

3月試験を実施して入学者を判定するためにはかなりの労力が必要であり，時間に余裕のある総合型選抜や学校推薦型選抜に募集人員を振り分けることは志願者の評価がしっかりできることはもとより，教職員の負担軽減につながるとも考えられる。総合型選抜・学校推薦型選抜の日程については，一般選抜と違い大学に依るため，日程重複の調査は十分に行う必要があるだろう。

私立大学では，基本的に3種類の入試方式を行うのは一般化していると考えられるが，定員割れの危機感から早期の入学者確保をはじめとして，定員割れしないよう安全策を講じることが求められるだろう。

実施コストについても最適化を求められるとすれば，真っ先に思い浮かぶのは学校推薦型選抜の充実であろう。しかし，実施要項の条件から一番早い11月1日から募集（出願）して，一番早く合否を発表するのは12月1日である。入学手続きを考慮すると12月中旬に確定となるが，このとき想定より少ない歩留まり率であったとしても，続く入試は一般選抜や大学入学共通テスト利用入試となり，広報を行う時間も残されてないことから，ここで学校推薦型選抜の不足分まで補うという戦略は厳しいと考えられる。もちろん学校推薦型選抜を複数回行ってもよいが，50%の定員上限を超えられないため，たくさん志願者が来ても合格を出せる人数が限られる。

そこで提案したいのは，総合型選抜の拡充案である。例を**図9-3**に挙げる。総合型選抜の場合は，9月1日から3月まで自由に実施可能であるので，これを活用し年内の入学確定者を増やすようなスケジュールを組み立てる。総合型選抜を2回といっても，併願・専願を分けるだけでなく，アドミッション・ポリシー等の再検討と共に様々な条件・能力の志願者を受け入れる体制を作ることで，新しい志願者の獲得を目指すというのが志願者確保の点にも役立つのではないかと考えられる。

図9-3の例では，面接等を実施する学内の人員等のリソースを踏まえて，すべての入試が重ならないように配置したが，学部ごとに日程をずらすなど人員等リソースの配分方法も様々な考えがあり，ここは各大学のノウハウも

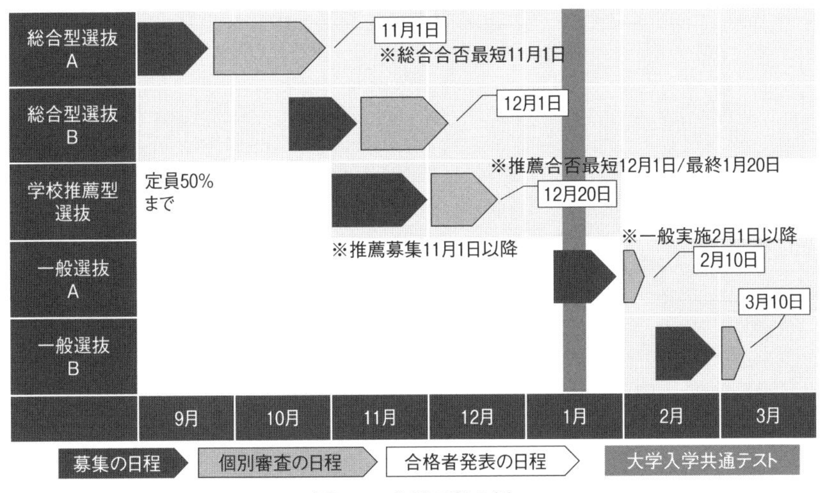

図 9-3　入試日程の例

生きてくるところだろう。

6. おわりに

　このように入試設計においては，アドミッション・ポリシーをはじめとした3つのポリシーとの関連を始め，入試の制度，入試を実施するリソース，他大学の実施日程，広報の状況など様々な要因で調整しなければならない複雑な業務である。大学の状況により最適な戦略は違ってくるが，前章の広報戦略なども結びつけながら検討してほしい。

引用文献

大学入試センター，2021，「大学入試英語成績提供システム」（https://www.dnc.ac.jp/eigo_seiseki_system/index.html, 2021.12.14）.

高大接続システム改革会議，2016，高大接続システム改革会議「最終報告」（https://www.mext.go.jp/component/b_menu/shingi/toushin/__icsFiles/afieldfile/2016/06/02/1369232_01_2.pdf, 2021.12.14）.

文部科学省，2016，「学位に付記する専攻分野の名称について」（https://www.mext.go.jp/b_menu/shingi/chukyo/chukyo4/siryo/__icsFiles/afieldfi

le/2016/12/01/1379805_06.pdf, 2021.12.14).
文部科学省，2018,「平成33年度大学入学者選抜実施要項の見直しに係る予告の改正について」(https://www.google.com/url?sa=t&rct=j&q=&esrc=s&source=web&cd=&ved=2ahUKEwiz0cae4uf0AhWRF4gKHfiwDo8QFnoECAkQAQ&url=https%3A%2F%2Fwww.mext.go.jp%2Fcomponent%2Fa_menu%2Feducation%2Fmicro_detail%2F__icsFiles%2Fafieldfile%2F2018%2F11%2F06%2F1397731_03.pdf&usg=AOvVaw1EV4la8d4a5wasq_JcE9ne, 2021.12.14).
文部科学省，2019,「「2021年度入学者選抜に向けた各大学の検討状況に関する調査研究」調査報告書」(https://www.mext.go.jp/a_menu/koutou/itaku/__icsFiles/afieldfile/2019/05/31/1417574_1.pdf, 2021.12.14).
文部科学省，2021a,「令和3年度国公立大学入学者選抜の概要」(https://www.mext.go.jp/content/20210201-mxt_daigakuc02-000012526_2.pdf, 2021.12.14).
文部科学省，2021b,「令和4年度大学入学者選抜実施要項」(https://www.mext.go.jp/content/20210617-mxt_daigakuc02-000010813_1.pdf, 2021.12.14).
文部科学省，2021c,「大学入学者選抜関連基礎資料集第4分冊（制度概要及びデータ集関係)」(https://www.mext.go.jp/content/20210707-mxt_daigakuc02-000016687_5.pdf, 2021.12.14).
日本私立学校振興・共済事業団，2021,「令和3（2021）年度私立大学・短期大学等入学志願動向」(https://www.shigaku.go.jp/files/nyuugakusiganndoukoudaitan0928.pdf, 2021.12.14).
お茶の水女子大学，2021,「総合型選抜（新フンボルト入試)」(https://www.ao.ocha.ac.jp/ao/index.html, 2021.12.14).
追手門学院大学，2021, 2019年度アサーティブプログラム・アサーティブ入試事業報告書.(https://www.otemon.ac.jp/library/assertive/plan/pdf/2020_report.pdf, 2021.12.14).
進研アド，2021,「Between情報サイト：入試結果調査③総合型選抜の志願者数は国公立，私立とも増加」(http://between.shinken-ad.co.jp/hu/2021/07/nyushikekka3.html, 2021.12.14).

第10章 入試業務におけるDX(デジタル・トランスフォーメーション)

井ノ上憲司

入試業務の効率化やICT化，また近年様々な分野でもてはやされるDXことデジタル・トランスフォーメーション[1)]に関する研究というのはほとんど表に出てこない。林らの2006年度の調査（林ほか 2020）によると，回答のあった352大学のなかで「入試データの情報処理方法・システム」に関する研究を行った大学は2～4大学という回答になっており，研究として情報共有などを行う大学の少なさがうかがえる。

しかし，ほとんどの大学において，何らかの情報システムを用いたり，アウトソーシングしたりしながら，短い入試期間において合否の決定を行っているはずで，Web出願（インターネット出願）の登場により，より加速しているものと思われる。

今後も，入試の実施の人員不足や予算の削減のための省力化の実現，あるいは多面的・総合的な入試をはじめとした入試回数を増やすための効率的実施など，大学によって様々な課題が出てくると思われるが，その時にDXの思考を持つかどうかによって，考えうる解決策に違いが出てくることから，今回は入試業務におけるDXを盛り込むこととした。

ここでは，近年行われてきた入試の電子化（デジタル化）の流れ，入試実施や入試業務のDX事例の紹介，そして，今後DXを進めるにあたってのポイントについて述べる。

1. 入試の電子化（デジタル化）の流れ

端的に入試の手続きがどのくらい電子化されたかを比較するため，2000年代の一般的な入試の手続きと2020年代の手続きを比較した表を作成した

表 10-1　2000 年代と 2020 年代の入試手続きの比較

	2000 年代	2020 年代
出願	• 受験したい大学の入試案内を取り寄せる(郵送) • 入試案内に封入された紙の志願票(願書)に記入 • 検定料を銀行の窓口で振込み • 専用封筒に志願票・検定料納付の証明・調査書の 3 つを入れて郵便局で発送	• Web 出願（インターネット出願）で志願情報を入力 • ネット決済 • 調査書を郵便局で発送
受験/試験	• 受験票が届く • 指定された入試会場に出向き受験	• Web で受験票確認 • 指定された入試会場に出向き受験，または自宅でオンライン受験
合否発表	• 大学の合格通知の掲示板に見に行く	• Web で合格したか確認
入学手続	• 紙の入学手続き書に記入 • 銀行の窓口で入学金を振込み • 大学の窓口に提出	• Web で入学金支払い

(表 10-1)。

全般的に言えることは 2000 年代では「紙」を中心とした手続きであるのに対し，2020 年代は「Web（インターネット）」を中心とした手続きに変わったことである。

Web 出願（インターネット出願）システムが導入率は，2020（令和 2）年の調査によると一般選抜で約 90%，総合型選抜で 56%，学校推薦型選抜で 58%である（文部科学省 2021b)。Web 出願システムを導入すれば，紙の願書の内容を入力する業務などは行う必要がなく，検定料に関してもシステム内で集計されるため，入試業務・会計業務が非常に効率化・低コスト化されることは導入大学では実感されていることだろう。

Web 出願システムには，合否通知の機能や入学手続きの機能がついているものもあるし，広報機能との連動など独自機能を持つものもある。それゆえに基本的に志願者とのやりとりは，これだけで賄うことが可能である。ただ，2022（令和 4）年時点でひとつだけ紙で残るのが「調査書」である。2022（令和 4）年度入試での全面的な電子化を目指し進められていた（文部科学省 2019）が，2021（令和 3）年時点で実施時期は未定となっており，この部分は多くの志願者が紙（郵送）でのやりとりとなり[2)]，出願の完全電子化は 2022（令和 4）年入試の時点ではできない状況である。その他の証明書類（英語能力や大会の賞状等）も原本の確認が必要なものもあり，このあたりは証明書の確認方法（合格後に原本確認）の改善など実施方法との組み合わせで改善していく必要があるだろう。

オンライン受験に関しては，2021（令和3）年度入試において一般選抜で約3％，その他の選抜で約19％となっている（文部科学省 2021a）。残りの大部分は2021（令和3）年度の入試においても受験会場での対面式の受験であったということである。さらに新型コロナウイルス感染症（COVID-19）の対応のために一時的に実施した大学も含むため，平時にどれほどの大学がオンライン受験を希望しているかは不明であるが，ここではいくつかの事例を紹介し，今後オンライン受験を行う場合の参考にしていただきたいと考えている。

2. 入試実施に関するDX事例の紹介

ここからは，どのようなDXが実際に行われているか事例を交えながら紹介する。はじめに「入試の実施」に関するDXの事例として，オンライン受験やコンピュータを使った受験の事例を紹介しよう。

(1) オンライン受験の事例

オンライン受験の事例はいくつかあるが，詳細に残されているものとして九州工業大学の事例（花堂・播磨 2021）を紹介しよう。九州工業大学の総合型選抜では，事前提出の書類審査に加えて，オンライン会議システムを利用した面接・語学試験の実施，オンラインCBTによるレポート，記述問題の実施の3つの組み合わせで実施し，オンラインで受験が難しい場合は来学可能という仕組みにした。

その他にも，現在は多数の業者のオンライン入試サービスが展開されており，カメラによる顔認証や不正防止監視サービスなどが搭載されているものもある。

オンライン受験では，2つの大きな課題がある。インターネット回線が不安定な場合・遅い場合などにどうするかということと，不正の防止対策が弱いということである。インターネット回線は，基本的にはいつも繋がることが保証されたものではない。特に個人向けのインターネットサービスには接続保証や速度保証というのがないので，常時繋がったままでなければ受験できないような同期型のビデオ面接を行うのであれば，繋がらなかった時の救済案などは用意しておく必要があるだろう。

オンライン受験の不安を解消する事例として，広島県立の叡啓大学の事例をとりあげる（叡啓大学 2021）。様々な企業が検定試験などを受験するための設備としてテストセンターというものを設けており，大きな規模のテストセンターでは日本国内の拠点が200カ所以上にもなる。それを活用することで，地方入試ができるということである。不正防止対策・インターネット回線の安定性などに課題を感じている場合は，環境の整っているテストセンターの活用もひとつの答えになるだろう。

(2) CBT（Computer Based Testing）の活用

CBTについては，テスト理論や教育工学分野において，古くから研究が盛んな分野である。1990年代にはすでに様々な研究がなされ，2000年頃にはIRT[3)]を活用した適用型テストやエッセイなどの記述式の採点方法のような現代のCBTによく用いられる方式が様々な角度で研究されてきた（石岡 2014）。

大規模なコンピュータを使った大学入試というのは設備等の問題もあり，これまであまり見ることがなかったが，大学入試でコンピュータを用いた試験を行った事例として佐賀大学の事例を紹介しよう。

佐賀大学は，2017年からタブレット端末を用いたCBTを総合型選抜・学校推薦型選抜に導入した（佐賀大学アドミッションセンター 2017）。これまでのペーパーテストでは実現できなかったことを実現するということを目的としている。2022（令和4）年度時点で行われているのは，以下の3つである。

①基礎学力・学習力テスト

教科書のような基礎的な問題を出題する。回答は選択式である。ペーパーテストとの違いは解けなかった場合の対応で，まず答えと解説を見せ，追加で代わりの類題を解かせるという仕組みになっている。それによって「たまたま知らない分野の問題」に当たってしまい解けなかったことが能力測定の妨げになりにくい工夫がされている。

②思考力・判断力・表現力等を問うテスト

ペーパーテストでは表現できない，動画・資料等を活用した出題を行う。

③英語技能テスト

英語4技能に加えて，映像・資料の読み取り，プレゼンテーション能力などを測る内容を実施する。

このように様々な方向から入試のデジタル化については進んできているのが現状であるが，2020年からは新型コロナウイルス感染症対策のためにデジタル化したところも少なくないだろう。しかし，特別な事態だから仕方なく行うのではなく，デジタル化することのメリットをしっかりと把握して，大学として導入するメリットを勘案し進めてもらいたい。

3. 入試業務に関するDX事例の紹介

次に，入試業務改善にDXを用いた事例として，大阪大学における多面的・総合的な評価を実施するための入試基盤システムを紹介しよう。大阪大学では2017年に導入したWeb出願システムを皮切りに，多面的・総合的な評価の実施に向けた入試業務の効率化のため入試基盤システムの全面刷新を実施してきた。ここでは，全体像（**図10-1**）の流れ（志願者の情報収集，入試評価の実施，入試結果の分析）に沿って，それぞれのシステムの機能を紹介しよう。

(1) eポートフォリオ型Web出願システム

多面的・総合的評価の実施に活用できるWeb出願システムの導入を目的として，2017年度のAO・推薦入試から導入を行った（現在は総合型選抜・学校推薦型選抜・一般選抜で活用している）。

当初は，大阪大学独自のeポートフォリオ機能を搭載したWeb出願システムを設計しようとしたが，他国において複数大学共通型のプラットフォーム（米国におけるCoalitionやCommon Application，英国におけるUCAS，韓国に

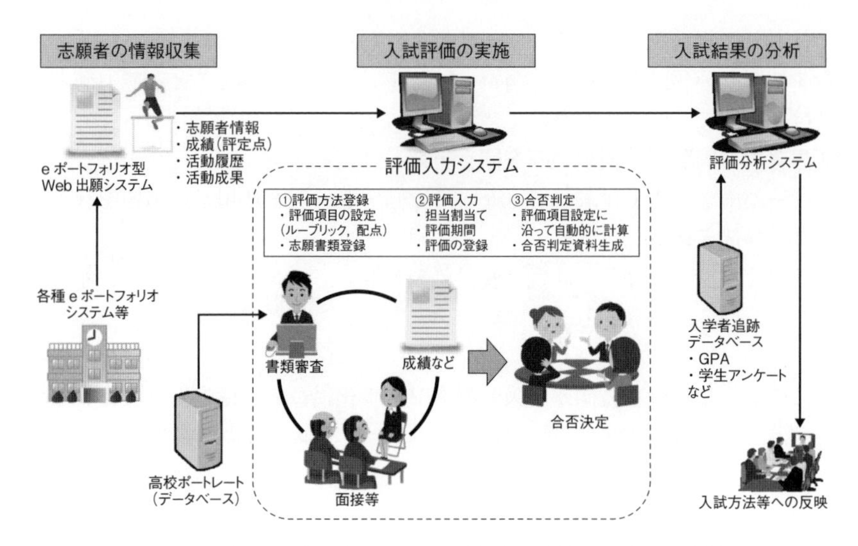

図 10-1　多面的・総合的な評価に向けた入試基盤システムの概念図

おける学生生活記録簿等）が進んでいること，日本においても文部科学省委託事業（文部科学省 2017）の「主体性等分野」において，JAPAN e-Portfolio（JAPAN e-Portfolio 2017）が開発中であったこと，などの理由により，Web 出願システムと高校生活の記録を行う e ポートフォリオは別々の仕組みとし，様々な e ポートフォリオプラットフォームか（IMS 2016）標準規格の Learning Record Store（LRS）等により連携する方法を模索することにした。

志願者は，一般的な Web 出願システム同様，このシステム上で志願書類を作成するが，活動実績書等で活動を示す証拠を求められたり，外部の認定資格を記入したりする場合など，様々な外部システムより証拠となる情報を取り込むことができるようにし，本システムがそれらの証拠情報を保存する（**図 10-2**）。すでに一部の外部資格の認定機関は，これが可能な状態にあり，将来電子調査書や外部の e ポートフォリオが増えた場合にも，対応できると考えている。

(2) 評価入力システム

評価入力システムでは，Web 出願システムによって出願された志願者の情報を受け取り，学内の合否判定プロセスを支援するためのもので，大阪大

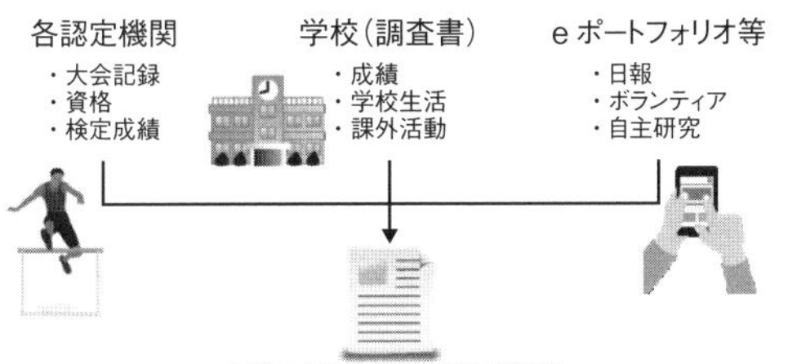

図 10-2　Web 出願システムとの連携イメージ

個人ID：A1010　　受験番号：B10029

平成３０年度大阪大学 AO・推薦入試志願者評価書

志願者氏名	大坂　洪庵	志望学部	人文学部

※本評価書は、高等学校長が作成願います。
※できるだけ具体的に記載してください。
※記入後は厳封し、志願者にお渡しください。
※記載事項に不明な点がある場合は、記載責任者に直接問い合わせをすることがありますので、必ず最後に電話番号などの連絡先を記載ください。

1．本志願者の学年における評価について、評価項目毎にあてはまると思うレベルに○を書き入れてください。

評価項目	非常に優秀（上位 5%）	優秀（上位 10%）	とても良い（上位 11~25%）	良い（上位 26~50%）	平均以下（上位 51~100%）	評価不可能
基礎的な知識・教養	○					
論理的思考力			○			
課題探究力	○					
独創性・独自性	○					
論述能力			○			
コミュニケーション能力			○			
特筆すべき卓越した能力		○				

2．志願者の学年における学業成績について、おおよその順位を記載してください。

（上位 5%）上位 6-10%、上位 11-15%、上位 16-20%、上位 21-25%、上位 26-30%、上位 31-75%、上位 76-100%）

3．志願者の成績証明書にあらわれない面、例えば特技や素質などをできるだけ詳しく記入して下さい。また長所だけでなく、志願者の短所も記入してください。

図 10-3　評価入力システムの評価入力画面

学の場合は独自のシステムを開発した。利用手順と機能は次のようなものである。

まず，評価方法として，書類，面接ごとにシステム上に評価観点や観点別のルーブリック（評価基準），その配点等を登録する。学部や専門性，入試の種類などによって様々な方法に対応するように，個別の評価基準を登録できるようになっている。また評価の入力方法についてもルーブリックのような多段階の評価だけでなく，点数式の評価など様々な方法を用いることができるようにしている。

次にどの評価者がどの志願者を評価するかの組み合わせを作成し，評価者が評価を入力できる状態にする。評価者は，自分の割り当てられた志願者の提出書類等を閲覧しながら評価を入力する（**図 10-3**）。

評価者の評価が全て完了したら，一覧表で集計結果を確認しながら合否の登録を行う。これによって確定した結果は，Web 出願システムに戻され志願者へと通知されるようになっている。

ルーブリックを用いた主体性等の評価を行うシステムは他の大学でもいくつかのものがある。押さえておきたいのは，佐賀大学の特色加点制度の評価支援システム（西郡ほか 2019）だろう。

(3) 高校ポートレート（データベース）

評価入力システムで志願者の提出書類を評価する際，評価者が高校ポートレート（データベース）の画面を確認する機能を付加する予定である。これは，各高校の公開情報，生徒数・教員数，進学実績，特色ある教育・部活動，過去の志願者の成績等を閲覧できるもので，志願者の調査書や志望理由書を読む際に学校の教育レベルや活動の活発さを確認できるものである。

①データベースに収集するデータ

各高校から取得可能な情報は，必ずしも統一的なデータでなく，入試の評価に使うことが難しいものである。この状態を改善するため，各高校が提供するホームページのデータから，生徒数・教員数，進学・就職先，学科・コース，特色ある教育，部活，探究の 6 つのカテゴリーのデータを取得した。

大学合格状況（進学状況）については，高校によって表現が違っておりホームページの情報からは統一は難しい状況であった。さらに特色ある教育，探究，部活に関する記述は，20%程度の高校でしか収集できず，情報が多い高校と少ない高校に分かれる結果となった。

この経験を踏まえ，大学合格状況に絞ってデータを取得することとし，大学通信の提供する有料データベース（大学通信 2021）を用いて各大学の合格状況を取得することにした。

また，調査書の活用という点から，平井の先行研究（平井 2017）を参考に「高校の教科別の評定点」と「大学入学共通テストの教科別得点」について，本学志願者の 2016 年以降すべてのデータがデータベースに入っている。

②評価者向け画面

本学の総合型選抜・学校推薦型選抜入試において志願者評価システムを利用する際に，高校データベース上にあるデータを閲覧できるように適所に高校データベースへの遷移ボタンを用意し実装した（**図 10-4**）。評価者は，書類審査等で該当志願者の成績を評価する際「高校 DB 参照」ボタンを押す。すると，**図 10-5・図 10-6・図 10-7** に示す画面が表示される。

図 10-5 は，志願者の所属する高校の「大学合格状況」であり，**図 10-6・図 10-7** は「過去の共通テスト結果」である。大学合格状況に関しては，本学への志願者が少ない地域においても，その高校がどのような進学校であるかを知る指標となるように，近畿地域だけでなく他の地域を含めたデータを表示した。評定点と大学入学共通テスト試験の得点との関連性については，教科ごとにグラフを表示する仕組みとした。「教科」の考え方について「国語」を例に説明すると，高校の科目では「国語総合・現代文・古典・漢文」等が教科「国語」に分類される。これらの科目の評定点を平均し，共通テストの「国語」の得点との相関をグラフ化した。また，各教科のデータ数が 3 以上の場合にはプロットしたデータをもとに回帰直線（最小二乗法）を作成し，

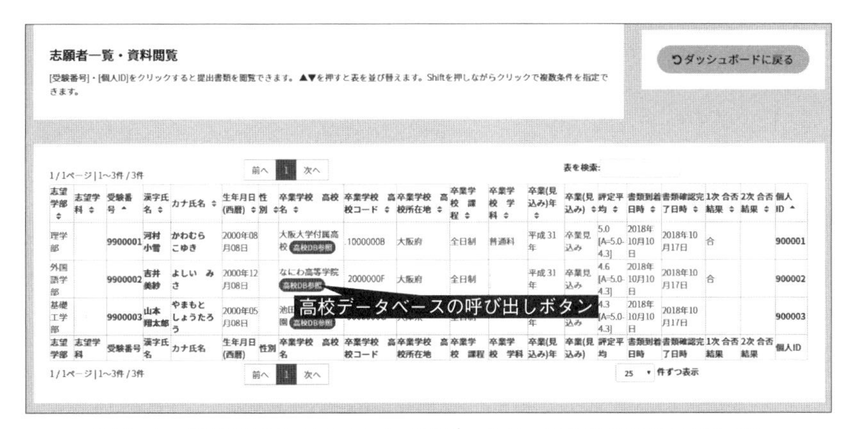

志望学部	志望学科	受験番号	漢字氏名	カナ氏名	生年月日(西暦)	性別	卒業学校 高校名	卒業学校 高校コード	卒業学校 高校所在地	卒業学校 課程	卒業学校 学科	卒業(見込み)年	卒業(見込み)	評定平均	書類到着日時	書類確認完了日時	1次 合否結果	2次 合否結果	個人ID
理学部		9900001	河村小雪	かわむらこゆき	2000年08月08日		大阪大学付属高校 高校DB参照	1000000B	大阪府	全日制	普通科	平成31年	卒業見込み	5.0 [A=5.0-4.3]	2018年10月10日	2018年10月17日	合		900001
外国語学部		9900002	吉井美紗	よしい みさ	2000年12月08日		なにわ高等学院 高校DB参照	2000000F	大阪府	全日制		平成31年	卒業見込み	4.6 [A=5.0-4.3]	2018年10月10日	2018年10月17日	合		900002
基礎工学部		9900003	山本翔太郎	やまもとしょうたろう	2000年05月08日		池田[illegible]園 高校DB参照	[illegible]	[illegible]	[illegible]		[illegible]年	[illegible]込み	4.3 [A=5.0-4.3]	2018年10月10日	2018年10月17日			900003

図 10-4　志願者評価システムから高校データベースを呼出す画面の表示例

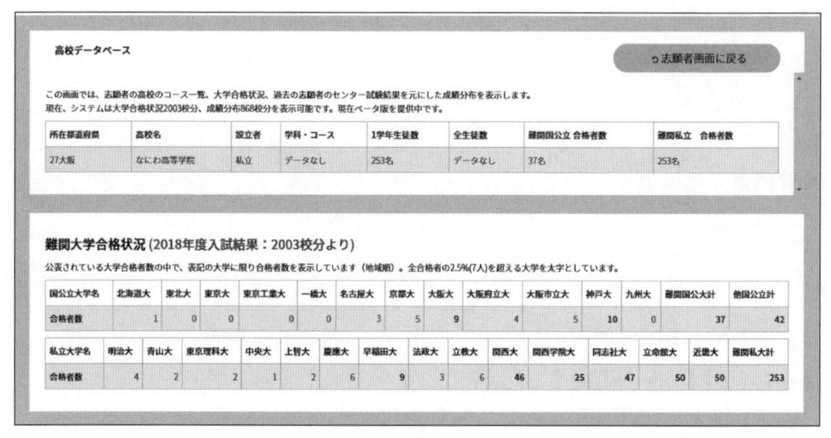
高校データベース
志願者画面に戻る
この画面では、志願者の高校のコース一覧、大学合格状況、過去の志願者のセンター試験結果を元にした成績分布を表示します。
現在、システムは大学合格状況2003校分、成績分布868校分を表示可能です。現在ベータ版を提供中です。
難関大学合格状況 (2018年度入試結果：2003校分より)
公表されている大学合格者数の中で、表記の大学に限り合格者数を表示しています（地域順）。全合格者の2.5%(7人)を超える大学を太字としています。

所在都道府県	高校名	設立者	学科・コース	1学年生徒数	全生徒数	難関国公立 合格者数	難関私立　合格者数
27大阪	なにわ高等学院	私立	データなし	253名	データなし	37名	253名

国公立大学名	北海道大	東北大	東京大	東京工業大	一橋大	名古屋大	京都大	大阪大	大阪府立大	大阪市立大	神戸大	九州大	難関国公大計	他国公立計
合格者数	1	0	0	0	0	3	5	9	4	5	10	0	37	42

私立大学名	明治大	青山大	東京理科大	中央大	上智大	慶應大	早稲田大	法政大	立教大	関西大	関西学院大	同志社大	立命館大	近畿大	難関私大計
合格者数	4	2	2	1	2	6	9	3	6	46	25	47	50	50	253

図 10-5　高校データベース活用画面（1）：大学合格状況の表示例

回帰直線の値と±1標準誤差の範囲を「評定点毎の得点」欄に表示した。**図10-6**の国語を例にとると，評定点の「5」は，共通テストの得点では139.4～169.1点の範囲に約70%の確率で入るということである。

なお，共通テストの得点は，一番新しい年度の得点に合わせて得点を等化し表示している。

(4) 入学者追跡データベース

入学者追跡データベースは，合格者の入学後の状況（GPAや学生調査アンケートや就職結果等）と出願時の状況（入試時成績や提出書類・面接の評価など）を包括的に扱うデータベースである。これは，次に説明する評価分析システムに利用するほか，高校ポートレート（データベース）でもデータを活用することを想定したものである。

このデータベースの活用として，入学者追跡ダッシュボードを作成した。入学時の入試成績・アンケート，大学でのGPA，卒業時の教員評価・学生の自己評価を繋げて表示できるようにした。これによって，入学時のどのような属性が卒業時の評価に結びついているかを手軽に確認できるようになった。

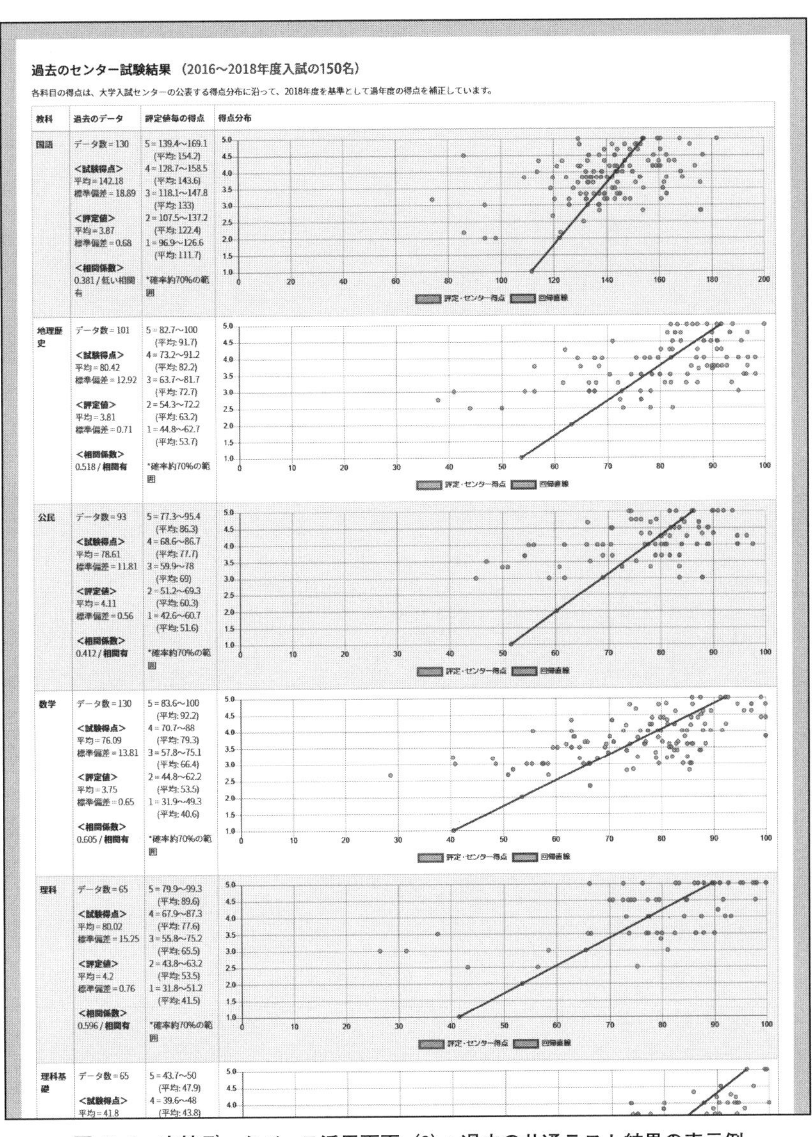

過去のセンター試験結果（2016〜2018年度入試の150名）

各科目の得点は、大学入試センターの公表する得点分布に沿って、2018年度を基準として過年度の得点を補正しています。

教科	過去のデータ	評定値毎の得点	得点分布
国語	データ数＝130 **<試験得点>** 平均＝142.18 標準偏差＝18.89 **<評定値>** 平均＝3.87 標準偏差＝0.68 **<相関係数>** 0.381 / 低い相関有	5＝139.4〜169.1 (平均: 154.2) 4＝128.7〜158.5 (平均: 143.6) 3＝118.1〜147.8 (平均: 133) 2＝107.5〜137.2 (平均: 122.4) 1＝96.9〜126.6 (平均: 111.7) *確率約70%の範囲	評定・センター得点　回帰直線
地理歴史	データ数＝101 **<試験得点>** 平均＝80.42 標準偏差＝12.92 **<評定値>** 平均＝3.81 標準偏差＝0.71 **<相関係数>** 0.518 / **相関有**	5＝82.7〜100 (平均: 91.7) 4＝73.2〜91.2 (平均: 82.2) 3＝63.7〜81.7 (平均: 72.7) 2＝54.3〜72.2 (平均: 63.2) 1＝44.8〜62.7 (平均: 53.7) *確率約70%の範囲	評定・センター得点　回帰直線
公民	データ数＝93 **<試験得点>** 平均＝78.61 標準偏差＝11.81 **<評定値>** 平均＝4.11 標準偏差＝0.56 **<相関係数>** 0.412 / **相関有**	5＝77.3〜95.4 (平均: 86.3) 4＝68.6〜86.7 (平均: 77.7) 3＝59.9〜78 (平均: 69) 2＝51.2〜69.3 (平均: 60.3) 1＝42.6〜60.7 (平均: 51.6) *確率約70%の範囲	評定・センター得点　回帰直線
数学	データ数＝130 **<試験得点>** 平均＝76.09 標準偏差＝13.81 **<評定値>** 平均＝3.75 標準偏差＝0.65 **<相関係数>** 0.605 / **相関有**	5＝83.6〜100 (平均: 92.2) 4＝70.7〜88 (平均: 79.3) 3＝57.8〜75.1 (平均: 66.4) 2＝44.8〜62.2 (平均: 53.5) 1＝31.9〜49.3 (平均: 40.6) *確率約70%の範囲	評定・センター得点　回帰直線
理科	データ数＝65 **<試験得点>** 平均＝80.02 標準偏差＝15.25 **<評定値>** 平均＝4.2 標準偏差＝0.76 **<相関係数>** 0.596 / **相関有**	5＝79.9〜99.3 (平均: 89.6) 4＝67.9〜87.3 (平均: 77.6) 3＝55.8〜75.2 (平均: 65.5) 2＝43.8〜63.2 (平均: 53.5) 1＝31.8〜51.2 (平均: 41.5) *確率約70%の範囲	評定・センター得点　回帰直線
理科基礎	データ数＝65 **<試験得点>** 平均＝41.8	5＝43.7〜50 (平均: 47.9) 4＝39.6〜48 (平均: 43.8)	

図 10-6　高校データベース活用画面（2）：過去の共通テスト結果の表示例

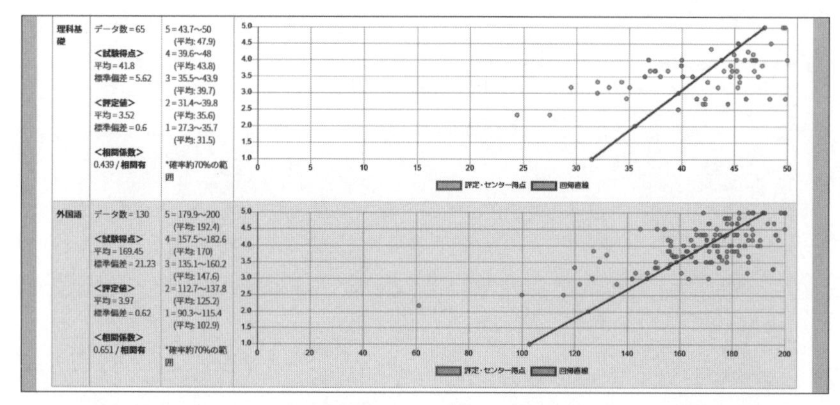

図 10-7　高校データベース活用画面（2）の続き：過去の共通テスト結果の表示例

(5) 評価分析システム

評価分析システムは，多面的・総合的入試の評価方法の検討やアドミッション・ポリシーの妥当性を検討するための分析システムで，入学者追跡データベースの情報や，評価入力システムで登録した評価方法などをもとに検証することを支援するものである。

アドミッション・ポリシーと入学者の評価方法の連動性，入試方式・評価結果と学生の入学後の成功がどのように連動しているのか，調査書と高校ポートレートの関係性の分析などを行うことのできる学部や高校別の分析画面が提示され，将来的には自動的にレポートできることを目指している。

4. DXで躓かないための3つの視点

冒頭にも述べた通り，ほとんどの大学で様々な入試の情報化がなされているものと考えており，これだけを導入すれば問題ないという解は存在しないだろう。そこで，これから新しい時代に向けた入試の効率化，あるいは全体的な見直しでDXを進めたいと考える入試関係者に向け，「開発者」でない人向けのDXの企画立案について3点の視点を述べる。

(1) 丸投げで済ませない

アウトソーシングによって入試業務や入試システムを効率化している大学は多いだろうが，入試実施のノウハウが大学側にしっかり残っているかについて再検討してほしい。付き合いの長い業者で今後もアウトソーシングするということを否定することはないが，少子化が進みマーケットが縮小していくなかで撤退する企業が出たり，今までより価格が高騰したりする事態について想定しておく必要がある。

大学側で入試のノウハウを持ち，他社に変更したり，学内で業務を遂行したりできる状態にしておくこと，競合他社がどのようなサービスを提供しているか，費用がどのくらいなのかなど，時々調査しておくことが不可欠である。

(2) 既存の業務に合わせない

効率化を図るうえでは，既存の業務の手順などが障害になることが少なくない。また，導入するシステムが，既存の業務と違っていたときに，システムを業務に合わせてカスタマイズすると，膨大な費用が発生したり，開発期間が長くなったりする可能性もある。DX はシステムを導入することだけではなく，業務全体の見直しも含み検討することであり，そのなかからより良い方法が発見できる可能性もある。

(3) 初めに完成形のイメージを作らない

非常に重要なことは，「既存の何が問題なのか」「何を実現するか」「どんな効果を出すか」の3点である。これを実現できるものは既存の製品か，開発すべきものかなどは（1）にもあったように競合の他社などは情報収集しておく必要がある。大体よさそうな会社が見つかれば後は，実現に向けて進むのだが，業務の進め方などを共有したうえで，最も効率的な実現方法（予算・開発期間・操作手順など勘案して）を採用することが最も Win-Win になる条件である。

発注するためには大方の場合，「仕様書」が必要になるが，そこに詳細な画面遷移図や機能の一覧など「完成の形」をチラ見せすることは必ずしも必要ではない。逆にそれらが仕様書に存在することで，基本的に守る必要が出るため，仕様書外の合理的・魅力的な提案ができない可能性があるからである。それに対し，前述の３点をもとに最終的に実現しておかなければならない状態を記述しておけば，それがどのように具体化されたかは，納品された（完成した）もので説明できればよいので発注側にとっても，開発側にとっても既存のソフトウェアを「仕様書」に合わせてカスタマイズするためだけに画面設計・開発・テストなどのたくさんの工程を実施しなくて済む可能性がある上，発注者に効率の良い実現方法を提案ができる可能性も生まれる。

5. おわりに

既存でしっかり動作する入試のシステムがあれば新規で開発することはなく，入試業務に「システム開発」や「DX」というのは考える必要がないと考えている入試関係者は少なくないだろう。

しかしながら，特定の会社へのアウトソーシングやソフトウェアの提供によって業務を遂行している場合には，今後事業縮小やコストの増大に関する懸念があることから，様々な競合企業・製品等の情報収集はしておくこと，他大学の事例について可能であれば調べること，入試のノウハウを自大学側で持つようにすることを想定し，入試業務や企画を進めて行くことをおすすめしたい。

注

1） DX レポート（経済産業省 2018）によると，「企業が外部の顧客・市場の破壊的な変化に対応しつつ，内部の組織・文化・従業員の変革を牽引しながら，新たな技術を利用して，新しい製品やサービス，新しいビジネス・モデルを通して，ネットとリアルの両面での顧客エクスペリエンスの変革を図ることで価値を創出し，競争上の優位性を確立すること」（一部読みやすさのため改変）を DX の例として定義している。

2） ただし，高校と大学の双方で合意のある場合には電子的なやりとりが可能なように大学入学者選抜実施要項（文部科学省 2021c）が改正されており，ファイル形式（記述フォーマット）・受け取り方法を双方で確定できれば電子的なやりとりが可能である。

3） 項目反応理論（Item Response Theory）のことで，回答者の能力，問題の特性などを用いて難易度や能力の識別力を測定するためのものである。日本でも英語能力検定，ITパスポートなど様々な能力試験で活用されている。

引用文献

大学通信，2021,「Campus Navi Perfect」『大学通信ONLINE』（https://univ-online.com/, 2021.12.20）.

大学入試センター，2020,「大学入試英語成績提供システム」（https://www.dnc.ac.jp/eigo_seiseki_system/index.html, 2021.12.20）.

叡啓大学，2021,（https://www.eikei.ac.jp/news/details_00182.html, 2021.12.20）.

花堂奈緒子・播磨良輔，2021,「九工大におけるオンライン入試の実施」『教育機関DXシンポアーカイブズサイト』（https://edx.nii.ac.jp/lecture/20210730-06, 2021.12.20）.

平井佑樹，2017,「調査書の評定平均値を用いることによる志願者の基礎学力予測—大学入試センター試験得点率を用いた補正値の利用」『大学入試研究ジャーナル』27: 135-41.

IMS, 2016, "IMS GLOBAL Learning Consortium"（https://www.imsglobal.org/, 2018.3.15）.

JAPAN e-Portfolio, 2017,「文部科学省大学入学者選抜改革推進委託事業（主体性等分野）」（https://www.mext.go.jp/a_menu/koutou/senbatsu/1413458.htm, 2018.3.15）.

河合塾，2018,「教育コンテンツ本部 教育情報部 調査」『令和3年度 阪大アドミッションオフィサー育成プログラム eL1-5資料』.

経済産業省，2018,「DXレポート—ITシステム「2025年の崖」の克服とDXの根本的な展開」（https://www.meti.go.jp/press/2018/09/20180907010/20180907010-3.pdf, 2021.12.20）.

経済産業省，2020,「デジタルトランスフォーメーションの加速に向けた研究会 中間とりまとめ」（https://www.meti.go.jp/shingikai/mono_info_service/digital_transformation_kasoku/20201228_report.html, 2021.12.20）.

林篤裕・伊藤圭・田栗正章，2020,「第6章 大学で実施されている入試研究の実態調査」倉元直樹（編著）『「大学入試学」の誕生』金子書房，78-89.

文部科学省，2016,「卒業認定・学位授与の方針』（ディプロマ・ポリシー），『教育課程編成・実施の方針』（カリキュラム・ポリシー）及び『入学者受入れの方針』（アドミッション・ポリシー）の策定及び運用に関するガイドライン」『中央教育審議会大学分科会大学教育部会』（http://www.mext.go.jp/b_menu/shingi/chukyo/chukyo4/houkoku/__icsFiles/afieldfile/2016/04/01/1369248_01_1.pdf, 2018.3.15）.

文部科学省，2017,「大学入学者選抜改革推進委託事業」（http://www.mext.go.jp/a_menu/koutou/senbatsu/1397824.htm, 2018.3.15）.

文部科学省，2019,「大学入学者選抜改革推進委託事業」（https://www.mext.go.jp/b_menu/boshu/detail/__icsFiles/afieldfile/2019/02/06/1413083_007_1.pdf, 2021.12.20）.

文部科学省，2021a,「新型コロナウイルス感染症に対応するための個別試験におけるオンラインの活用」『大学入試のあり方に関する検討会議』（https://www.mext.go.jp/content/20210707-mxt_daigakuc02-000016687_12.pdf, 2021.12.20）.

文部科学省，2021b，「第 5 回配布資料」『大学入学者選抜協議会』（https://www.mext.go.jp/content/20210820-mxt_daigakuc02-000017543_6.pdf, 2021.12.20）.
文部科学省，2021c，「令和 4 年度大学入学者選抜実施要項」（https://www.mext.go.jp/content/20210617-mxt_daigakuc02-000010813_1.pdf, 2021.12.20）.
西郡大・園田泰正・兒玉浩明，2019，「一般入試における「主体性等」評価に向けた評価支援システムの開発」『大学入試研究ジャーナル』29: 1-6.
西郡大・福井寿雄・園田泰正，2020，「一般入試における主体性等評価の導入とその結果—特色加点制度に対する高校教員の不安と受容」『大学入試研究ジャーナル』30: 1-7.
佐賀大学アドミッションセンター，2017，「佐賀大学版 CBT の開発・実施」（https://www.sao.saga-u.ac.jp/admission_center/reform/cbt/, 2021.12.20）.
繁桝算男（編著），2014，「第 3 章 テストの現代化と大学入試」『新しい時代の大学入試』金子書房，57-78.

Ⅳ

多面的・総合的評価の方法論

Ⅳ部では，「多面的・総合的評価の方法論」として，大学入試専門家が知っておくべきアドミッション・ポリシー（AP）の設定の方法から，それをどのようなやり方で評価し，最終的に合否を決める方法を設定するかという一連の流れについて解説する。

大学入学者の選抜における多面的・総合的評価は，学力試験のみによる選抜と対比して考えられがちである。しかし，多面的・総合的評価は「求める人材像」を選抜するための方法のひとつであって，それ自体の実施が目的ではない。

そのため，まず全ての入試において必要となる，アドミッション・ポリシー（AP）の設定，特に大学として求める人材像と評価方法を設定する方法論からスタートする。その後，それをもとにした多面的・総合的評価のための評価基準（ルーブリック）の作り方，具体的な評価方法としての書類審査，面接審査のやり方などの各論へと話を進める。

第11章　アドミッション・ポリシーの設定

山下　仁司

1. アドミッション・ポリシーは何で構成されるか

まず，この章ではアドミッション・ポリシーの設定の考え方について解説する。2016年に中央教育審議会大学分科会大学教育部会より提出された『「卒業認定・学位授与の方針」（ディプロマ・ポリシー），「教育課程編成・実施の方針」（カリキュラム・ポリシー）及び「入学者受入れの方針」（アドミッション・ポリシー）の策定及び運用に関するガイドライン』（文部科学省 2016）（以下，ガイドラインと略称）によれば，アドミッション・ポリシーは「各大学，学部・学科等の教育理念，ディプロマ・ポリシー，カリキュラム・ポリシーに基づく教育内容等を踏まえ，どのように入学者を受け入れるかを定める基本的な方針であり，受け入れる学生に求める学習成果（『学力の3要素[1]』についてどのような成果を求めるか）を示すもの」となっている。

また，同ガイドラインでは，個別の留意事項において，「・ディプロマ・ポリシー及びカリキュラム・ポリシーを踏まえるとともに，『学力の3要素』を念頭に置き，入学前にどのような多様な能力をどのようにして身に付けてきた学生を求めているか，入学後にどのような能力をどのようにして身に付けられる学生を求めているかなど，多様な学生を評価できるような入学者選抜の在り方について，できる限り具体的に示すこと。また，必要に応じ，入学前に学習しておくことが期待される内容についても示すこと。・入学者選抜において，アドミッション・ポリシーを具現化するためにどのような評価方法を多角的に活用するのか，それぞれの評価方法をどの程度の比重で扱うのか等を具体的に示すこと」としている。これらを図示すると，**図 11-1** の

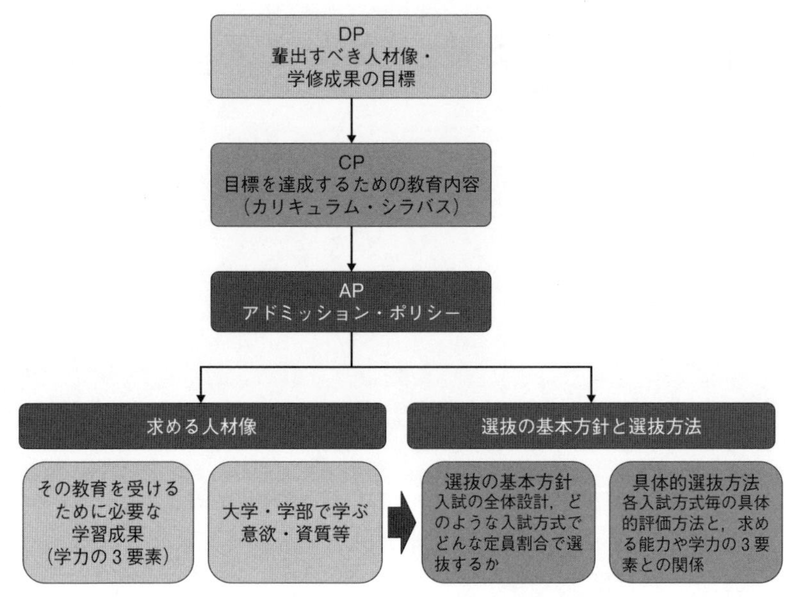

図 11-1　DP・CP・AP と求める人材像の関係

ような形になる。

このように，求める人材像の羅列だけでなく，それをどのような入試方式と評価方法で評価し，選抜を行うのかを示したものがアドミッション・ポリシーである。

2. AP 策定のプロセス 1：「求める人材像」を定める

アドミッション・ポリシーは，大学の各学部がどのような人材を望むかによるので，入試専門家自身が AP を直接作成できるわけではない。しかしながら，大学として AP を策定し公表する必要がある以上，その策定のプロセスに積極的に関わり，何をどのように決めるかを依頼し，取りまとめてゆく必要がある。そこで，各部局にどのような議論をしてもらってその成果を求める必要があるかを説明していこう。

まず，「求める人材像」の策定が必要である。観点は２つあり，**図 11-1** にあるように DP・CP それぞれの観点から議論をする必要がある。

(1) ディプロマ・ポリシーの観点から

①自学部は，どのような人材を輩出することで社会に貢献するか
②自学部が輩出する人材の最も特徴的な点は何か

各学部のDPを個々の学生が卒業時に達成するために，入学時に基盤として持っておくべき資質，高校生のうちに身につけておくべき能力，経験しておくべきことは何かを議論する。その際，後述するが，DPを達成するための入学時の最低限のレベルはどの程度かを議論する必要がある。初めから完成された人はいないので，どんな能力や資質，経験が最低限あれば4年後にDPを達成できるかという観点で考えるべきである。

(2) カリキュラム・ポリシーの観点から

①自学部の教育を受けるために必要な学習成果は何か？（学力の3要素）
②自学部の教育で特徴的なことは何か，それに必要な資質は何か

次に検討するのは，CPの観点である。学部で学ぶ専門の学問の基盤となる教科・科目知識や，その望ましいレベルはどういうものかを検討する。また，学部での教育の特徴から，持っていると望ましい能力や資質を考える。例えば，その学部でグループワークの授業が多いのであれば，グループで活動するための協働性，積極性，論理性，リーダーシップ等が要件の候補となる。それらをまとめ，学力の3要素との関係を整理する。

なお，すべての能力・資質を「必須」で求めることができない場合は，リメディアルによる補足も必要である。そのようなことも鑑みながら，求める人材像をまとめていくのである。

以上を総合して**表11-1**に具体例を含めて示した。架空の国立大学の社会科学系学部の例として，各項目での問いへの答えと，そこから導き出される人材要件を抽出した例をまとめている。見出し行下の1行目を使って説明すると，DPとして輩出すべき人材像が「地元の課題を主体的に発見し，グローバルな視点で専門の知識を使って解決することで社会に貢献する」であるとする。その場合，入学時に持っておいてほしい資質や能力は「社会への貢献意欲，地元についての関心，知識，世界で活躍したいというオープン・マ

表 11-1 「求める人材像」策定のために話し合うべき観点

	話し合うべき「問い」	（仮想）A学部（社会科学系）の場合	求める人材要件	備考
DPから	自学部は，どのような人材を輩出することで，社会に貢献するか	地元の課題を主体的に発見し，グローバルな視点で専門の知識を使って解決することで社会に貢献する	• 社会への貢献意欲 • 地元についての関心と知識 • 世界で活躍する志向性	
	自学部が輩出する人材の最も特徴的な点は何か	地元の人達や，行政に対してビジョンを提案できる力	• 学習，クラブ活動，課外活動，ボランティアなどで主体的に（自分事として）考え，目標を構想したことのある経験	
CPから	自学部の教育を受けるために必要な学習成果は何か？ （学力の 3 要素）	• レポート・プレゼンテーションなどの授業 • データを分析し，課題を発見する授業を行う	• 国語の学力（読解力・文章表現力） • 数学の能力，特に確率・統計，微分・積分の高 2 の平均的レベル以上 • 英語の能力（英検 2 級以上）	能力が低くても入学させざるを得ない場合はリメディアルを検討
	自学部の教育で特徴的なことは何か	• フィールドワークの授業が必修	• コミュニケーション能力 • 協働で何かを成し遂げた経験 • 主体性，積極性	

インドがあること」などとなる。このように検討していくことで，求める人材像をより具体的に明示できるようになる。

3. AP 策定のプロセス 2：「選抜の基本方針」を定める

選抜の基本方針とは，どのような入試方式で，どのような定員割合で入試を行うかという大まかな方針である。詳細は，第 9 章の「入試設計の進め方」で解説しているので，簡単に概要を記す。

選抜の基本方針としては，2. で検討した求める人材像の要件のうち，どのような資質・能力を重点的に，どの選抜方式と評価方法で行うのかを，定員割合とともに明示的に説明できるようにしなくてはならない。

国公立大学の場合は，入試区分として総合型（特色のある入試を含む），学校推薦型，一般選抜（前期・中期・後期）のそれぞれの特徴と，定員などを検討して設定する。公立の場合は，それらに加え地域枠の設定なども含まれる。

私立大学の場合は総合型（特色のある入試を含む），学校推薦型（指定校，一般・自己推薦），一般選抜（前期・中期・後期，共通テスト利用入試，全学総合入試等）の設定を検討する。

4. AP策定のプロセス3：「具体的な選抜方法」を定める

次に，実施する入試方式ごとに，詳細の選抜方法を検討する。**表11-2**に，検討すべき項目の一覧を挙げている。各項目のうち実施内容を考える際には，求める人材像の要素のうちどの項目をどの方法で評価するのかを検討する。例えば，基礎学力は共通テストで評価する，といったことである。そうすることで，「なぜこの入試では面接を行うのか」「小論文で評価すべきことは何である」といった繋がりを学内で共有し，かつ受験生に明示できるようになる。

人材像の要件とそれを評価する方法の繋がりが理解できれば，受験生にとっても何がどのように評価されるのかがわかるので安心材料となるだろう。『大学入試の在り方に関する検討会議　提言』でも，入学志願者への教育上の配慮として「合格に向けてどのように取り組めばよいかが明確で，努力が報われるものであることが重要である」と述べている（文部科学省 2021: 4）。

表11-2　具体的な選抜方法を検討するための検討項目リスト

検討項目		実施	求める人材像との関係				
期間	出願期間・実施日程		人材像①	人材像②	人材像③	人材像④	人材像⑤
実施内容	学力検査科目・方式（共通テストの科目）・配点						
	学力検査科目・方式（独自試験の科目）・配点						
	書類審査：調査書に加え，どのような書類を求めるか 評価方法，配点						
	面接・口頭試問：評価方法，配点						
	小論文：方式・配点						
	その他（模擬講義とレポートなど）						

実施する入試方式ごとに検討・作成

表 11-3 （仮想） A 学部の総合型選抜の具体的な選抜方法例

総合型選抜の具体例		実施	求める人材像との関係				
期間	出願期間　11 月 1 日～10 日 実施日程　12 月 10 日		人材像①	人材像②	人材像③	人材像④	人材像⑤
実施内容	共通テストを利用　(900 点満点)	○			○		○
	個別学力検査なし						
	書類審査：調査書，志望理由書 (300 点満点)	○	○	○	○	○	
	面接：個別面接　(500 点満点)	○		○		○	○
	小論文：課題解決型テーマの小論文 (200 点満点)	○		○			○
	その他　英検 2 級以上を出願要件とする	○			○		
人材像の項目	①社会への貢献意欲 ②地元についての関心と知識 ③世界で活躍する意欲と一定の英語力 ④様々なフィールドで実践的活動に参加する行動力 ⑤データを使って客観的に問題を発見し，解決に導く数学的素養						

実施する入試方式ごとに検討・作成

表 11-3 に，**表 11-1** で示した架空の学部における例を示した。これは，総合型選抜の例であるが，このような形で，選抜の基本方針で定めた各入試区分・方式ごとに検討する必要がある。

5. 具体的な AP を文章にまとめる

ここまで検討が終われば，あとは AP を文章としてまとめるだけである。試みに，これまで示してきたA学部の AP を文章にまとめてみよう。**図 11-2** にその内容を記している。これはひとつの例であって，記述の仕方はそれぞれの大学で決めてゆけばよい。例えば，文章ではなく項目を箇条書きにするなどの方法が考えられる。

また，これに，関係性を理解しやすいように，求める人材像との関係を**表 11-3** のようなマトリックスにして添付することも有効である。

【求める人材像】
A学部は，大学全体の教育目標のもと，地元の社会課題を主体的に発見し，グローバルな視点で専門の知識を使って解決することで社会に貢献することのできる人材の育成を目標としています。
そのため，専門の知識を身につける学習に加えてフィールドワークを多用し，データを駆使しながら地元の人たちや，行政との議論を重ねるような実践的学びを行います。そのような学びを行うために
- 社会への貢献意欲
- 地元についての関心と知識
- 世界で活躍する意欲と一定の英語力
- 様々なフィールドで実践的活動に参加する行動力
- データを使って客観的に問題を発見し，解決に導く数学的素養

を備えている学生を強く求めています。

【入学者選抜の基本方針】
A学部が掲げる教育方針を実践するため，総合型選抜と，一般選抜による選抜を行います。
総合型選抜では，必要な基礎学力に加え，語学力と社会貢献意欲や行動力などのコンピテンシーを重点的に評価し，定員の3割を選抜します。
一般選抜では，主に総合的な学力・リテラシーを備えているかを重点的に評価し，定員の7割を選抜します。具体的な選抜方法は以下の通りです。

【具体的選抜方法と，求める資質・能力との関係】
(一般選抜)
大学入試共通テストでは，国語，数学，社会（地歴，公民)，理科，外国語の5教科の受験が必要です。共通テストでは，5教科のバランスの取れた基礎学力を評価します。
個別学力検査（前期日程試験）では，国語，数学，外国語を課します。個別学力検査での国語によって，日本語の文章の読解力や表現力を評価します。数学では，統計や情報処理の学修に必要な数学の基礎学力と数学的考え方に基づいた論理的思考力を評価します。外国語では，英語の基本的学力や読解力とともに，英語による表現力を評価します。
(総合型選抜)
志望理由及び高等学校在学期間に相当する期間に行った特筆すべき活動内容について調査書，志望理由書から第一次選考（書類選考）として評価し，第一次選考合格者には，小論文と面接を課すことで，社会貢献意欲，課題発見・解決能力，協調性と学習意欲などを評価します。そして，一般選抜と同様の大学入試共通テストの試験科目を課すことにより基礎学力をあわせて評価し，多面的で総合的な選抜を行います。

図 11-2 （仮想） A学部のAPイメージ

6. AP策定時の注意点

最後に，AP策定時の注意事項を記しておこう[2)]。

① AP に DP の内容を記さないこと

理想を考えていると，どうしても AP の内容が DP そのものになってしまいがちである。DP をはじめから達成できているのであれば，大学で学ぶ意味はない。また，そのような人材はほぼいないので，DP を 4 年間で達成するために入学時に備えておいてほしい意欲や資質・能力の観点で検討すべきである。

②全てを備える理想的人材はいないことを念頭に置く

求める人材像のすべてを備えている人材はおそらくいないだろう。そうすると，AP を守れば入学できる者は皆無ということになりかねない。入学時にはどんなレベルの資質・能力を求めるかをある程度現実に照らして無理のない記述にするべきである。また，のちの話にも関連するが，求める資質・能力を必要条件（それがなければ不合格）と十分条件（必要条件を満たしたうえで，それがあれば合格候補となる）と考えることも有効である。

③入試方式と関連性，実現性のない資質・能力は含めない

どの入試区分，評価方法でも評価のできない人材要件は記入しても無駄であるし，受験生を混乱させかねない。**表 11-3** のようなマトリックスを作ってみた時，求める人材像の列に○のつかない空白があったら，それは評価できない項目であるので見直しが必要である。

注

1） 学力の 3 要素とは，「1　知識・技能，2　思考力・判断力・表現力　3　主体性を持って多様な人々と協働して学ぶ態度」である。

2） 本注意事項は，第 1 回大阪大学 HAO（Handai Admission Officer）育成プログラム 佐賀大学　西郡大先生講義資料「アドミッション・ポリシーの明確化 1 ・ 2」（2016）を元に筆者が改編したものであり，文責は筆者にある。

引用文献

文部科学省，2016，「「卒業認定・学位授与の方針」（ディプロマ・ポリシー），「教育課程編成・実施の方針」（カリキュラム・ポリシー）及び「入学者受入れの方針」（アドミッション・ポリシー）の策定及び運用に関するガイドライン」『中央教育審議会大学分科会大学教育部会資料』（https://www.mext.go.jp/b_menu/shingi/chukyo/

chukyo4/houkoku/__icsFiles/afieldfile/2016/04/01/1369248_01_1.pdf, 2021.10.31).
文部科学省, 2021,「大学入試のあり方に関する検討会議 提言」『大学入試のあり方に関する検討会議資料』(https://www.mext.go.jp/content/20210707-mxt_daigakuc02-000016687_13.pdf, 2021.7.12).

第12章　アドミッション・ポリシーからの評価ルーブリックの作成

山下　仁司

この章では，これまでに検討してきたアドミッション・ポリシーを，具体的に評価ルーブリックに落とし込んで，書類審査や面接などの多面的・総合的評価を行うための準備をどのように進めるかについて解説を行う。

図12-1に，その手順を簡単に図示している。APから人材像を評価する対象として抽出した後，まずその定義や内容について検討する。その後，その評価項目の重要度や性格を判断した後，ルーブリックに落とし込むという手順となる。最後に書かれている合否のアルゴリズムは後程章を改めて解説する。

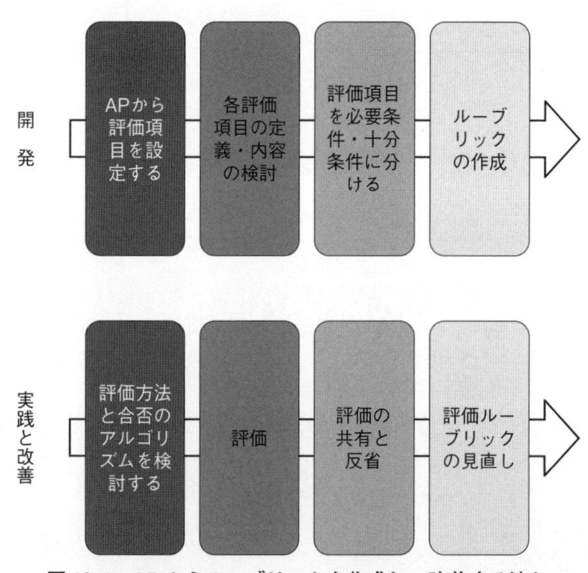

図12-1　APからルーブリックを作成し，改善する流れ

1. APから評価項目を抽出し，その定義と内容を検討する

第11章で述べた通り，DPにおける輩出を目標とする人材要件と，CPでの自学部の教育の特徴と学修に必要な資質・能力をもとに，「求める人材像」を設定した。仮想のA学部の例では，例えば「地元に関する関心や知識」などが求める人材像として抽出された。このようなAPから評価のためのルーブリックを作成する実践は，実際に大塚（2021）などの報告にも見られるようになってきている（大塚・喜村 2021）。

ただし，APで掲げた求める人材要件をそのまま評価項目にできるわけではない。上に挙げた「地元に関する関心や知識」をそのまま項目としたとして，評価者の理解が誰にとっても同じであるとは限らない。ある評価者は，「地元が好き」かどうかで評価しようとし，別の評価者は「地元の問題についての課題意識」を評価するかもしれない。

そこで，各人材要件の定義とその下位要素を検討する必要がある。例えば，これまで使用してきた仮想のA学部の求める人材像は以下の5点であったが，書類審査や面接などのルーブリックにするために再整理すると，**表12-1**のようになる。

- 社会への貢献意欲
- 地元についての関心と知識
- 世界で活躍する意欲と一定の英語力
- 様々なフィールドで実践的活動に参加する行動力
- データを使って客観的に問題を発見し，解決に導く数学的素養

なお，これら下位項目の考え方であるが，人材要件によって異なるため一概には言えないが，概ね「知識，スキル・能力，志向性・意欲」の観点から定義できないかを検討するとよいだろう。

また，例えば「リーダーシップ」等の項目を立てたとすると，世の中に存在するリーダーシップ論などをひとわたり確認のうえで下位項目を検討すべきである[1)]。「リーダーシップ」と言うと，人によってはグループを強力に引っ張っていくイメージとかを持ってややネガティブにとらえる場合もあるが，「引っ張っていく」ことのみがリーダーシップではない。リーダーシップ理

表 12-1　求める人材像の定義と下位項目の例

評価項目	定義	下位項目
①社会への貢献意欲	地元のみならず，社会全体に対して，何かで自分を役立てたい，貢献したいと考えている	他者・社会に対する貢献意欲がある
		大学で学問を学ぶ目的が，他者貢献に繋がっている
②地元についての関心と知識	地元地域に対して，何らかの課題意識を持っている。地元での特定の事柄に関し，関心や知識を持っている	地元の課題・問題を自分なりに指摘・定義できる
		地元地域に関する知識（地理，歴史，人口構成，産業等）
③世界で活躍する意欲と語学力	世界に出ていくことについて意欲的である。グローバルに物事を考えていく習慣	世界に対する興味・関心，志向性
		地理，歴史に関する知識
		英語の 4 技能における実践的コミュニケーション能力
④様々なフィールドで実践的活動に参加する行動力	自ら他者と協働して課題を解決し，動こうとする	主体性（自ら引き受けようとする姿勢，責任感）
		行動力（目標を立て，計画し，実行する力）
		協働性（他者の状況を慮り，必要な協調的行動を取れる）
⑤数理的課題解決能力	客観的データを使って，課題を発見し解決に導こうとする姿勢と数理的能力	文章やデータから意味を汲み取る分析力・理解力
		論理的に物事を表現する表現力
		数理的能力のうち，代数，幾何，統計の基礎学力

論のなかの行動理論では目標達成のための論理的思考力と，組織を感情的にまとめ上げる情意的コミュニケーションの両方を必要とするという考えもあるし，リーダーの地位にいなくても組織のために何が必要かを考え行動するサーバント・リーダーシップという考え方もある（Greenleaf 2008）。

以上，求める人材像の定義と下位項目の検討を行ってきた。これからもこの仮想のA学部の例を適宜使用しながら解説を行う。**表 12-1** の例で言えば第 11 章で検討したように，①～④について，書類審査，面接で確認することになるのでこれらについてのルーブリック作成を行うことにする。

ちなみに，⑤の数理的課題解決能力は，一般選抜では各学力テスト（共通テスト，個別学力検査）の数学で測ることになるが，設定では総合型選抜の小論文でも評価することになっている。その場合，小論文のテーマを検討する際に，上記の下位項目が参考となる。つまり，そのような小論文は，何らかの課題についてデータを分析して本質の問題を定義し，解決するような内容になる必要があり，そのための読解やデータ処理を要する資料を提示するものにすべきだ，ということである。

2. 評価項目を必要条件，十分条件に分けておく

評価項目をルーブリックにする前に，もうひとつ検討しておいた方がよいことは，この項目を「必要条件・十分条件に分けておく」ということである。その理由は，前にも述べた通り「全てを備えた完璧な生徒はいない」からである。全部の評価項目を等しく扱うのではなく，この項目の評価が高くなければ（不可であれば）合格できない（＝必要条件），この項目を備えていれば加点的に評価する（＝十分条件）といった具合に仕分けておく。

このことは，後に述べる合否アルゴリズムにも関わることであるが，例えば上記の例では「社会への貢献意欲」がなければ学部で学ぶ意味がないと判断されれば，積極的には合格できない，といった判断の重要な観点となるだろう。

3. ルーブリック（Rubric）のパターン

ルーブリックを作成する前に，まずルーブリックとは何かを解説しておこう。ルーブリックとは，「評価または採点する際に適用する基準を明記したリストまたは図表」である（Suskie 2009: 141）。基本的には，その構成要素は「評価項目（観点）」と「評価尺度」で構成されており，よく見かける例としては表側（ひょうそく）に評価項目，表頭に評価尺度が配されたマトリックスの形をとっている（**図 12-2**）。また，評価尺度の定義としてどのように評価するか，少なくとも最高レベルはどのような状態かを定義するための評価基準を含めるものもある（Stevens・Levi 2013）。

ルーブリックには絶対的な正しい姿があるわけではなく，使用する目的にあわせて使い勝手のよいものを作るとよいと考えられている。それでは，上

	評価尺度 1	評価尺度 2	評価尺度 3
評価項目（観点） 1	評価基準 1-1	評価基準 1-1	評価基準 1-1
評価項目（観点） 2	評価基準 2-1	評価基準 2-1	評価基準 2-1
評価項目（観点） 3	評価基準 3-1	評価基準 3-1	評価基準 3-1

図 12-2 ルーブリックの基本要素

記（Stevens・Levi 2013）を参考に，ルーブリックのパターンのいくつかを見ていこう。

(1) チェックリスト形式のルーブリック

図 12-3 は，グループディスカッションにおける，観察評価のためのルーブリックの例である。評価観点は複数あるが，評価基準はなく，それぞれに該当する行動が見られたらチェックを入れる。集計の方法としては，チェックのついた項目の数を合計するとか，特に重要な項目にウエイトをかけて合計点を出すなどの方式がある。

(2) 共通尺度によるルーブリック

図 12-4 は，共通尺度によるルーブリックの例である。評価項目は複数あるが，それぞれ「見られない～期待以上」までの，同じ尺度で構成されている。このタイプは，それぞれの評価項目がある程度同一の基準で評価できる場合には有効である。ただし，各項目の難しさの違いや評価対象となる情報の有無を反映できないため，項目内容によっては0ばかり付くなど特定の評価に集中するといったことが起こる場合がある。

(3) 評価尺度に観点別定義を入れたルーブリック

次の例は，各尺度のところに観点別の定義を入れたルーブリックである。

有無	評価項目	備考
□	テーマに沿って議論ができている	
□	自分の意見を明確に持ち，それを表現している	
□	自分の意見を論理的・効果的に相手に伝えられている	
□	相手の意見に耳を傾け，異なる意見も公平に検討しようとしている	
□	グループの目標に向けて，協力していこうとする姿勢がある	
□	議論がテーマから外れたり隘路に向かっている時修正する	
□	グループ全体の議論をまとめたり，補足したりする	
	合計点　　　/7　pts	

図 12-3　チェックリスト型ルーブリックの例

出典：Stevens, Levi 2013 等をもとに筆者が作成。以下同じ

評価項目	定義	見られない	やや感じられる	期待された水準にある	期待以上の水準にある
①社会への貢献意欲	地元のみならず，社会全体に対して，何かで自分を役立てたい，貢献したいと考えている	0	1	2	3
②地元についての関心と知識	地元地域に対して，何らかの課題意識を持っている。地元での特定の事柄に関し，関心や知識を持っている	0	1	2	3
③世界で活躍する意欲	世界に出ていくことについて意欲的である。グローバルに物事を考えていく習慣がある	0	1	2	3
④様々なフィールドで実践的活動に参加する行動力	自ら他者と協働して課題を解決し，行動しようとする意志と意欲がある	0	1	2	3
		合計点 /12 pts			

図 12-4　共通尺度型ルーブリックの例

各項目の尺度内に「どの程度であれば，その評価に該当するのか」という説明（Descriptor）を入れ，評価者の主観によるぶれを軽減することができる。

図 12-5 は，仮想のA学部の「数理的課題解決能力」を見るための小論文の評価用ルーブリックの例として作成している。

(4) チェックリスト＋段階評価の混合型ルーブリックの例

最後に，応用として，チェックリストと段階評価を併せたタイプのルーブリックを紹介する。**図 12-6** は，面接評価などで使用する，A学部の評価項目とその下位項目をチェックリストに見立てたものである。

例えば，面接の際に，様々な体験に関する質問から，各下位項目に相当するエピソードなどが見られたらチェックをつけていき，なければ0，ひとつあれば1，複数チェックできれば2と評価するといった使い方を想定している例となる。

評価項目	不可	可	良	優秀
設問課題の理解	設問の文章などから必要な情報をほとんど汲み取れていない。問題の構造をほとんど理解していない	ある程度の理解は有するように見えるが，解答が課題の要求に応えていない	問題の解答に必要な情報を，文章や図表から不正確ながら一定程度把握している	問題の解答に必要な情報を正確に把握している
数理的課題の分析 課題の発見	与えられたデータや資料をほとんど利用していない	資料の分析方法が稚拙で，問題の本質をとらえきれていない	資料・データの分析を適切な方法で行い，課題が定義できている	資料・データの分析を適切な方法で行い，課題が定義できている。さらに，複数の観点からの検討がなされている
論理的説明力	必要な説明がほとんどなされていない	必要な説明はされているが，論理的でない。理由づけが甘い	必要な説明が，意見・理由・分析まで論理的に構成され表現できている	意見・理由・分析・反論の検討と・それへの反証まで説明できている

図 12-5　尺度に説明を入れたルーブリックの例

<table>
<tr><th>評価項目</th><th>下位項目</th><th>チェック</th><th>ない</th><th>ある</th><th>優れている</th></tr>
<tr><td rowspan="2">①社会への貢献意欲</td><td>他者・社会に対する貢献意欲がある</td><td>□</td><td rowspan="2">0</td><td rowspan="2">1</td><td rowspan="2">2</td></tr>
<tr><td>大学で学問を学ぶ目的が，他者貢献につながっている</td><td>□</td></tr>
<tr><td rowspan="2">②地元についての関心と知識</td><td>地元の課題・問題を自分なりに指摘・定義できる</td><td>□</td><td rowspan="2">0</td><td rowspan="2">1</td><td rowspan="2">2</td></tr>
<tr><td>地元地域に関する知識（地理，歴史，人口構成，産業等）</td><td>□</td></tr>
<tr><td rowspan="3">③世界で活躍する意欲と語学力</td><td>世界に対する興味・関心，志向性</td><td>□</td><td rowspan="2">0</td><td rowspan="2">1</td><td rowspan="2">2</td></tr>
<tr><td>地理，歴史に関する知識</td><td>□</td></tr>
<tr><td>英語の 4 技能における実践的コミュニケーション能力</td><td>□</td><td rowspan="2">0</td><td rowspan="2">1</td><td rowspan="2">2</td></tr>
<tr><td rowspan="3">④様々なフィールドで実践的活動に参加する行動力</td><td>主体性（自ら引き受けようとする姿勢，責任感）</td><td>□</td></tr>
<tr><td>行動力（目標を立て，計画し，実行する力）</td><td>□</td><td rowspan="2">0</td><td rowspan="2">1</td><td rowspan="2">2</td></tr>
<tr><td>協働性（他者の状況を慮り，必要な協調的行動を取れる）</td><td>□</td></tr>
</table>

図 12-6　混合型ルーブリックの例

4. 各評価手法におけるルーブリックの整備

以上，これで全てではないが，代表的なルーブリックのパターンを解説してきた。いずれも目的によって使いやすさが変わるので，適切な在り方を検討してほしい。また，第11章APの設定で述べた通り，選抜の基本方針で決めた選抜の方式（書類審査，面接，小論文など）それぞれでどの項目を評価するのかを決定する必要がある。ルーブリック策定において検討すべきことを再度整理しておくと，以下のようになる。

①選抜の方式で，どの評価項目を評価するかを決める

②ルーブリックのパターンを検討する（チェックリスト方式か，評価尺度を設けるか，Descriptorを入れるか，など）

③評価尺度形式であれば，尺度は何段階にするかを検討する

④各評価観点の定義はどうするかを検討する

⑤評価尺度のウエイトはどうするかを検討する

ちなみに，③評価尺度の段階数であるが，決まった数があるわけではないが，3～5段階程度が適当である。Suskieによると，例えば10段階だと評価者によって6と7を一貫して区別することが困難になる恐れがある（Suskie 2009: 152）。

5. ルーブリックの見直しと改訂

ルーブリックは，一旦完成したらそれで終わりではない。以下のような手順で，ルーブリックの見直しを行って，改善を加えていかなくてはならない。

①実際に，書類審査や面接などで複数の採点者で評価・採点する

②受験者の面接での評価や答案のパフォーマンスに対して，以下のような観点でルーブリックについての情報を集める

- 評価結果が評価者間で大きく違わない観点は何か。結果のずれの大きい観点は何か（後に述べる統計的分析を行う）
- 段階数は適切であったか，ほとんど散らばりのない項目はなかったか
- 十分に評価ができる内容であったか（評価者に対するアンケート等）
- 評価者から見て，理解しやすかったか（同上）

③評価項目・評価観点の見直しや，新しい観点の検討，尺度の在り方の検討を行う。

以上が，ルーブリックの作り方とその運用のあらましである。ルーブリックの検証やその改善の事例としては，中切らの研究に詳しい事例があるので参考になる（中切ほか 2020）。

6. 終わりに：多様な人材による学習環境の整備に向けて

多面的・総合的評価による入学者選抜の目的のひとつは，多様な教育・研究の環境づくりである。2018 年に出された「2040 年に向けた高等教育のグランドデザイン（答申）」でも，「高等教育は多様な価値観を持つ多様な人材が集まることにより新たな価値が創造される場」となることが必要であるとされている（文部科学省 2018: 14）。

テストの点数のみによらない入学者選抜によって，多様な人材を受け入れることで，学びの場での議論が活性化し，様々な価値観によって学生の視野が拡大し，学生の成長が期待できる。そのためには，多様な観点による評価だけでなく，合格者の決め方も工夫しなくてはならない。次章では，その合格者の決め方「合否決定アルゴリズム」を概観することにする。

注

1） 例えば，ハーバード・ビジネス・レビュー編集部，2018，『ハーバード・ビジネス・レビュー リーダーシップ論文ベスト 10 リーダーシップの教科書（Harvard Business Review Press)』ダイヤモンド社などを参照のこと。

引用文献

Greenleaf, Robert K., Spears, Larry C. ed., 2002, Servant Leadership: A Journey into the Nature of Legitimate Power and Greatness, Mahwah: Paulist Press.（= 2008, 金井壽宏（編），金井真弓（訳），『サーバントリーダーシップ』英治出版.）

文部科学省，2018，「2040 年に向けた高等教育のグランドデザイン（答申）」(https://www.mext.go.jp/component/b_menu/shingi/toushin/__icsFiles/afieldfile/2018/12/20/1411360_1_1_1.pdf, 2021.11.30).

中切正人・橋本康弘・宮下伊吉・大久保貢，2020，「総合型選抜・学校推薦型選抜を見

据えたパフォーマンス評価の研究—パフォーマンス課題の実践とルーブリックの分析」『大学入試研究ジャーナル』30: 234-241.

大塚智子・喜村仁詞，2021，「一般選抜における活動報告書の評価項目の作成方法—「主体性を持って多様な人々と協働して学ぶ態度」のAPに基づく評価」『大学入試研究ジャーナル』31: 380-5

Stevens, Dannelle D., Levi, Antonia J., 2013, *Introduction to Rubrics: An Assessment Tool to Save Grading Time, Convey Effective Feedback, and Promote Student Learning Feedback, and Promote Student Learning, Sterling, 2nd edition,* Stylus Publishing.（= 2014，佐藤浩章ほか（訳），『大学教員のためのルーブリック評価入門』玉川大学出版部）

Suskie, Linda, 2009, *Assessing Student Learning: A Common Sense Guide,* Jossey-Bass（= 2015，齋藤聖子（訳），『学生の学びを測る—アセスメント・ガイドブック』玉川大学出版部）

Zieky, Michael J., Perie, Marianne, Livingston, Samuel A., 2008, *Cutscores: A Manual for Setting Standards of Performance on Educational and Occupational Tests,* Princeton: Educational Testing Service.

第13章 合否決定アルゴリズムに関する検討

山下 仁司

合否決定アルゴリズムとは，どのように合否を決定するかの考え方，決定方法のことである。そう言うと，大半の読者は「テストや面接などの評価を点数化して，合計し，上から順に定員までを合格させる」方法をすぐに思い浮かべると思われる。しかしながら，合否決定の方法は数量的方法だけではなく，総合的・質的な判断も存在する。そこで，ここで合否決定アルゴリズムについて，基本的なところを整理しておこう。なお，ここからの整理は，本書にも登場するUC San Diego入試部長のJim Rawlins（元大阪大学招聘教授）の解説に基づく（大阪大学高等教育・入試研究開発センター 2020）。また一部，筆者の考えに基づく修正が入っていることをお断りしておく。

1. 合否決定アルゴリズムの3つのパターン

細かい違いを含めると様々な合否決定アルゴリズムがあるが，大別すると合否決定の方法は，次の3つに分類される[1)]。

①点数化・合計点による順位づけ（相対評価による決定）

②総合的選抜（True Holistic）

③相対評価と絶対評価の併用

表13-1に，それぞれの説明とメリット・デメリットを記している。それでは，それぞれの方式に関して解説していこう。

2. 点数化・合計点による順位づけ（相対評価による決定）

これは最も一般的な合否決定の方式である。テスト（共通テストや個別学力

表 13-1　合否決定方式の概要

合否決定方式	説明	メリット	デメリット
点数化・合計点による順位づけ（相対評価による決定）	テスト得点，書類・面接評価などにおける，評価項目をそれぞれウエイトをかけて点数化し，得点を合計する。合計点の上位から順番に並べて，定員までを合格とする	• 数量的・客観的に合否が決められる • 合否決定が早くできる	• 特定の資質や能力の優れた学生などの，質的な分類での合否決定がしにくい • 定員まで合格にした時，必要とする学力最低基準を底割れする（キャズムが生じる）可能性がある
総合的選抜（True Holistic）	テスト得点，書類・面接評価など，全ての情報を総合し，合議制などによって合否を決定する	特定の資質や能力の優れた学生などの，質的な分類での合否決定が可能	• 合否基準が不明確であるとの批判を受けやすい • 評価に時間がかかる • 評価者の十分な訓練，評価の確認や監査の体制が必要
絶対評価と相対評価の併用（半 Holistic）	①評価基準のうち「必要条件を満たしている者」をまず一次合格として選抜する。（絶対評価）例えば，テスト得点や書類審査などで絞り込む ②その選ばれた者のうち，「十分条件を満たしている者」を，総合的に判断して合格者を決定する。例えば，面接などで特に優れていると判断できる者を合格させるなど。また，KO（ノックアウト）要件により不合格とするなども含む	特定の資質や能力の優れた学生などの，質的な分類での合否決定が可能	• 質的判断などは成績開示などではデータを表示しにくい • 評価に時間がかかる

試験）得点，書類，面接などの評価を全て点数に換算し，またウエイトをかけて（傾斜配点ともいう）合計して得点の高い順に並べて定員（または歩留まりを見込んだ規定数）までを合格とする。ここで，各評価方式の配点，テストなどの教科・科目別の配点を入学者に必要な資質や能力の観点から合理的に配点を決める方法のひとつを紹介しよう。

図 13-1 は，関連樹木法（Relevance Tree）という配点を決める方法の例である。入学者に必要な資質や能力を大きな要素から順にブレークダウンしていく。このあたりは，AP を決める手順と同じである。そして，それぞれの枝分かれした先の下位項目内の要素の重要度の割合を合計が 1 になるように決めていく。決める際には，例えば教員ら複数の関係者に主観的な意見を聞

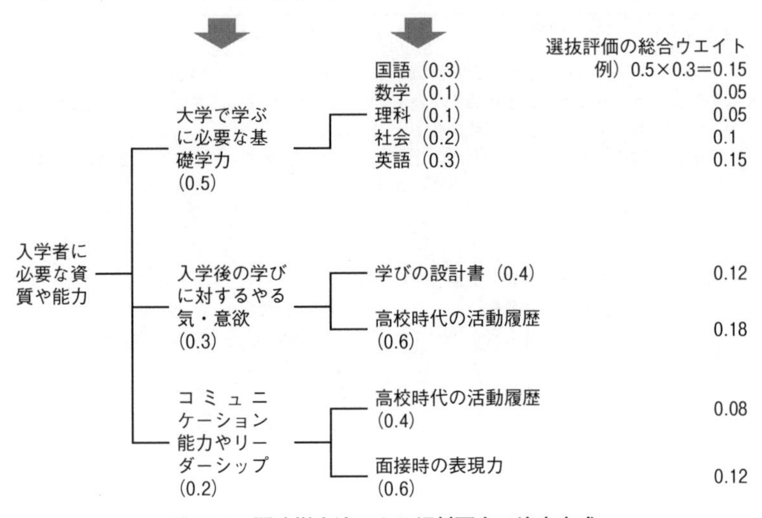

図 13-1　関連樹木法による傾斜配点の決定方式

出典：大村 1983 をもとに筆者作成

き，デルファイ法[2]等を利用して決める。最終的に，それらを掛け合わせることで，全体のなかの各下位項目の評価の総合ウエイトを決めることができる（大村 1983: 137-140）。

もちろん，評価方法の配点は志願者の増減や入学者の質を決める要素となる重要なポイントである。そのため，これが唯一の決め方ではないことには留意が必要である。例えば，国公立大の場合は共通テストの配点を大きくすれば，共通テストで高得点が取れた志願者が集まりやすくなる。逆にすると，共通テストでは失敗しても個別学力テストで挽回を期する志願者が集まりやすくなる。

また，私立大学で個別学力試験のうち，特定の教科・科目の配点を大きくする方式は一般的に行われている。なかには，受験生が事前に自分の得意科目を登録し，それを高配点化して合否決定をするという方式などの工夫を行っている大学もある[3]。

この他に挙げておくべきアルゴリズムの例として，一般選抜における多面的・総合的評価導入の試みがある。「学力試験によっては測ることのできない能力や態度をより適切に評価」するため，調査書や志願者の作成する書類，面接などの活用が一般選抜においても要請されている（国立大学協会 2017）。

佐賀大学では試験の得点の合否ボーダー付近の志願者を対象に，書類を使って多面的・総合的に評価し特別に点数を加算する入試方式が実践されている（西郡ほか 2020）。これは，特色加点制度といい，一般入試の志願者が希望し，出願時に求められる書類を提出すれば，書類での評価を加算するという方式である。対象となるのは全ての受験生ではなく，加点しても合否結果に影響が生じない学力検査の得点上位層と下位層を除いた受験者層であり，合否を早く決定しなくてはならない日程のなかで，一部ではあるが学力成績のみによらない選抜を実現できている。

3. 総合的選抜（True Holistic）

以上の数量的手法に対し，米国の一部の大学で行われているのは，True Holistic と言われる総合的選抜である。最もオーソドックスな例を挙げれば，ハーバード大学ではSAT 等の標準テストのスコア，調査書，推薦書，エッセイ，卒業生による面接結果などを踏まえたうえで，アドミッション・オフィサーの投票で合否を決定する。各アドミッション・オフィサーが評価する過程では，様々な観点からルーブリックなどによる評価・評点化作業なども行うが，最終的には議論と投票で合否を決めるという方式をとっている。

ちなみに，筆者は 2018 年にハーバード大学で行われている Harvard Summer Institute on College Admissions という入試専門家育成のプログラムに参加した。その内容のひとつとして，実際の書類を見ながら総合的に合否を判断する研修を受けたが，実際に対象学生を受け入れるかどうか，上記のような形で決められていた。

米国でこのような方式が採用されるようになったのは，様々な歴史的経緯・社会的背景があり，詳しくは触れない。しかし，例えばハーバード大学の調査によると，学部で約 2,000 人弱の定員に対し，米国内志願者だけでSAT Math の満点者が 3,400 人以上，SAT Verbal の満点者が 2,700 人以上いたそうである。そのため，単純に学力のみで序列化して選抜を行うことは不可能であり，総合的に判断せざるを得ないという事情がある。（Harvard University 2021）

また，Rawlins によれば，True Holistic であっても，調査書やエッセイ，

SAT などを総合的に判断する「学業の評価」と，志望理由書や推薦書，面接などから総合的に判断する「個人的資質の評価」を分けてそれぞれ評価尺度化し，それらの合計で判断するなど様々なバリエーションが存在する。さらに，この方式は評価の等質性を保つため，評価者の徹底した訓練と監査などが必要である（大阪大学高等教育・入試研究開発センター 2020: 36-37）。

4. 絶対評価と相対評価の併用（半 Holistic）

併用型とは，数量化と総合的評価の中間をとって合否決定をするアルゴリズムである。例えば，共通テスト・個別学力検査などで学力の最低基準を満たした者を一次合格として，その後に書類審査や面接などで総合的に評価を行い，最終合否を決める。その際に，評価観点の評価などの情報を点数に変換して合計するのではなく，総合的に決定する方式を言う。

そのようにする理由は，数量化で全ての情報を数値に置き換えてしまうのでは，折角の面接等での質的な評価が活かされない場合があるからである。例えば，非常に優れた探究学習の成果がある志願者で，是非とも合格させたいと思っても，総合点で定員の水準に達していなければ合格にはできない（もちろん，必要条件である学力が低い場合などは，不合格とせざるを得ないであろうが）。

このような選抜方法を取っている例として，韓国のソウル大学の事例が挙げられる。同大学で行っている学校推薦型の早期入試では，まず書類審査を行って定員の 2 倍に絞り込んだ後，面接で総合的に合格者を決定する。この段階ではまだ合否は確定ではなく，その後行われる大学修学能力試験で定められた最低学力基準の点数（級）を満たすことで合格が確定する（2016 年時点での情報）（大阪大学高等教育・入試研究開発センター 2020: 92-93）。

ここで，本当に合格させたい志願者を合格させられるようなアルゴリズムの在り方として，以下のような方式を例として提案したい。まず，必要条件とする学力などの最低基準を決定する。次に，十分条件の評価項目ごとに合格させる割合を決める。

例えば，評価項目が「学問への傾倒・意欲，リーダーシップ，コミュニケーション，創造性」であるとすると，この 4 つの項目についてルーブリックを使用して評価し，最も優れた項目の評価を対象に合格させる割合を決める

(以下はイメージである)。
①学問への傾倒・意欲が特に高い者：定員の20%
②リーダーシップに優れている者：定員の20%
③コミュニケーションに優れている者：定員の50%
④創造性に優れている者：定員の10%

このように，十分条件のそれぞれの評価項目の枠内で合格者（最高評価のついた者から順番にそれぞれの定員まで）を決めていく。各定員の割合は目安であり，歩留まりを考えた人数を設定すればよい。この方式であれば，恣意的に特定の志願者を選ぶのではなく，ある程度客観的に，目指す志願者を適切な割合で入学させることができるのではないかと考えられる。

5. 終わりに

これまで,「合否決定アルゴリズム」に関する基本的な考え方を整理してきた。多様な人材を受け入れ，キャンパスを活性化させることを英語では「Shaping the Class」と言うが，それを実現するためには，合格者を決めるアルゴリズムも十分検討しておかなくてはならない。全ての評価の情報を数値にするというのは，情報を2次元に圧縮してしまうということである。多面的・総合的に評価し，それによって多様な学びの環境を実現させるには，複数の評価軸を多元的に設定して合否の基準を決める工夫をするということにほかならない。

注

1） 第3章のRawlinsの分類では，ホリスティックアプローチを数値尺度，名義尺度，完全ホリスティックの3種類に分けていたが，名義尺度も結果を数値化するとすれば厳密には数値尺度の1種類である。そのため，ここでは筆者独自の分類を提案している。

2） デルファイ法とは，関係者にアンケートを行い，その結果を回答者にフィードバックして再考させ再度回答する，というプロセスを何度か繰り返すことで，全体の意見を収斂させる意見の集約方式の一種である。

3） 「得意科目重視型」等と呼ばれ，例えば國學院大學A日程等で行われている（2021年現在)。

引用文献

Harvard University, 2021, "HARVARD ADMISSIONS LAWSUIT", (https://admissionscase.harvard.edu/key-points, 2021.11.30).

国立大学協会, 2017,「2020年度以降の国立大学の入学者選抜制度―国立大学協会の基本方針」(https://www.janu.jp/wp/wp-content/uploads/2021/03/20171110-wnew-nyushi1-1.pdf, 2021.11.30).

西郡大・福井寿雄・園田泰正, 2020,「一般入試における主体性等評価の導入とその結果―特色加点制度に対する高校教員の不安と受容」『大学入試研究ジャーナル』30: 1-7.

大村平, 1983,『評価と数量化のはなし』日科技連出版社, 1990.

大阪大学高等教育・入試研究開発センター, 2020, 大阪大学高等教育・入試研究開発センター「多面的・総合的な評価への転換を図る入学者選抜改善システム構築」事業(平成28年度〜令和3年度)中間報告書」(https://chega.osaka-u.ac.jp/report/202004142467/, 2021.12.1).

Zieky, Michael J., Perie, Marianne, Livingston, Samuel A., 2008, *Cutscores: A Manual for Setting Standards of Performance on Educational and Occupational Tests*, Princeton: Educational Testing Service.

第14章 書類審査の実際と進め方

山下　仁司

この章では，多面的・総合的評価の大きな要素のひとつである，書類審査の考え方や進め方に関して解説していく。これまで，APを整備することで評価観点を導き出し，それをルーブリックにする方法と，合否アルゴリズムについて述べてきた。いよいよ，実際のルーブリックを使った書類審査について検討するが，まず，準備・検討しなくてはならないことを整理しておこう。

①APの評価すべき項目のなかで，書類審査で評価するものを仕分ける
②そのために求める書類の在り方を設計する
③書類審査の手順・方法を設計する
④審査結果の分析と，書類・ルーブリック・評価の方法などの課題を洗い出し，改善する

それでは，ひとつひとつ順に確認していこう。

1. 書類の種類

書類審査では，まず調査書の活用が頭に思い浮かぶ。2022（令和4）年度の大学入学者選抜実施要項では，「各大学は，入学者の選抜に当たり，（中略）調査書を十分に活用する」と記載されている（文部科学省 2021a）。また，同文書には，調査書とは別に，資格・検定試験等の活用や志願者本人が記載する資料等の活用として，「大学入学希望理由書，学修計画書，活動報告書」なども記されている。

多面的・総合的評価のための書類審査において活用可能な書類を挙げると，以下のようになるだろう。

①高校などの学校が用意するもの
- 調査書
- 推薦書（公式文書）
- 推薦書・志願者評価書（クラス担任等が，大学の求めに応じて志願者の長所や推薦理由などを記入するもの）
- その他の証明書類（生徒が書いた活動報告を裏書きするもの，コピーで提出された検定試験の合格証の真正性を保証するもの等）

②生徒本人が作成するもの
- 志望理由書
- 自己推薦書（自己推薦入試などで使用。自己評価を書くもの）
- 活動報告書（高校時代の生徒会などの役職，部活動，留学，ボランティアなどの課外活動等の概要や期間を記入するもの）
- 研究概要書（特に，高校時代の探究や研究活動などの内容を概要としてまとめたもの）
- 学びの設計書（大学で何をしたいかなどを中心に書くもの）
- エッセイ（大学が課す課題に対するエッセイ）

③生徒本人が用意するもの
- 高校時代の探究や研究活動などのレポート，論文
- 高校時代の活動を証明するもの（各種大会や学会への参加証，ボランティア活動などの証明）
- 各種資格・検定などの合格証やスコア証明書（原本，または高校の証明つきの書類のコピー）

概ねこういったものを，提出書類として求めることができる。上記の書類のなかには，一部内容が重なるものも存在する。例えば前述の文科省の選抜実施要項では，「活動報告書」の例として，(1) 学業に関する活動のうち①学内で行う探究活動，部活動，生徒会活動など，②学外で行うボランティア・留学など，(2) 課題研究等に関する活動，(3) 資格・検定などを記す欄を含むフォーマットを示している。

なお，調査書の様式については，「大学入学者選抜における多面的な評価の在り方に関する協力者会議」などの提言を踏まえ，2025（令和７）年度より表裏１面ずつの１枚に戻されることになっている（文部科学省 2021b)。これは，電子調査書への移行を前提として出された「平成 33 年度大学入学者

表 14-1　評価内容と書類の関係

評価する内容		学校等が用意するもの	志願者が作成・用意するもの	備考
学力の評価	一般的学力・教科学力	調査書（第１面）	学力系の資格・検定などの合格証明書（英語や数学の検定試験など）	
	思考力・論述力		大学が課題を課すエッセイ	
意欲 ・志望動機 ・学問・専攻への傾倒（学習意欲） ・社会貢献意欲 などを確認するもの		調査書（第２面） 志願者評価書（推薦書）	志望理由書 学習計画書 活動報告書（研究概要書） 学問・専攻に関係する研究の成果の論文・レポートや，活動の成果	
資質（主体性・協働性・リーダーシップなど）を確認するもの		調査書（第２面） 志願者評価書（推薦書）	学習計画書 活動報告書 学問・専攻に関係する研究の成果の論文・レポートや，活動の成果	・資質に関しては，評価するために工夫が必要

選抜実施要項の見直しに係る予告の改正について（通知）」で定められた現行の調査書（項目が詳細に記され，枚数も任意）を再び簡素なものに戻すものである。

2. 各書類は，どのような評価に使用されるか

ここで，前に挙げた書類が，どのようなことを評価するのに使用可能かを整理しておこう。**表 14-1** は，評価内容の概要とその書類でどのようなことを評価できる可能性があるかを整理したものである。

このうち，学力については，調査書の第１面での評定値や志願者が提出する各種の資格や検定試験などで評価を行うことができる。また，後で紹介するが，出願時に大学が提示するテーマでエッセイを提出させることで，志願者の論理的思考力や論述力などの一種の学力を評価する試みもある。

「志願者の意欲」つまり志望動機や学部での学問・専攻への意欲，また社会に貢献したいといった「志（こころざし）」などは，志望理由書や学習計画書などを提出させることである程度評価することができる。特に，「学問への傾倒・学ぶ意欲」は高校時代に行った実際の研究成果などを提出させるといったことで客観的に評価可能である。「○○という研究がしたい～」とい

うことを書かせなくても，高校で研究を実際に行った成果があれば，その学問に対する意欲は一応認めることができるだろう。

最後の志願者の「資質」については，少し工夫が必要である。例えば「リーダーシップ」を評価したいとして，生徒会長をしたとか，部活動でのキャプテンを行ったなどの情報は一応それを見るにふさわしいものではあるが，それで本当にリーダーシップがあると判断できるだろうか。どのような書類を求めるか，という点は後程考察する。

3. 調査書による学力の確認方法と入試専門家の役割

書類による学力の評価では，まず調査書の評定点を参照することになるだろう。評定点は調査書の第1面に5段階で各教科・科目の評価が学期ごとに記されており，また出願時までの全ての成績を平均した「評定平均値」が提示されている。

成績評価で「評定平均値」だけを見るのではもったいない。APにあわせて，大学での授業についてこられるかを予測するために，例えば理系なら数学や理科など教科・科目別の評価を確認すべきである。さらに，科目の平均値だけでなく，成績が低学年から上昇基調にあるのか，下降基調にあるのかなどにも留意する。

筆者らが行った調査で，デンバー大学の書類審査では成績の上昇・下降を受験者の学びへのモチベーションを見る観点も含めて評価している。平均が低くても，上昇基調にあればもともと学力・能力は高いとみなせる。また，下降基調の場合，何か成績の下がる原因があったのかを他の情報などを探ることで理解しようとする。

ここで基礎知識として知っておくべきは，現在の評定値は「当該教科・科目の目標や内容に照らし，その実現状況を評価する，目標に準拠した評価（Criterion Referenced）」であることである。（文部科学省 2019）以前のような「集団準拠（Norm Referenced）の評価」ではない。極端なことを言えばある教科について全員が5である（学習目標を満たした）可能性もある。その状況を確認するために，現行の調査書では第1面の下端に志願者本人のA～Eの段階別成績と，その高校における「成績段階別人数」つまり各段階にその学校では何人いたかを示すようになっている[1)]（**図 14-1**）。

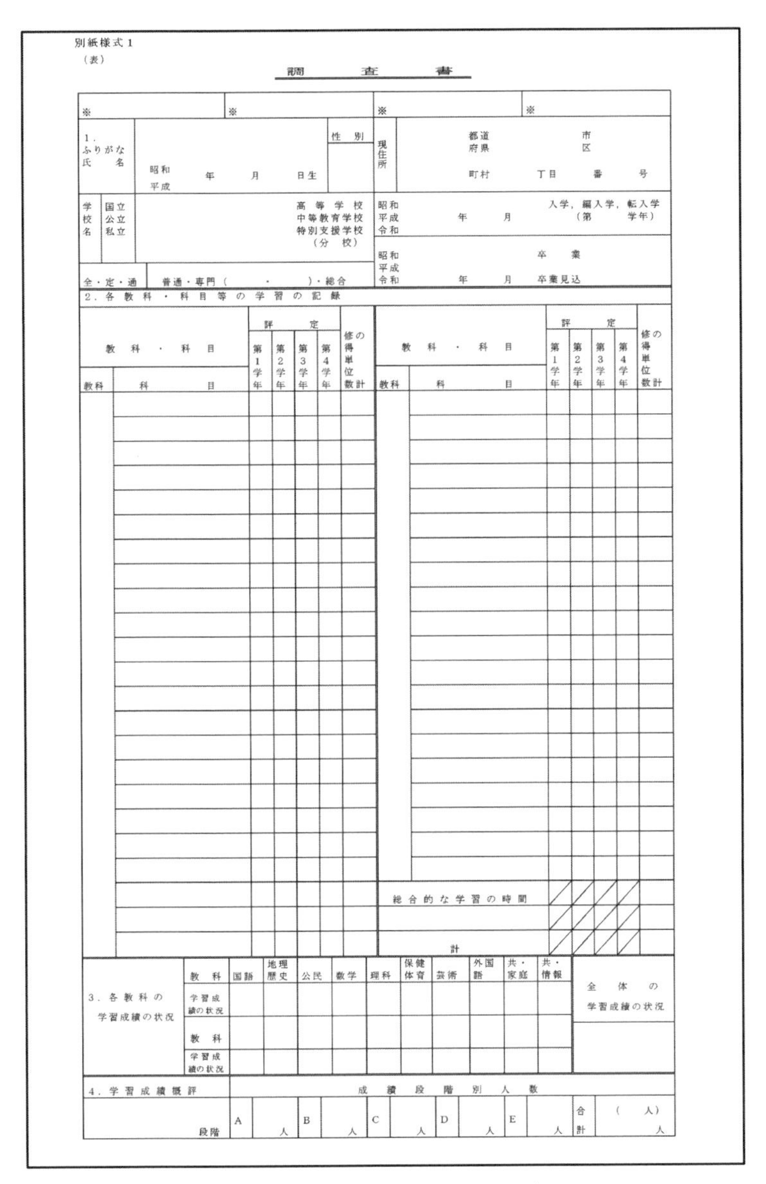

別紙様式1
（表）

調　　査　　書

※	※	※	※

1．ふりがな 氏　名	昭和 平成　年　月　日生	性　別	現住所	都道府県　市区 町村　丁目　番　号
学校名	国立 公立 私立	高等学校 中等教育学校 特別支援学校 （分　校）	昭和 平成 令和　年　月	入学，編入学，転入学 （第　学年）
全・定・通	普通・専門（　・　）・総合		昭和 平成 令和　年　月	卒　業 卒業見込

2．各教科・科目等の学習の記録

教科	科目	評定 第1学年	評定 第2学年	評定 第3学年	評定 第4学年	修得単位数の計	教科	科目	評定 第1学年	評定 第2学年	評定 第3学年	評定 第4学年	修得単位数の計
							総合的な学習の時間						
							計						

3．各教科の学習成績の状況	教科	国語	地理歴史	公民	数学	理科	保健体育	芸術	外国語	共・家庭	共・情報	全体の学習成績の状況
	学習成績の状況											
	教科											
	学習成績の状況											

4．学習成績概評	成績段階別人数										
段階	A	人	B	人	C	人	D	人	E	人	合計（　人）人

図 14-1　調査書第1面のイメージ

成績情報が目標準拠で示されるため，自大学に出願する各高校の教育の特徴や内容に関する情報をできるだけ多く集め，評価者に提示して客観的な評価が行えるよう整備することが入試専門家の役割のひとつである。筆者らの調査では，米国でも，韓国でもアドミッション・オフィサーのオフシーズンの仕事は，各高校を回ることである。それは，入試広報としての意味合いもあるが，自大学に出願する高校の教育内容を知るための情報収集も兼ねている。その高校では，どのような人材育成方針のもと，どのような特徴のある教育を行っているのか。どんな教科書を使用しているのか，どんな内容の授業を行っているかを実際に見学する場合もある。このように，志願者の各高校における教育情報を整備し，評価者がそれを参照できるような環境を整備することが必要である。

4. 出願時課題エッセイに関する実践

学力に関する書類として調査書，資格・検定以外に提出させうるものに，出願時に記入させるエッセイ・小論文がある。日本ではあまり見かけないが，米国タフツ大（Tufts University）の事例を簡単に紹介しよう（Sternberg 2010: 118-188）。

タフツ大では，2007 年より一部学部で出願時に，任意である種のエッセイを書いて提出させる Kaleidoscope Project が行われた。タフツ大では合否は総合的に決めるので，この課題に回答していなくてもそれによって不合格になることはない。志願者は，複数提示されている課題をひとつ選んで 250～400 語のエッセイを書き，Common Application という Web 出願システムに入力する。

2007 年の課題の一部（7 題ある）は以下のようなものである（訳は筆者による）。

> 1. ハーバード大のフリードマン教授によると，「ある人の本棚は，自分自身を理解するための航海に向かうための母港である」とのことです。あなたは，どんな本（フィクションでも，ノンフィクションでも）を自分の本棚に持っていますか？　そしてその理由を述べなさい。
>
> （中略）

4. 以下のトピックのひとつを使って，短いお話を作りなさい。
  a. MTV の終焉（注：MTV は米国の音楽専門ケーブルチャンネル）
  b. 中学時代のいじめ
（以下略）

これらの課題は志願者の批判的思考，創造力，実践力，思考力を評価することを目的としている。同書の著者 Sternberg によると，追跡調査の結果は，このエッセイの評価と入学後の成功にはある程度の相関が認められるとのことである。「学力」というと教科学力を思い浮かべるが，このような学力の評価法もあり得るということで紹介する。なお，他者による代筆の可能性等については後にまとめて論考する。

5. 「志願者の意欲」をどう評価するか

志願者の意欲，特に学問に対する意欲を評価するための書類として考えられるものは志望理由書や学びの設計書である。

例えば，京都大学教育学部の特色入試では，「学びの設計書（志望理由書）」というタイトルで次のようなことをＡ４用紙１枚ずつ記述させる（項目は学部によって変わる）。①その学部に入学を希望する理由，②大学で何を目標にどのように学びたいか（学びの設計），③大学卒業後，大学で学んだことをどのように活かしたいか（京都大学 2021）。

志望理由書や学びの設計書などでの評価すべきポイントは，いかに本当の「やる気・意欲」を見抜けるか，だろう。例えば，自分が大学に入って行いたいことにどれだけ具体性があるかは，目標や目的の明確さだけでなく，
- 自大学に入ればそれが可能であることを調べている
- 計画に実行項目やスケジュールが明示され，具体性と実現可能性がある
- 学問であれば，学問分野についての理解がある。関連する書籍を読んでいる

などが読み取れるかがポイントになるだろう。

その点では，高校時代に行った同じ学問に関連する探究や研究成果があれば，それを提示させることで学問・専攻への意欲は明確にわかる。文学部歴史学科であれば，歴史に関する探究，理学部生物学科であれば，生物に関す

る研究や実験などの成果である。

ただし，探究活動等はグループで行うことも多く，本当に本人がその活動でどのように関わり，その学問にどれだけ興味を持って活動していたかは，成果のみではわからない場合が多い。そのため，単に成果を提出させるだけでなく，研究概要説明書などで背景情報を書かせるとよい。例として，関西学院大学の探究評価型入試では，探究活動の概要説明書に１人で行った研究か，グループで行ったものかなど，どのように活動を行ったか等が細かくわかるフォーマットを用意して，その点が理解しやすくなるように工夫しているので参考になる（関西学院大学 2021）。

6.「志願者の資質」をどう評価するか

ここで言う志願者の「資質」とは，評価項目のうちの「主体性，行動力，協働性，リーダーシップ」などを指す。もちろん，書類審査のルーブリックにこのような項目が含まれなければ評価する必要はないが，通常は調査書の第２面以降や，活動報告書などから主体性などを評価することになる。例えば調査書の出席日数から「真面目さ」を読み取る場合もあり得る。

先に述べたように，志願者の提出した書類からこのようなことを読み取るには工夫が必要である。生徒会長や部活動のキャプテンなど，活動の実績のみからリーダーシップがあるかどうか判断するのは難しいと述べたが，それはその情報のみからは「リーダーとして本当にうまくいっていたのかがわからない」からである。

同様に，例えば志願者が行った課外活動，ボランティア活動，留学などの数のみから主体性を判断できるか，というと疑問が残る。もちろん，数や期間を主体性評価としていけないわけではない。例として，大塚らの実践では，活動報告書の活動量・期間を主体性評価の一部として含めている（大塚・喜村 2021）。

これに関して，活動実績の評価として志願者や高校教員などから質問が多いのは，活動の数や成果の質に関するものである。つまり，実績は多ければ多いほど評価されるのか，県大会優勝よりも全国大会優勝の方が評価されるか，といったことに大学として明確な方針を持って答えなくてはならない。

実績の数を評価することが悪いわけではないが，筆者としては，西郡らが佐賀大学の特色加点制度の報告のなかで行っている説明を支持したい。特色加点制度では，「申請する実績・活動を通して身につけた能力・スキルや経験などが，大学入学後の学習や活動にどのように活かせるか」を評価するのであって，実績の数や質を評価するものではないとしている（西郡ほか 2020: 2)。つまり，活動実績報告書などで，単に行った実績などを羅列させるだけでなく，それらのなかから評価対象となる項目に関し，その経験で得た能力やスキル，志願者本人の考えなどについて説明をさせるなどの工夫が有効であるということである。

この点に関しては，第 15 章の面接評価における「コンピテンシー」の考え方に通じるものがあるのでそちらも参照していただきたい。

7. 書類審査の限界

当然ながら，書類審査ですべての評価項目が評価できるわけではない。前出の大塚らは，「協働性を探究活動で見ようとしても，一人で行った研究では評価できない」などの限界について言及している。この点については，少なくとも AP の必要条件としての評価項目で求めるのであれば，確実にそれが評価可能な書類の提出を求めるべきである。例えば，「協働性」を書類審査で評価するのであれば，活動報告書の提出を求める際に，「これまであなたが学校や学校外で他の人たちと協働で行ったことの成果と，自分自身の役割，成果を出すために工夫したことや，そこから得られたことなどを記入して下さい」などの条件をつけて提出させる，といった工夫が必要である。ただ，これでも評価可能なものには限界はあることを理解して全体を設計すべきである。

また，志願者に書類を作成させて提出させる場合は，少なくとも教師などの指導が行われることは覚悟しておいた方がよい。場合によったら他者による代筆の可能性も考えられる。その場合に備えられることは以下の通りである。

①可能なら，別途行う面接などで，確かに本人が書いたかどうかを，内容に関する質問を行って確認する。また，募集要項に面接で確認される可能性を示唆しておく

②多面的・総合的に見る選抜方法が書類選考のみであって，面接などで本人

による作成の真偽を確認できない場合は，客観資料のみの提出とそれに基づく評価に限る

③ Web 出願システムなどに直接入力させる方式とし，デジタルデータの剽窃チェッカーなどで類似文章の存在の確認を行う（アナログの手書き資料では，チェックできない）

いずれにせよ，そのようなことをしても益はない，という制度にしておくことが肝要である。

8. 書類審査の準備と進め方

以上，求める人材像の何をどのような書類で評価するかの押さえるべきポイントを解説してきた。書類のフォーマットと，ルーブリックは用意できたとして，次に，実際に書類審査を行うための準備事項を解説していこう。まず審査を進めるために決めるべきは以下のようなことである。

①基礎条件の確認：志願者人数，評価者の動員可能人数，評価期間

②志願者１人につき，評価者何人で評価するかの設計

③書類のコピー，配布の手配

④評価結果のデータ受け渡し，集計の方法の設計

⑤最終評価決定の方法の検討

⑥審査の振り返りと改善

①と②は，相互作用関係がある。志願者数が多く，評価者が少なければ自ずと１人の志願者を評価できる人数は限られてしまう。ただ，評価者は最低２名～３名はいた方がよい。よくある方式は，２名で評価して，５段階評価で２段階以上のずれがあれば第３者の評価者が裁定評価を行って評価を確定するといった方式である。ただ，決まった正解があるわけではないので，かけられる資源を使って方針を決める。

③と④については，十分な配慮が必要である。書類審査の書類は，個人情報の塊である。評価者に書類を配布して評価してもらうわけだが，評価者を会議室に集めて評価させ，書類は会議室から出ないようにするなどの配慮が必要である。さらに，評価したデータは確実に受け渡しが可能なように設計する必要がある。

また，文科省の「大学入学者選抜実施要項」でも，個別学力試験の項目で

「個別学力検査における公平性・公正性の確保のため，（中略）採点の際には，受験者の氏名や受験番号をマスキングすること，複数人で採点・点検することなど，不正やミスを防止するための方策を講ずる」（文部科学省 2021a: 6）とあるように，誰の書類かは評価者にわからないように名前をマスキングするなど，十分な配慮を必要とする。

⑤の最終評価決定については，書類審査によって1次合否を確定する場合，書類審査の点数を確定するだけでよい場合など，様々な使用法があるので，それに従って決める。1次合否決定が必要な場合は最低限，複数の評価者で合議して最終案を決め，教授会にかけるなどの必要がある。⑥については，別途解説する。

9. 大阪大学の事例

ここで，書類審査について大阪大学で行っている事例を簡単に紹介する。大阪大学では，独自に書類審査用の「志願者評価システム」を開発し，一部学部・学科で活用している。志願者評価システムでは，PC 上に画像で書類が表示され，それを見ながら評価者が書類審査を行えるようになっている。評価は学内のネットワーク内のみで可能になっており，書類データをダウンロードすることもできない仕様になっている。

評価項目は任意の数が設定でき，点数評価，段階評価など様々な評価方法に対応できるようにしている。さらに，志願者と評価者の割り当て機能や，評価期間設定機能があり，評価結果は自動的に集計され，一覧表化したり平均値を出したりすることもできる。

以上のように「志願者評価システム」の効能として，書類の紛失や個人情報の漏洩の防止，評価データの紛失や集計間違いの防止，評価の効率性の向上と信頼性の向上などが挙げられる。多面的・総合的評価が全ての選抜区分で求められる今，このような仕組みの導入は今後重要な課題となるだろう。

10. 書類審査の改善：信頼性向上に向けて

最後に，書類審査の信頼性の確認を行うための手順を簡単に示しておく。まず，データが集まったら，**表 14-2** のような表を作成する。この例は，志願

表 14-2　ある評価項目の集計表例（5段階評価）

	評価者A	評価者B	評価者C	評価者D	評価者E	評価者F	平均	標準偏差
志願者1	4	2	3				2.8	0.96
志願者2	3	3	4				3.3	0.50
志願者3	4	1	3				2.5	1.29
志願者4	4	2	4				3	1.15
志願者5	5	5	5				4.8	0.50
志願者6	4	1	4				2.8	1.50
志願者7				2	4	3	3.0	1.00
志願者8				3	3	2	2.7	0.58
志願者9				2	3	3	2.7	0.58
				（略）				
平均	4.1	2.3	3.8	2.7	4.2	3.74	3.2	0.87
標準偏差	0.63	1.51	0.75	0.82	1.1	0.78		

者1名につき評価者が3名割り当てられ，5段階評価で評価されている1項目の集計データとなる。実際は，例えば評価項目が3項目あれば同様の表が3つと，評価を合計した表が1つ作成できる。そして，それぞれの志願者毎の平均と標準偏差，評価者毎の平均と標準偏差を求めておく。このような表を作成するためには第16章で解説するようにエクセルで行うと簡単に作成できるので，そちらも参照してほしい。

評価が完了した直後に，このような集計表を作成し，それぞれの評価者グループに提供できれば，評価者がこれを参照しながら評価を修正したりすることができる。また，前述のように2名の評価者で第3者の裁定評価が行われるようなケースでは，問題があった志願者の評価の部分にのみ裁定値が入るような表を作成しておくとよい。

表の見方であるが，まず各志願者の評価の標準偏差（右端）を見ると，この数値（ばらつき）が大きい志願者は3，4，6である。特に評価者Bの評価が低い。その理由は何故かを話し合ってもらって，評価観点にずれなどがないかなどを確認してもらうことができる。

また，垂直方向に評価者の評価の平均値（下から2行目）を見ると，評価者BとDの平均が他の2名よりも低い。逆に，AとEは他の2名よりかなり高い。それは何故かを話し合ってもらう。この場合には評価の基準にずれがある場合があるので，それを話し合ってもらい，修正を行う。また，評価者の標準偏差（最終行）を見ると，評価者Aは全体平均よりもかなり低く，ばらつきが少ないこと（4と5ばかりつけている可能性）がわかる。このような観点で，評価について話し合ってもらうことで全体の評価の妥当性・信頼性を高めることができる。

さらに，このように評価者全員が志願者全員を見られない場合には，例えば志願者4～6は，評価者Cの代わりにDが，7～9はDの代わりにCが評価するといった「入れ子」構造にして，全体の評価の標準化を図る工夫も可能である。

また，本番の評価が始まる前に，過去の志願者の資料（10人程度）を評価者に評価してもらい，上記のような検討を行ってもらうことによって，評価観点と基準を標準化するといった研修を行うこともできる。ぜひ書類審査を実りのあるものにできるよう，以上を参考に改善してもらいたいと思う。

注

1）「調査書を選抜の基礎資料とすること」はいわゆる四六答申によって50年以上前から言われていることであり，現在の共通テストの元祖である共通1次試験は学校間の成績評価の違いを補正する機能を期待されていた（文部科学省 1971）。しかし，現在でも周知の通り調査書の補正は行われていない。

参考文献

慶應義塾大学（2021.12.5）
FIT入試　志願者調書（本人自筆記入），https://www.keio.ac.jp/ja/admissions/docs/fit_shigan.pdf.
自主応募推薦入試　自己推薦書，https://www.keio.ac.jp/ja/admissions/docs/2022_bunsui_jikosuisen.pdf.
FIT入試　自己推薦書1，https://www.keio.ac.jp/ja/admissions/docs/fit_suisen1.pdf.
FIT入試　自己推薦書2　https://www.keio.ac.jp/ja/admissions/docs/fit_suisen2.pdf.
自主応募推薦入試　評価書（高校作成）https://www.keio.ac.jp/ja/admissions/docs/2022_bunsui_hyouka.pdf.

関西学院大学（2021.12.5）
文化芸術活動・ボランティア活動を評価する入学試験　学びの計画書（国際学部），

https://www.kwansei.ac.jp/cms/kwansei_admissions/pdf/2021/kakushu/bunka_volunteer/%E5%AD%A6%E3%81%B3%E3%81%AE%E8%A8%88%E7%94%BB%E6%9B%B8%EF%BC%88%E5%9B%BD%E9%9A%9B%E5%AD%A6%E9%83%A8%EF%BC%89.pdf.

総合選抜入学試験　学びの計画書（経済学部），https://www.kwansei.ac.jp/cms/kwansei_admissions/pdf/2021/kakushu/sougou/%E7%B5%8C%E6%B8%88%E5%AD%A6%E9%83%A8-%E6%89%80%E5%AE%9A%E7%94%A8%E7%B4%99.pdf.

学部特別選抜入試　活動実績報告書（商学部），https://www.kwansei.ac.jp/cms/kwansei_admissions/pdf/2021/kakushu/gakubutokubetsu/%E5%95%86%E5%AD%A6%E9%83%A8_%E6%89%80%E5%AE%9A%E7%94%A8%E7%B4%99.pdf.

学部特別選抜入試　志望理由書（商学部），https://www.kwansei.ac.jp/cms/kwansei_admissions/pdf/2021/kakushu/gakubutokubetsu/%E5%95%86%E5%AD%A6%E9%83%A8_%E6%89%80%E5%AE%9A%E7%94%A8%E7%B4%99.pdf.

グローバル入学試験　志望理由書，https://www.kwansei.ac.jp/cms/kwansei_admissions/pdf/2021/kakushu/global/%E2%85%A0%EF%BC%8E%E5%9B%BD%E9%9A%9B%E7%9A%84%E3%81%AA%E6%B4%BB%E8%BA%8D%E3%82%92%E5%BF%97%E3%81%99%E8%80%85%E3%82%92%E5%AF%BE%E8%B1%A1%E3%81%A8%E3%81%97%E3%81%9F%E5%85%A5%E5%AD%A6%E8%A9%A6%E9%A8%93.pdf.

学部特別選抜入試　事業計画書（商学部：企業志向者・事業承継者），https://www.kwansei.ac.jp/cms/kwansei_admissions/pdf/2021/kakushu/gakubutokubetsu/%E5%95%86%E5%AD%A6%E9%83%A8_%E6%89%80%E5%AE%9A%E7%94%A8%E7%B4%99.pdf.

学部特別選抜入学試験　自己推薦書（国際学部），https://www.kwansei.ac.jp/cms/kwansei_admissions/pdf/2021/kakushu/bunka_volunteer/%E8%87%AA%E5%B7%B1%E6%8E%A8%E8%96%A6%E6%9B%B8%EF%BC%88%E5%9B%BD%E9%9A%9B%E5%AD%A6%E9%83%A8%EF%BC%89.pdf.

総合選抜入学試験　自己推薦書（経済学部），https://www.kwansei.ac.jp/cms/kwansei_admissions/pdf/2021/kakushu/sougou/%E7%B5%8C%E6%B8%88%E5%AD%A6%E9%83%A8-%E6%89%80%E5%AE%9A%E7%94%A8%E7%B4%99.pdf.

探究評価型入学試験　大学入学後の学びの計画書，https://www.kwansei.ac.jp/cms/kwansei_admissions/pdf/2021/kakushu/tankyu/%E5%A4%A7%E5%AD%A6%E5%85%A5%E5%AD%A6%E5%BE%8C%E3%81%AE%E5%AD%A6%E3%81%B3%E3%81%AE%E8%A8%88%E7%94%BB%E6%9B%B8.pdf.

探究評価型入学試験　探究活動の概要説明書，https://www.kwansei.ac.jp/cms/kwansei_admissions/pdf/2021/kakushu/tankyu/%E6%8E%A2%E7%A9%B6%E6%B4%BB%E5%8B%95%E3%81%AE%E6%A6%82%E8%A6%81%E8%AA%AC%E6%98%8E%E6%9B%B8.pdf.

探究評価型入学試験　探究活動を行った授業科目リスト（高校作成），https://www.kwansei.ac.jp/cms/kwansei_admissions/pdf/2021/kakushu/tankyu/%E6%8E%A2

%E7%A9%B6%E6%B4%BB%E5%8B%95%E3%82%92%E8%A1%8C%E3%81%A3%E3%81%9F%E6%8E%88%E6%A5%AD%E7%A7%91%E7%9B%AE%E3%83%AA%E3%82%B9%E3%83%88%EF%BC%88%E6%8B%85%E5%BD%93%E6%95%99%E5%93%A1%E3%81%8C%E4%BD%9C%E6%88%90%EF%BC%89.pdf.

京都大学（2021.11.30）

特色入試　学びの設計書・志望理由書　説明書（教育学部），https://www.kyoto-u.ac.jp/sites/default/files/inline-files/09.r4_activity_report_educ_guide-3e942cd1618ec8e4fc678a4a2ad2c4ba.pdf.

特色入試　学びの設計書・志望理由書（教育学部），https://www.kyoto-u.ac.jp/sites/default/files/inline-files/14.r4_design_plan_educ-d9b7086425f7b05a80e2f30523d3e3c2.pdf.

特色入試　学業活動報告書（高校作成），https://www.kyoto-u.ac.jp/sites/default/files/inline-files/06.r4_activity_report_form-c19f9798c5e4b7c92659016cc187f621.pdf.

九州大学（2021.12.1）

AO入試　活動歴報告書（共創学部），http://admission.kyushu-u.ac.jp/ext/app_doc_ao1_kys_link/ao1_kys_hist.pdf.

AO入試　志望理由書（共創学部），http://admission.kyushu-u.ac.jp/ext/app_doc_ao1_kys_link/ao1_kys_reas.pdf.

東北大学（2021.12.3）

AO入試Ⅲ期　志願理由書，https://www.tnc.tohoku.ac.jp/images/yoko/2022_ao3.pdf.

AO入試Ⅲ期　志願者評価書，https://www.tnc.tohoku.ac.jp/images/yoko/2022_ao3.pdf.

AO入試Ⅲ期　活動報告書・自己評価書，https://www.tnc.tohoku.ac.jp/images/yoko/2022_ao3.pdf.

引用文献

関西学院大学，2021，「探究評価型入学試験」（https://www.kwansei.ac.jp/admissions/admissions_tankyu.html, 2021.12.5）.

京都大学，2021，「令和4年度京都大学特色入試　教育学部用　学びの設計書（志望理由書）」（https://www.kyoto-u.ac.jp/ja/admissions/tokusyoku/doc-download, 2021.11.30）.

文部科学省，1971，「今後における学校教育の総合的な拡充整備のための基本的施策について（答申）（第22回答申（昭和46年6月11日））」（https://www.mext.go.jp/b_menu/shingi/chuuou/toushin/710601.htm#49, 2021.11.30）.

文部科学省，2019，「小学校，中学校，高等学校及び特別支援学校等における児童生徒の学習評価及び指導要録の改善等について（通知）」（https://www.pref.oita.jp/uploaded/attachment/2071557.pdf, 2021.11.10）.

文部科学省，2021a,「令和４年度大学入学者選抜実施要項について（通知）」(https://www.mext.go.jp/content/20210617-mxt_daigakuc02-000010813_1.pdf, 2021.11.30).
文部科学省，2021b,「（別紙２）令和７年度大学入学者選抜実施要項の見直しに係る予告」(https://www.mext.go.jp/content/20210729-mxt_daigakuc02-000005144_3.pdf, 2021.11.30).
西郡大・福井寿雄・園田泰正，2020,「一般入試における主体性等評価の導入とその結果―特色加点制度に対する高校教員の不安と受容『大学入試研究ジャーナル』30: 1-7.
大塚智子・喜村仁詞，2021,「一般選抜における活動報告書の評価項目の作成方法」『大学入試研究ジャーナル』31: 380-385.
Sternberg, Robert J., 2010, *College Admissions for the 21st Century*, Cambridge: Harvard University Press.

第15章 面接審査はどのように進めるか

山下　仁司

この章では，書類審査と並ぶ多面的・総合的選抜の柱である面接審査について解説する。面接審査が書類審査と違うところは，志願者と評価者の間で直接やりとりが生じる部分である。つまり，「どのような質問をするか」がポイントとなる。その点を特に詳しく解説していくが，まずは面接の種類や準備の仕方などから始めていこう。

1. 面接の種類

面接審査と一口に言っても，そのやり方は様々である。一般的な面接で行われている方法を挙げ，それぞれの概要も併せて記すと以下のようになる。

①個人面接

最も一般的な，志願者1名に対し，概ね複数の面接官が質疑応答を行うもの。

②集団面接

志願者複数名に対して，概ね複数の面接官が質疑応答を行うもの。質問は同じ内容で，順番に答えさせるものなどが多い。

③口頭試問

個人面接と形式は同じだが，聞く内容が知識・技能などを主に確認するもの。単に質疑応答をする場合だけでなく，面接の前または最中に課題を与え，解かせるものなどがある。解かせる際には，思考のプロセスを声に出させて思考力や課題解決のプロセスを見たり，模造紙やホワイトボードに回答を書かせ説明力も評価したりするなど様々なものがある[1)]。

④プレゼンテーション

募集要項で指定し，あらかじめ準備した資料などをもとに志願者にプレゼンテーションを行わせ，その後面接官が質疑などを行うもの。志願者が準備した自己アピールや課外活動，研究成果などについてプレゼンテーションさせる。芸術系で行う志願者が作成した作品のポートフォリオの提示や，体育系の実技パフォーマンス審査なども一種のプレゼンテーションと言えるだろう。

⑤集団討議（グループディスカッション）

志願者をランダムにグループに分け，出題されたテーマ・課題に関して議論を行わせるもの[2)]。司会・ファシリテーターは教員等が務める場合と，志願者のなかから選んで行う場合がある。ディスカッションを外から評価者が観察し，評価する場合が多い。

このほかに，近年ではこのような面接を，リモートで行うリモート面接や，面接で聞くような質問をあらかじめ印刷した紙で出題し，筆記による文章で回答させる「ペーパー・インタビュー」（吉村・石井 2021）なども存在する。ペーパー・インタビューに関しては後で触れる。

2. 面接で評価する項目と構造化面接

書類審査と同じく，面接評価でも AP にあわせて様々な項目の評価を行うことができる。まず，学力に関しては，前述の口頭試問で学力を確認することができる。また，主に企業における面接法だが，教科学力だけでなく，いわゆる思考力や思考の柔軟性などを見る面接法として，「フェルミ推定」などのパズル的問題を出してその場で思考の過程も話させながら答えさせるといった手法もある[3)]。

また，大学で学ぶ意欲，学問や研究に対する動機や意欲，主体性，協働性，コミュニケーション能力などもやりとりのなかで評価することは可能である。ただし，後で述べるが，そういったことをできるだけ客観的に，また的確に評価するためには，そのための質問の工夫を行わなくてはならない。

面接では様々な資質・能力を見ることができるが，そのためには評価すべきことを決め，評価のための情報を得る質問を工夫し，評価基準をルーブリックの形で整備する必要がある。そのような準備をして行う面接を「構造化面接」と呼ぶ（今城 2016: 17-18）。今城は，欧米の研究によって，構造化面接は構造化されていない面接よりも高い妥当性を持つと考えられていることを指摘している。

3. 面接審査の準備項目

次に，実際に面接審査を行うための準備事項を解説していこう。多くの項目は書類審査と共通している。そのため，面接に特有の項目を中心に簡単に説明する。

①基礎条件の確認：志願者人数，評価者の動員可能人数，日程
②志願者１人につき配分可能な時間と面接官何人で評価するかの設計
③面接場所・会場（待合室・面接会場）の手配
④志願者の書類のコピー，配布の手配
⑤評価結果のデータ受け渡し，集計の方法の設計
⑥最終評価決定の方法の検討
⑦審査の振り返りと改善

②の志願者１人あたりの面接時間は，正解があるわけではないが，必要な項目を評価するためには最低15分程度は必要かと思われる。それが不可能な場合には，評価する内容を絞る等の配慮も必要である。また，後述のペーパー・インタビューで確認するなどの方式も考えられる。

面接官は最低２名，できれば３名以上で評価できた方がよい。２名であれば意見が分かれた時などに調整が難しいからである。ただし，これも現実的に利用可能な資源との兼ね合いとなることは当然である。

③の待合室と面接会場に関しては，面接が終わった受験者が待合室にいるまだ終わっていない志願者と交わり，どんなことを聞かれたか等情報交換することがないよう，動線に配慮をすることが重要である。

4. 実際の一般的面接の進め方

一般的な面接の進め方は，**図 15-1** にあるように，受験番号・志望学部等の本人確認ののち，志望理由や学問への動機，入学後の計画や希望などを聞く。その後，調査書や活動報告書などから内容やエピソードに関する質疑を行い，最後に志願者からの質問を受け付けて終了という流れが一般的である。

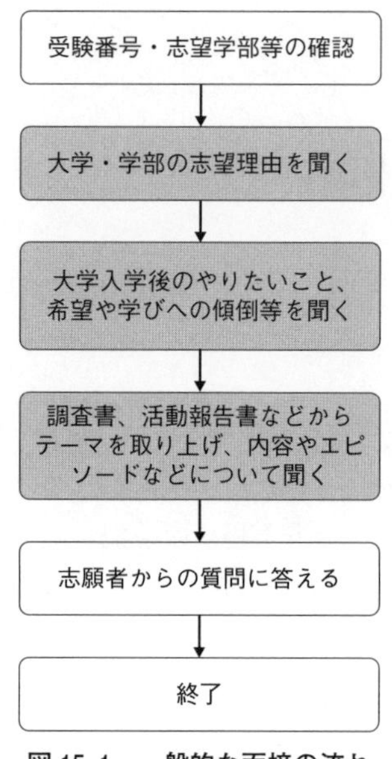
受験番号・志望学部等の確認
大学・学部の志望理由を聞く
大学入学後のやりたいこと、
希望や学びへの傾倒等を聞く
調査書、活動報告書などから
テーマを取り上げ、内容やエピ
ソードなどについて聞く
志願者からの質問に答える
終了

図 15-1　一般的な面接の流れ

そこで，構造化面接を行う場合は，**図 15-1** の網掛け部分のどのフェーズで，どの評価項目に関しての情報を得ることにするか，事前にある程度の割り振りを行い，質問を準備する必要がある。概ね，志望動機や学問への傾倒などは，志望理由部分でのやりとりで，資質や能力等に関しては，高校時代に行った活動についての質問によって評価される。

もちろん，どんな場面にも通用するパターンが存在するわけではない。例えば，ある学部の専攻・学問に関する興味や関心は，志望理由を聞くだけでなく，その学問に関連する探究活動等を行った事実の方がより客観的に判断できるという場合もある。志願者は，特に志望動機や入学後以降の未来については，聞かれることを想定して準備を行っているものであり，志願者間であまり差がつかない場合も多い。

5. 事前対策に影響されにくいコンピテンシー質問

前項で志願者は「志望動機や入学後以降の未来については，聞かれることを想定して準備を行っているもの」と述べたが，それ自体は悪いことではない。しかし，準備されることによってあまり差がつかず，また志願者の資質や能力を見極められないのでは手間をかけて面接を行う甲斐がない。

このような状況は，入試だけでなく様々な面接場面で起こる共通の問題であった。そこで，近年企業などの採用面接で行われるようになっているのが「コンピテンシー面接」である。川上らは，コンピテンシー面接を一般的な従来型の面接と比較して，付け焼刃的な面接対策は効かない，と説明している（川上・齋藤 2006: 5-6）。それは，主に過去の行動事実とその結果，また行動した理由などについて尋ねるからであり，将来の希望や学問への意欲等を説明させるよりも，より客観的に評価ができると考えられている。

面接において付け焼刃的な対策が効かないものとしては，この他に口頭試問による学力評価や実技などのパフォーマンス評価などが考えられるが，この項ではリーダーシップ，協働性などの資質やコミュニケーション能力などの能力，学問への意欲などを確認し評価するための手法としてコンピテンシー質問を紹介していく。

6. コンピテンシーとは何か

コンピテンシーの概念は，1950 年代より心理学など様々な分野で取り上げられてきたが（大沢ほか 2000: 33-34），70 年代に入り経営学に応用されて，企業に好業績をもたらす人材の行動特性として扱われるようになった（Spencer・Spencer 1993; 相原 2002）。

近年では，教育の分野でもこの概念が取り上げられている。例えば，OECD がまとめた「キー・コンピテンシー」では，今後の世界で生きていくための基盤となる 3 つのカテゴリーにコンピテンシーを分類している（Rychen・Salganik 2003）。また，国立教育政策研究所が 21 世紀に求められる資質・能力をまとめ報告したなかでも，育成すべき資質・能力と就業力との関係のなかでコンピテンシーに関する研究と考察が示されている（国立教育政策研究所 2016）。

コンピテンシーには様々なモデルが提案されているが，ここでは深入りはしない。いずれの研究においても共通するコンピテンシーの特徴は，以下のようなものである。

①簡単に身につく知識やスキルではなく，長期間にわたって一貫性をもって示される行動特性であること
②ある程度の再現性があり，特定の文脈や環境を超えて発揮されるものであること[4)]
③その行動特性による行動の結果，望ましい結果や業績が期待できること

つまり，「ある程度汎用的で，異なる文脈においても好業績を生み出す，一定の思考や行動特性」を指している（Chouhan・Srivastava 2014: 16）。

7. 入試におけるコンピテンシーの評価とは

以上を応用すると，入試におけるコンピテンシーの評価とは，「志願者本人の大学での成功や教育の実践のために，求める人材像として設定される資質・能力（＝コンピテンシー）が発揮された過去の行動事実を面接において口頭で確認すること」となる。コンピテンシーがあると評価できれば，入学後に大学という異なる文脈においてもある程度同じ能力が発揮されることを期待することができる。

それでは，各志願者は，どのようにしたら異なる文脈でも能力を発揮できるようになるのだろうか。筆者は，行動特性は，様々な行動や経験を通して本人がそれを振り返り，そこから気づきを得ることで育成されるものだと考えている。経験を省察することで，教訓やパターン，ルールを抽出して「持論」「マイルール」とし，それを違う場面で試行しながら確認し修正していく中で，行動特性として強化していくというものである。

これは，「経験学習」の考え方を援用したものである。例えばKolbの経験学習モデルを発展させた，コルトハーヘンのALACTモデルを紹介する（**図15-2**）。図は筆者が作成し，訳は坂田らによった（坂田ほか 2019）。

これは，学習者本人が，自らの経験や行動を振り返り，そこから行為の抽象化や意味づけを行って，本質的な気づきを得る。それをさらに他文脈・場面への応用や他のやり方の工夫などに活用して試行を繰り返す，という循環モデルである。

面接において質問した時，回答者が本当に経験を自分のものにしている場合は，以下のような回答を聞くことができる

• 経験に意味づけができている

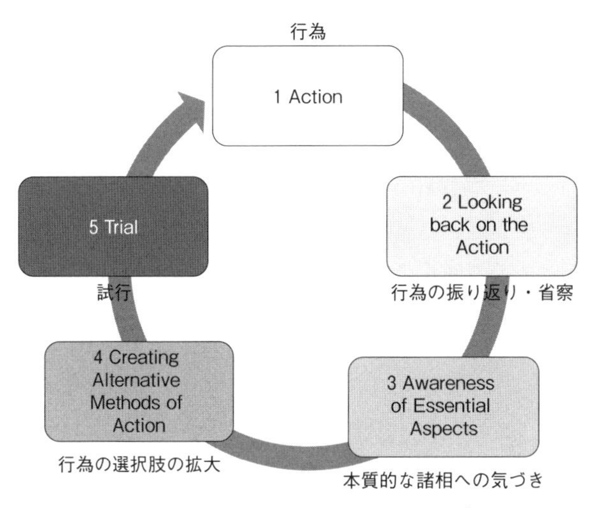

図 15-2　コルトハーヘンの ALACT モデル

出典：坂田ほか 2019 より筆者が抜粋して作成

- 自分が行動したことに，理由づけができる
- 経験を一般化し，教訓や持論化している

これを，具体的な例で示してみよう。筆者らは，2021 年に大阪大学主催で入試専門家育成のための履修プログラム，HAO（Handai Admission Officer）育成プログラムを行った。そのカリキュラムのなかで，大学生を模擬志願者として参加者に面接の実践訓練を行った。その際のやりとりの抜粋である。

事例 1

質問者：（高校時代の）科学部の活動で，何か協働で行っていたことはありますか？

志願者Ａ：研究自体は１人でやっていたんですけど，科学部の活動では後輩の指導は同じ学年の仲間や後輩たちと一緒に行っていました。

質問者：そのなかで気をつけていたことはありますか？

志願者Ａ：例えば後輩の指導だとしたら，高校生の学ぶ内容は１年生，２年生，３年生とそれぞれ違うので，相手が知らないことと自分の知っていることの違いに注意しながら教えることを意識しながら行っていました。それは研究発表のプレゼンテーションの時とかにも役に立ったと

思います。（下線筆者）

質問者は，志願者Aから「協働性」に関するエピソードを引き出そうとする質問を行っている。それに対し，志願者Aは指導場面におけるコミュニケーションについて，相手が何を知り，何を知らないか，自分との知識ギャップに気をつけて教えた，と言っている。そして，そのことは，相手が研究発表の審査員であっても同じことをしたと述べている。

これは，協働性における，コミュニケーションのコンピテンシーの発揮された例と解釈できるだろう。相手と自分の知識ギャップに気をつけてコミュニケーションすることが，自分の言いたいことを効果的に相手に伝えるポイントだということを自覚し，そのように行動できているということである。

事例 2

質問者：（高校時代に）グループで研究していた時の，○○さんの役割を教えてください。

志願者B：私の役割は，みんな部活や勉強なんかで忙しかったので，皆とコミュニケーションをとって「この日は私ができる」，「この日は私ができる」ということを聞いて役割分担をして，締め切りに間に合わせられるように日程を調整することを行っていました。そのなかで，「ちょっと今自分はしんどい」とか，意見を聞いて，バランスを取れるように心がけて調整していました。

質問者：そのようななかで，難しい問題などにぶつかった時に，どのように対処していましたか？

志願者B：自分のなかで大切にしていたのは，こういった研究活動は「楽しくできなければ続かないものだ」と思っていたので，そのなかで無理はしたくないけれど，締め切りには間に合わせたい。ということで，うまくいかない時には皆で集まってお互いに意見が言い合える場を作って意思疎通を図り，問題を解決するように心がけていました。（下線筆者）

志願者Bの役割での説明のなかでは，グループ活動で締め切りに間に合わせるための参加者間の調整を，単に日程だけでなく心情的コミュニケーションを取りながら行うことや，計画性等の能力の発揮が見られる。また，Bは「楽しくなければ研究は続かない」といった，一種の持論を披露している。

このように，コンピテンシーの評価は，過去の行動事実とその行動への意味づけを聞いていくなかで，アドミッション・ポリシーをもとに評価したい資質や能力が見られるか，どの程度優れたものかを判断することで行われる。

8.「コンピテンシー質問」の実際

それでは，どのような質問を行えば，志願者のコンピテンシーを引き出すことができるのかを考えていこう。志願者の行動を聞く際によく知られているものとして，STAR フレームワークがある（牛久保 2013)。STAR はそれぞれ Situation（状況），Task（課題），Action（行動），Result（結果）の略である。筆者としては，最後の R に Reasoning（理由・意味づけ）を付け加えたいと思う。**表 15-1** に，それぞれの典型的な質問例を挙げておく。

コンピテンシーを確認するためには，どのような文脈の下で行動したのかを確認することが重要である。であるから，まず状況と課題及び本人の役割を確認しておくことが必要となる。

次に，行動と結果・意味づけであるが，これは段階ごとにもう少し細かく分類することが可能である。それを**表 15-2** に示す。

見ての通り，これらの質問例には評価すべき資質・能力の観点は含まれていない。そのため，それらを見るための工夫やアレンジがそれぞれ必要である。

例えば，「リーダーシップ」を評価するのであれば，「あなたがグループに対して行った，課題解決の提案はどのようなものですか？」「他の人たちはそれに賛同してくれましたか？」「組織として目標に向けて成果を出すために，準備したことは何ですか？」といった形になるだろう。

また，本当に本人の考えたことかどうかを確認するためには，理由を掘り下げてゆく質問を行うことも必要である。「その時，あなたはどのように考えて行動しましたか？」「そう考えた理由を教えてください」「その際に，他に考えるべき項目はありませんでしたか？」「それは何故ですか？」といった形である。十分に省察ができている場合は，こういった内容に答えることができる。

表 15-1　STAR フレームワークごとの典型的な質問例

STEP	質問例
Situation 環境や背景の確認	• 課題研究や活動の目的は何でしたか？ • 課題研究や活動の達成すべき目標は何でしたか？ • その活動を行ったのは 1 人ですか，グループで行いましたか？ • グループのメンバーの人数や構成はどのようなものでしたか？ • 何年の時に行ったのですが？　どのくらいの期間ですか？
Task 課題と本人の役割	• あなた自身の役割はどういうものでしたか？ • あなたの周囲の人はどのような役割でしたか？ • 活動にあたって，最も難しかった課題は何でしたか？ • それはなぜ課題（問題）だったのですか？ • その課題（問題）の制約条件は何でしたか？
Action 本人の行動	• 課題に対し，具体的に例えば，何をしましたか？ • どのような計画を立てましたか？ • なぜそのようにしたのですか？ • 解決策を誰と話し合いましたか？ • その方法に対する周囲の反応はどうでしたか？
Result Reasoning 結果と理由・意味づけ	• その結果はどうなりましたか？ • 相手の反応はどうでしたか？ • その経験からあなたが得られたものは何でしたか？ • その結果からあなたが反省したことは何ですか？ • 次に同じ事をやるとしたら，何をどう改善したいですか？

出典：牛久保 2013 ほかより筆者が抜粋して追加・改編

以上，コンピテンシー質問の例を見てきた。コンピテンシー質問については，志願者の文脈に沿って臨機応変に行っていかなくてはならない。そのため，典型的質問例を頭に入れておくほか，行動における各段階をフレームワーク化して理解しておき，それに従って質問を組み立てるといったことが必要になる。

このコンピテンシー質問の利点は，志願者が事前に対策・準備をしていても大きな評価の支障にはならないということである。体験自体は志願者本人のものであり，それは千差万別であろうから，画一的な対策はできない。更に，主に行動事実に基づいて評価するので，限界はあるにせよ，比較的客観的に評価できる。そして最後に，志願者が自分の行動を振り返って省察をすることは，志願者本にとっても良いことであるということである。

表 15-2　行動と結果・意味付けの段階別質問例

段階	質問例
計画・仮説と行動	•どんな計画を持っていましたか？ •どんな仮説を持っていましたか？ •その仮説の前提となったことは何ですか？ •仮説を実行するために気をつけたことは何ですか？ •計画を立てる際に気をつけたことは何ですか？ •想定していた結果はどんなものですか？ •実際の結果はどうなりましたか？
経験の振り返り	•うまくいったこと，うまくいかなかったことは何ですか？ •結果のようになった原因は何だと思いましたか？ •それは自分が原因ですか，何か他のことが原因ですか？ •皆でその結果の原因を振り返ってみましたか？ •結果が出る前に戻れるとしたら，何を変えますか？
抽象化・持論化	•経験を振り返って，明らかになったことは何ですか？ •経験を他の何かに例えるならどんなことに例えられますか？ •経験を経て得られた教訓は何ですか？ •経験を経てあなたの考え方は何か変わりましたか？
行動計画・他の文脈への当てはめ	•経験から学んだことはどのように次の行動に活かせますか？ •自分の経験は，どんな場面で役立ちそうですか？ •自分の経験は，どんな状況の人に役立ちそうですか？

9.「コンピテンシー質問」の限界と工夫

これまでコンピテンシー質問の良い点を述べたが，課題も存在する。それは，この質問方法は時間がかかるということである。状況から押さえていかなくてはならないために，行動や結果・理由づけに至るまでにかなり時間がかかる。そのため，評価しようと思う資質・能力を十分聞けないとか，一部確認できないような項目が出る場合がある。

一人あたり面接に1時間ほどもとれるのであれば，十分に確認できる可能性もあるだろうが，そうでない場合は工夫が必要となる。

(1) 複数の評価項目の扱い方・アルゴリズムを検討する

AP に基づく評価項目の検討の際，評価すべき項目を「必要条件・十分条件」に仕分けておくとよい，と解説した。繰り返しになるが，求める人材像を「すべて備えた人間はいない」のであるから，必要条件は必ず確認することとしても，十分条件の方は評価できる項目のコンピテンシーに絞って質問していく必要がある。

必要条件を確認した後，調査書や活動報告書の記載などから，評価が可能そうな活動履歴を見つけ，あたりをつけて質問を行っていく。十分条件の項目中，評価できそうな項目にあたったら，それを深く掘り下げていく。また，評価したい項目に対する志願者の反応があまりよくない場合には，質問を別の項目に素早く切り替えていく見切りが重要である。

さらに，評価結果の集約の仕方としては，すべての項目が評価できなくても十分条件のうちひとつ以上評価できればその分を加算していく，といったアルゴリズムを考えておく必要がある。

(2) 本当に時間がない場合には，事前質問やペーパー・インタビュー等の導入を検討する

面接にかけられる時間が非常に短く，例えば複数の志願者を同時に評価する集団面接などを行うような場合には，長崎大学のペーパー・インタビューが参考になる（吉村・石井 2021）。

図 15-3 は，長崎大学で公開されているペーパー・インタビューのサンプル（長崎大学 2019）である。このような質問紙を受験会場で事前に配布し，待ち時間などに記入させておくなどのやり方が考えられる。面接を行わない場合は，そのまま解答用紙を回収して評価を行う。また，集団面接等においては，それを見ながらひとりずつ回答させ，必要に応じて質疑を行う。

この手法のメリットは，以下の通りである。

①全員に予め同じ質問項目が渡されるため，準備なしにいきなり質問されることによるバイアス（後の回答者ほど準備の時間がある）を避けられる
②質問紙は受験会場で渡されるので，事前準備・対策はしにくい
③評価基準の共有などがしやすい

なお，このサンプル問題の質問項目を見ていただくとわかるが，それぞれの質問は「コンピテンシー質問例」に非常に似通っている。考え方は同じであるということがよくわかる例である。

ペーパー・インタビュー　サンプル問題

※ 回答は，各学部のアドミッション・ポリシーに基づいて作成されたルーブリックに従って採点されます。

問い：これまで，やらなくてはならないことが多くて，とても忙しいと感じた時のことを思い出してください。それはどのようなことでしたか。以下の点を踏まえながら，できるだけ詳しく具体的に説明してください。

複数思いつく人は，最も大変だったと思う出来事について回答してください。

- いつ頃のことだったか，やらなくてはいけないこととは何だったのか，それはどのくらい重要なことだったのか，なぜそのような状況になったのか。
- とても忙しい状況をどのようにして切り抜けようとしたか，またどのような行動をとったか。
- その状況を切り抜けるにあたって気をつけたことは何か，具体的にはどのようなことをしたか。
- 何か困難にぶつかったか。その困難にどう対処したか。困難にぶつからなかった場合，なぜ困難にぶつからなかったと思うか。
- 最終的な結果に納得しているか。どのような点で納得しているのか。
- 今後，同じような状況になったとき，どのように対処しようと思うか。

図 15-3　長崎大学　ペーパー・インタビュー　サンプル問題

出典：https://www.nagasaki-u.ac.jp/nyugaku/admission/profile/file/PaperInterviewSample.pdf

10. 面接において留意すること　その 1：心理的バイアスを避ける

これまで，面接の準備，事前対策に影響を受けにくい質問の仕方などについての解説を行ってきた。ここからは，面接において留意すべきことを解説してゆく。

表 15-3　面接における様々な心理的バイアスの例

バイアス名	説明	例
寛大化傾向	自分が人を評価する自信がない，とか，自分と似た点を持った（出身地や出身校が同じ，など）受験者に甘く評価してしまう	自分が学生時代に野球をやっていたので，野球経験者には甘くなる
厳格化傾向	○○であるべき，等の思い込みや，自分や周囲を基準として，まだ未熟であるはずの受験者を必要以上に厳しく評価する	志願者に「完全」を求めるために，良い面をなかなか見つけられない
中心化傾向	何人か面接をしているうちに，評価が中心に偏る。差がつけられないので，同じような点数になる	どの志願者も同じことを言うので，優劣をつけられない
初頭効果	最初に受けた印象・情報が，その後の情報の判断・評価に影響を与えること（第一印象が良いと，その後の言動を甘く見，悪いと厳しく見る）	面接の最初の挨拶の仕方など第一印象が良いと，つい甘くなってしまう
対比効果	直前の志願者が優れているため，次の志願者が平均より優れているのに低くつけてしまう（逆もあり）	とても優れた評価の志願者の次の志願者の評価が辛くなったことがある
ハロー効果	ひとつの優れた（劣った）点で，全体を評価してしまいやすい	数学オリンピック出場，学会に参加し発表した，海外の賞を取った，といった話を聞くと，つい評価が甘くなる

面接においては，様々な心理的バイアスが評価をゆがめることが知られている。代表的なバイアス名とその内容，例を**表 15-3** に挙げる（岩松 2008; 鈴木ほか 2002; 鈴木 2020）。

面接を行ったことのある誰しもが，ある程度は心当たりがあるのではないだろうか。このようなバイアスは，その存在を知り，意識しておくことである程度は避けることができるようになる。また，入試専門家として評価者の心理的バイアスを少しでも減らすために，以下のようなことを心がけ，準備しておくことも可能である。

①寛大化傾向・厳格化傾向・中心化傾向などを避けるために

- 評価ルーブリックの平均レベルの点数をあらかじめ決めておく（例：平均的であれば 60 点，など）
- 評価レベルの定義（Descriptor）を明確にしたルーブリックを使用する
- 模擬面接ビデオなどを作成し，ダミーの志願者の受け答えを評価者全員で見て，合格レベル，ボーダーレベル，不合格レベルの志願者のイメー

ジを共有する（アンカリング）

②ハロー効果を避けるために

- 競技大会，コンクールや学会などでの入賞や発表などは，その内容やそれから得た経験を評価するのであって受賞そのものは評価しない，という申し合わせを評価者間でしておく
- 志願者の出自や家族（保護者）などに関する質問は避ける（後述）

③初頭効果（第一印象に全体の評価が引きずられること）を避けるために

- ウォーミングアップの雑談などをあえて冒頭に入れ，それは評価しない。志願者の普段の実力が出るように配慮する。

このうち，①のアンカリングとは，具体的な模擬ビデオなどで「このような志願者であれば，このように評価する」基準を固定する，つまり錨を打つ（Anchoring）ことである。入試専門家は直接志願者の評価を行うものではないにしても，信頼性を高めるための準備や工夫ができることは以上のように色々とあるので，検討しておくとよい。

11. 面接において留意すること　その2：面接官の心得

次に，面接官として留意すべきことを，列記しておく。特に，コンピテンシー質問を行う場合，「何故？」「何故？」と繰り返して聞くことによって，志願者にプレッシャーをかけているように受け取られがちである。なので，以下のような点には十分注意が必要である。

①あまり深く問い詰めることで，「圧迫面接」のようにならないこと

- 志願者にプレッシャーをかけない
- 志願者をリラックスさせ，話しやすい環境を作ることを心がける
- 志願者の話を，丁寧に，興味を持って聞いている態度を示す

②志願者の行動を批判しているように聞こえる質問の仕方はしない

- 「どうして○○しなかったんですか？」
- 「あなたはただ横で見ていただけだったんですね？」
- 「その方法では駄目だと最初からわからなかったんですか？」など

③評価したいコンピテンシーを感じられない場合，自然に話題を転換する

- 評価したいコンピテンシーに繋がるエピソードを感じられなかったからといって，あからさまに落胆したような表情や声のトーンを作らない

• 自然な感じで，質問を別の項目に振り向ける

④質問が「聞きたい項目」に誘導しているように聞こえてしまう場合

• 「あなたに，リーダーシップを発揮した経験があるかどうかを聞く質問をします」など，聞きたいことを先に提示することも方法のひとつである（前述の，長崎大学のペーパー・インタビューでは，サンプルの前に「主体性をもって多様な人々と協働して学ぶ態度」を評価するための物であると説明している）。

また，近年 ZOOM 等の会議システムを利用してリモートで面接を行う例が増加している。リモートで面接官も別々の画面で参加する面接の場合，面接官も顔が大きく映ることで，表情がよく見える。頬杖をついたり，悪い姿勢になったりしないように心がけることが重要である。また，卓上の紙をめくったり，机をたたいたりする音は響きやすいので留意すべきである。

12. 面接において留意すること その3：避けるべき質問

最後に，面接で避けるべき質問について説明する。面接で聞いてはいけないことをまとめたものとして参考になるのは，厚生労働省の「公正な採用選考の基本」であろう。この指針では，聞くべきではないことを大きく「本人に責任のない事項」と「本来自由であるべき事項」に大まかに分けて事例を示している（厚生労働省 2021）。**表 15-4** は，それらの例示をまとめて表にしたものである。

入試においても共通することがほとんどであるが，「尊敬する人物」「読んだ本に関して」などは，入試の面接において聞くこともよくある事柄である。本来自由であるべき思想・信条で評価を行うことが目的ではなく，学ぶ動機や学問への意欲を聞く質問である範囲内では許されると考えてよいだろう。

表 15-4　採用選考時に配慮すべき事項（厚生労働省）

本人に責任のない事項	本来自由であるべき事項
①「本籍・出生地」に関すること ・出身はどちらですか？ ・国籍はどちらですか？	⑤「宗教」に関すること
②「家族」に関すること（職業・続柄・健康・地位・学歴・収入・資産など） ・お父様（お母様）は何をされていますか？ ・お父様がご病気とのこと，学費は賄えますか？ ・ご両親はどちらの大学を出ておられますか？ （志願者が自発的に話すことを遮ることはしないが，それを膨らますことは避ける）	⑥「支持政党」に関すること ・18 歳で選挙権があるので，「選挙に行ったか」「今の政治をどう思うか」などの質問が増加。基本的には避ける ⑦「人生観・生活信条など」に関すること ⑧「尊敬する人物」に関すること ・思想傾向などを知るために聞く質問としては避ける ⑨「思想」に関すること
③「住宅状況」に関すること（間取り・部屋数・住宅の種類・近隣の施設など）	⑩「労働組合・学生運動など社会運動」に関すること
④「生活環境・家庭環境など」に関すること ・生活環境に関しては，収入水準などがわかるために聞いてはいけない	⑪「購読新聞・雑誌・愛読書など」に関すること ・思想傾向などを知るために聞く質問としては避ける その他，「身元調査など」の実施

出典：厚生労働省 2021
※文中の解説等は筆者が補足

注

1）　このような様子を，ケンブリッジ大学で行われている，口頭試問を中心とした面接の事例映像で見ることができる（University of Cambridge 2014）。
2）　2020 年度まで行われていた，慶應義塾大学法学部 FIT 入試の 2 次選考等が有名である。
3）　日本の大学入試ではあまり例を聞かないが，一部の IT 企業の採用面接等では，「シカゴにピアノの調律師は何人いますか？」といったフェルミ推定や，「測りを使わずにジェット機の重さを量るとしたらどうしますか？」などのパズル的難問を出されることで有名になったことがある（Poundstone 2004=2003）。また，「コンピュータはどれだけ小さくできますか？（工学，ケンブリッジ）」など，志望する学問分野に関連する面白い問題を出す例などの報告例がある（Farndon 2014）。
4）　この点に関しては，どんな場面においても適用可能なコンピテンシーは存在せず，文脈において必要な諸能力を組み合わせて発揮しているだけであるという批判も存在する（国立教育政策研究所 2016: 45-46）。

参考文献

相原孝夫，2002，『コンピテンシー活用の実際』日本経済新聞社.

Chouhan, Vikram S., Srivastava, Sandeep, 2014, “Understanding Competencies and Competency Modeling: A Literature Survey”, *IOSR Journal of Business and Management*, 16(1): 14-22.

Farndon, John, 2014, *Do You Still Think You're Clever?: Even More Oxford and Cambridge Questions!*, London: Icon Books（= 2015，『ケンブリッジ・オックスフォード合格基準―英国エリートたちの思考力』河出書房新社）.

細井智彦，2013，『本当に「使える人材」を見抜く採用面接』高橋書店.

今城志保，2016，『採用面接評価の科学―何が評価されているのか』白桃書房.

岩松祥典，2008，『採用力を確実に上げる面接の強化書』翔泳社.

川上真史・齋藤亮三，2006，『コンピテンシー面接マニュアル』弘文堂.

菊池一志，2014，『改訂版　上手な採用面接が面白いほどできる本』中経出版.

国立教育政策研究所（編），2016，『国研ライブラリー　資質・能力［理論編］』東洋館出版社.

厚生労働省，2021，「採用選考時に注意すべき事項」(https://www.mhlw.go.jp/www2/topics/topics/saiyo/saiyo1.htm, 2021.11.25）.

文部科学省，2021，「令和 4 年度大学入学者選抜実施要項について（通知）」(https://www.mext.go.jp/content/20210617-mxt_daigakuc02-000010813_1.pdf, 2021.11.2.）.

長崎大学，2019，「ペーパー・インタビューサンプル問題」(https://www.nagasaki-u.ac.jp/nyugaku/admission/profile/file/PaperInterviewSample.pdf, 2021.11.30.）.

大沢武志・芝祐順・二村英幸（編），2000，『人事アセスメントハンドブック』.

Poundstone, William, 2004, *How Would You Move Mount Fuji?: Microsoft's Cult of the Puzzle - How the World's Smartest Companies Select the Most Creative Thinkers*, New York: Little, Brown and Company（= 2003，松浦俊輔（訳），『ビル・ゲイツの面接試験―富士山をどう動かしますか？』青土社）.

Rychen, Dominique S., Salganik Laura H., 2003, *Key Competencies for a Successful Life and a Well Functioning Society*, Newburyport: Hogrefe & Huber Publishers（= 2006，立田慶裕ほか（訳），『キーコンピテンシー―国際標準の学力をめざして』明石書店）.

坂田哲人・中田正弘・村井尚子・矢野博之・山辺恵理子，一般社団法人学び続ける教育者のための協会（REFLECT）（編），2019，『リフレクション入門』学文社.

Spencer, Lyle M., Spencer, Signe M., 1993, *Competence at Work: Models for Superior Performance*, New York: Wiley（= 2011，梅津祐良ほか（訳），『コンピテンシー・マネジメントの展開（完訳版）』生産性出版）.

鈴木宏昭，2020，『認知バイアス―心に潜むふしぎな働き』講談社.

鈴木誠・山岸みどり・阿部和厚・池田文人，2002，「北海道大学における AO 入試マニュアル」『高等教育ジャーナル―高等教育と生涯学習』10: 49-58.
University of Cambridge, 2014, "The Interview" (https://www.youtube.com/watch?v=dUwN6GI-0EQ, 2021.11.30).
牛久保潔, 2013,『「入社後, 活躍する人」を見逃さない面接の技術』日本実業出版社.
渡部信一 (編著), 2017,『教育現場の「コンピテンシー評価」―「見えない能力」の評価を考える』ナカニシヤ出版.
吉村宰・石井志昂, 2021,「ペーパー・インタビューの試行結果について―面接に代わる筆記試験の有用性の検討」『大学入試研究ジャーナル』31: 161-166.

第16章　入試専門家が知っておくべきテスト理論・テスト分析方法

山下　仁司

1. 入試専門家として学力テスト開発に何ができるか

ここからは，入試専門家が知っておくべきテスト設計・テスト理論の基礎について解説する。入試専門家は，実際にテスト問題を作るわけではない。しかし，入試業務として，以下のような学力テストに関連する業務，項目が存在する。

- 入試設計（入試方式の設定）
- 新しく学力を評価する入試を設定する場合の，教科・科目の設定
- 問題作成の依頼や，原稿の授受，印刷・製本などの手配
- 採点処理の方法の検討（記述採点，マーク採点，CBT 利用等）
- 採点処理実務の手配（マークセンス方式の場合は読み取り・採点処理，記述の場合は会場手配，採点者手配，データ入力・運用，処理など）
- 採点結果の集約，配点に応じた処理，合否判定用資料の作成
- 合否結果の受け取り，合否発表
- 成績開示請求への対応
- 成績処理結果の作問者への返却，作問改善への助力
- 目指す学生が獲得できていたか，等の追跡調査・検証

このような業務について，作問者や採点者，受験生を受け入れる各部局の教員などと力を合わせ，質や効率を改善していく必要がある。そのため，入試専門家がテストの開発や処理に関して基本的な知識を持っておくことは重要であると考えられる。

2. テスト・評価設計で検討すべき3つのC

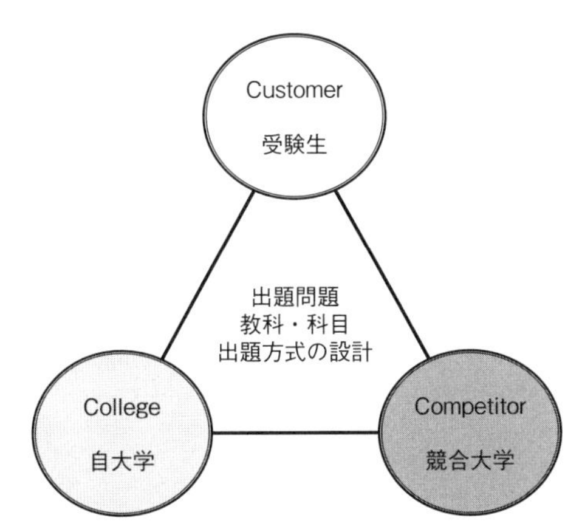

図16-1　テスト・評価設計で考えるべき3つの「C」

まず，入試でどのようなテストや評価方式を設定するかを検討するにあたって，視野に入れておかなくてはいけないものを整理する。それは3つのC（**図16-1**）である。

まず，受験生（Customer）のことを検討する。つまり，どのような志願者に出願し，入学してほしいかを検討することである。

アドミッション・ポリシー，つまり求める人材像を基盤としつつ，

- 自学の授業を受けるために，受験生の学力レベルはどの程度が必要か
- どんな教科・科目を得意とする受験生か
- 多くの受験生の通う高校での選択科目は何が多いか
- 入学後に取らせたい資格に必要な教科・科目は何か

また，受験生に受けてもらいやすいかを考えつつ，

- 日程や受験回数（いつ募集を開始し，いつ試験日にするか）
- 受験場所はどうすべきか（自大学キャンパスのみか，他会場や地方会場を設けるか）

などを検討する。

次に検討すべきは，自大学（College）である。同じく，アドミッション・ポリシーや授業を行うために必要な基礎学力などを基盤としつつ，自大学・

学部の行いたい評価・選抜方法に対し，それを実現できる人的パワー，作問能力，会場設営を行う能力などの資源（リソース）はどうかを検討する。

- 問題作問能力のある教員はいるか
- 出題可能な科目は何か（選択科目等の検討も含む）
- 実施可能な場所，地域，日程・時間配分等
- 試験場所を運営できる資源（予算，人員など）
- 採点能力はあるか（マーク方式・記述などに対応できるか）
- 技術基盤（CBT，リスニング設備，リモート面接等）
- アウトソーシングの可能性

最後は，競合（Competitor）である。競合大学はどのような入試を行っているか，その志願者の動向はどうなのかなどを把握し，検討する。

- 入試方式・定員
- 科目設定
- 日程
- 差別化か，コバンザメ方式か

最後の「差別化か，コバンザメ方式か」というのは，競合が行っている入試を見て，また彼我の人気度などを勘案し，科目や日程，内容等に特徴を出して併願しにくくするか，むしろ科目や出題の傾向などをあわせ，日程を変えて併願しやすくすべきかを検討する，という意味である。

テスト設計，テスト理論とはやや逸脱する部分もあったが，このようなことを検討したうえでどのようなテストを作成するべきかのアウトラインが決まることを知っておこう。

3. 大学入試において良いテストとは何か

「良いテスト」を考える時，どんな条件下でも共通する普遍的な条件は存在しない。「テストに関係する人がそれぞれの段階で様々な条件を考慮し，よいテストはどうあるべきかを考え」ることが必要である（日本テスト学会 2007: 17）。特に，誰に対して，何の目的で行うテストかによって「良い」の在り方は変わるが，この節では「大学入試として」良い問題を考えるものとする。

冒頭で述べた通り，入試専門家が入試問題を作問するわけではない。しか

し，良いテストか改善すべきテストかを判断するため，テストのデータ分析に関する基本的なことは知っておいた方がよいだろう。ここでは，ごく基本的なテスト改善のための考え方を順次解説しよう。

4. 平均と得点のばらつきについて

まず，あるテストの結果を分析するために最初に行うことは，そのテスト得点の代表値である平均と標準偏差を計算することである。いわゆる統計ソフトなどを使用しなくても，この程度のことであれば，エクセルなどの表計算ソフトを使えば計算できる。平均は得点の合計を受験者の数で割ったもの，標準偏差は各得点の平均からの距離の平均のこと[1)]であり，平均を中心にデータがどの程度散らばっているかを表す。

次に，必ずヒストグラム（5点幅，10点幅などの間に，受験者が何%いるかを棒グラフで示したもの）を作成して，得点分布の偏り具合を確認しよう。

図16-2は，マークシート方式のテストの得点分布の例である。このような釣り鐘型の分布を「正規分布」と言う。テスト得点は，各設問の得点の合計点であり，そのような独立した項目の合計値の分布は正規分布になりやすい性質を持っている（神永 2009）。全問4択式の多肢選択テストでは，でたらめに解答しても平均25%の正解が出るため，25点～100点を使いきれるような正規分布に近い得点分布になっている。

図16-3は，様々な得点分布のうち，①0点の者が多く底を打っているもの②逆に満点が多く，上に詰まっているものの例である。①をフロア効果，②を天井効果と言い，どちらも受験者の学力のレベルを十分測れる適切な困難度の問題構成になっていないことを示す。言うまでもなく，①は難しい問題が多すぎ，②は易しい問題が多すぎる状態である。

例えば選択科目の試験の一部科目がこのどちらかのような状態であった時，その科目を選択した受験生が極端に有利になったり不利になったりするため，入試の公平・公正性に大きく影響を及ぼす。そのようにならないよう，留意が必要である。

図16-4は，その他のテスト得点分布の事例であるが，③は二山（双峰）分布，④は平均を中心に分散（ちらばり）の小さい分布になっている。理論的には，③はテストの各設問の難しさが50点あたりを中心に集中しており，

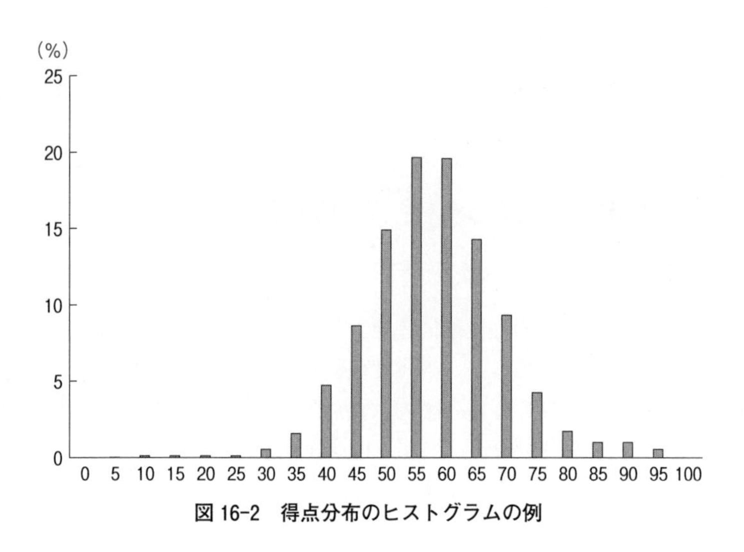

図 16-2　得点分布のヒストグラムの例

それらの問題が解ける者と解けない者に2分される時に起きる。④は逆に，極端に難しい問題や易しい問題が半分ずつ揃っていて，受験者の得点が中心に寄ることで起きる。③は，入試においては必ずしも悪い状態ではない。真ん中のへこんでいる部分が合否判定ラインである場合，このような分布は明確に入学可能な能力があるかどうか弁別できていることになる（合否に限らないが，受験者を能力などで区分けする基準をCut Scoresなどと言い，基準の決め方はLane他を参照のこと（Lane et al. 2016: 14-15））。一方，④の場合は，受験者の得点が狭い範囲に集中するので，数点の差が大きな違いになってしまい，入試としては望ましくない。

「入試において良いテスト」を考える時，まず平均点とそのバラツキ（得点分布）は基本となる。アドミッション・ポリシーに適う問題内容であることは前提として，満点の半ばを中心に0～満点のスケールをできるだけ使い切って分布に歪みがないことが理想である。そのためには，設問項目の難易度は一様分布[2)]～正規分布の間のばらつきが必要である。このように，テストの設問項目の難易度構成は，得点の分布に大きく影響するので，良い入試を作るために重要な観点のひとつである。

次に，テストの設問項目をどのように分析するかについて説明する。

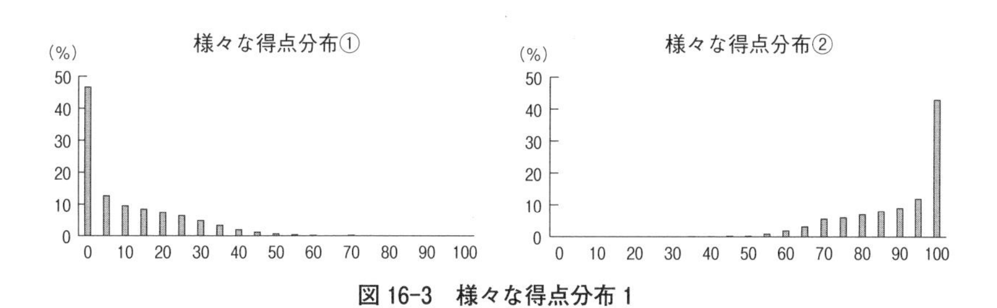

図 16-3　様々な得点分布 1

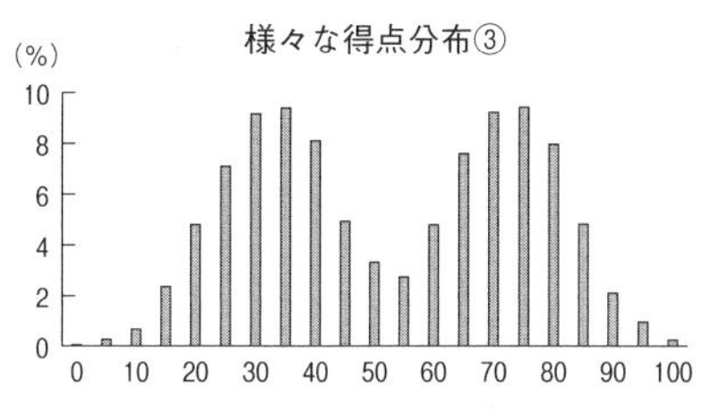

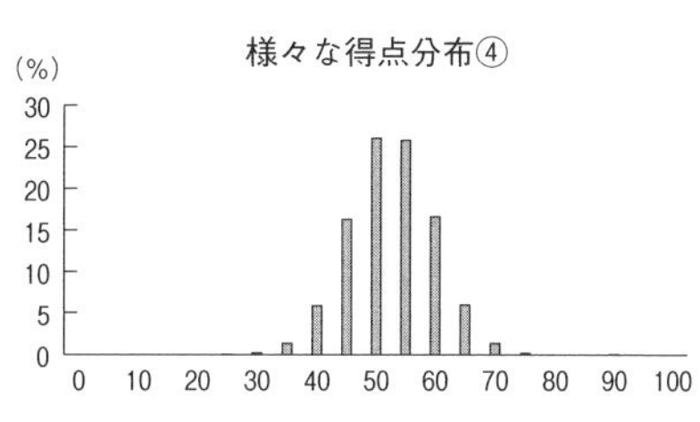

図 16-4　様々な得点分布 2

5. ばらつきの原因を見つけるため，設問の正解率分布を作る

あるテストの受験者の得点の分布は，そのテスト中の設問の難易度の分布等によって決まる。その設問ひとつひとつの特性などを分析するのが後述の項目分析である。まずは各設問項目の正解率（または得点率）を計算し，それを分析することから始めてみよう。ここで正解率は正解・不正解が明確な場合，得点率は記述式問題など，部分点が発生しうる場合にそのように呼んでいる。例えば，ある設問が正解・不正解の 2 通りしかなく，100 人の受験者のうち 50 人が正解すれば正解率 50％となる。

表 16-1 は，15 問からなる仮想のテストの 100 名分の結果データで，問 1 ～10 は配点 5 点，11～15 は 10 点の 100 点満点のテストである。平均得点率は 44.3％である（配点のため，設問の平均正解率とはややずれがある）。**図 16-5** 上の受験者の得点分布を見ると，40～50 点のところがピークに，やや形の歪んだ正規分布になっている。特に，0 ～20 点のところに受験者がいないが，**図 16-5** 下の正解率分布を見ると，90％以上の正解率の設問が 2 割あり，最

表 16-1　あるテストの設問別得点一覧，正解（得点）率等の一覧

受験者	設問 1	設問 2	設問 3	設問 4	設問 5	設問 6	設問 7	設問 8	設問 9	設問10	設問11	設問12	設問13	設問14	設問15	合計得点
受験者 1	0	0	0	0	5	5	0	0	5	5	10	0	0	0	0	30
受験者 2	0	0	0	0	5	5	0	0	0	5	10	0	0	0	0	25
受験者 3	0	0	0	0	0	0	0	0	0	0	0	0	0	0	0	0
受験者 4	5	10	0	0	5	0	5	5	5	5	10	10	0	10	0	60
受験者 5	0	10	0	5	5	5	0	0	5	5	10	10	0	0	0	45
受験者 6	0	0	0	0	5	5	5	5	0	5	10	0	0	0	10	45
中略																
受験者 96	0	10	0	0	0	5	5	5	5	5	10	10	10	10	10	75
受験者 97	0	0	0	0	5	0	5	0	0	5	10	0	0	0	0	25
受験者 98	0	0	0	0	5	5	0	5	0	5	10	0	0	0	0	30
受験者 99	0	0	0	0	5	5	0	0	0	5	10	0	0	0	0	25
受験者 100	0	0	0	0	0	5	0	5	0	5	10	0	0	0	0	25
平均正解率	31.0%	35.0%	22.0%	18.0%	90.0%	46.0%	67.0%	61.0%	56.0%	94.0%	99.0%	18.0%	13.0%	27.0%	20.0%	44.3%
標準偏差	2.25	2.32	2.03	1.99	1.38	2.50	2.28	2.51	2.49	1.00	1.43	4.80	3.73	4.51	3.91	17.67
合計との相関	0.56	0.37	0.39	0.33	0.31	0.27	0.45	0.60	0.37	0.35	0.26	0.60	0.55	0.53	0.46	
各設問と合計点の分散	4.98	2.67	4.19	4.04	2.07	6.25	5.40	6.30	6.22	0.97	1.98	22.67	13.58	19.91	14.91	311.3

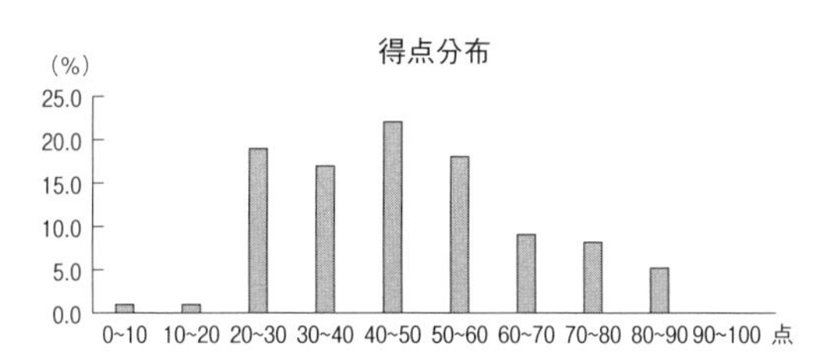

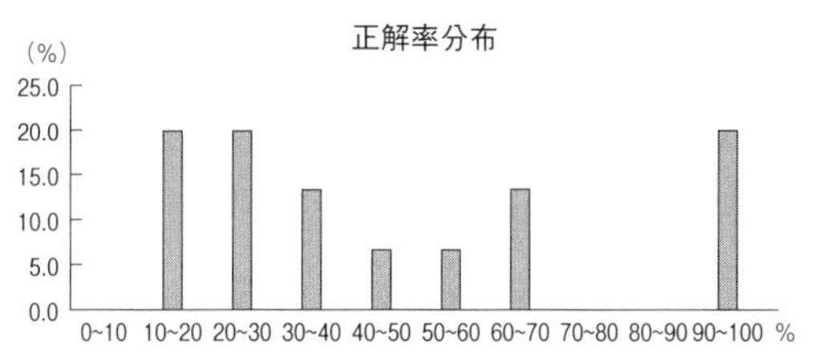

図 16-5　上記テストの得点分布（上）と設問別正解率分布（下）

低得点を底上げしていることがわかる。また，正解率分布を見ると，正解率10〜20％の難しい問題の割合が合計4割あり，得点の60〜100点の上位層の割合を押し下げ，20〜60点のところに受験者が集中していることがわかる。

このように，まずは得点分布と正解率分布の関係を読みとくところからスタートする（もちろん，得点分布や正解率は各テストの受験者自体のレベルにも影響される）。あるテストの得点分布が問題であるとわかれば，その項目の難易度（正解率）の分布を見て，どのような設問を増やし（または減らし）改善すべきかを判断できるようになる。

6. 項目分析を行う　その1：トレースラインの作成

次に，各設問を個別に分析する方法を説明する。例えば，**表 16-1** の設問1が，4択の選択肢式問題だったとしよう。各受験者の合計得点を0〜20点に入る者，20〜40点に入る者と20点刻みに分類し，それぞれの得点帯の者が選択肢1〜4のどれを何％ずつ選んでいたかをグラフにしたものが**図 16-6** である。このようなものを，「トレースライン（trace line）」と呼ぶ。

この設問1では，正解は1である。そして，合計得点が高いほど，正解1を選んでいる者の割合も高くなっていることがわかる。また，選択肢2と4は合計得点が低い者ほど多く選んでおり，低い者はこの2つの選択肢に惑わ

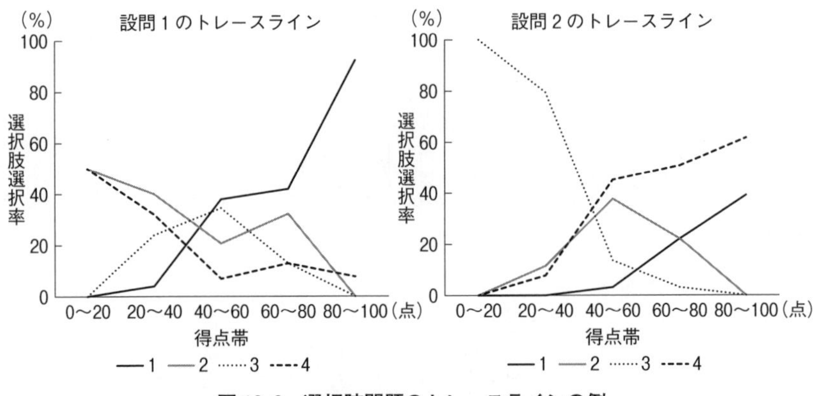

図 16-6　選択肢問題のトレースラインの例

されているのだとわかる。選択肢 3 はやや特異な働きをしており，中レベルの者を迷わすようなものであった。このような情報は，問題作成者にとって非常に貴重な情報になる。どのような選択肢が紛らわしいのか，とか，学力を弁別できる問題はどのようなものかがわかるからである。

多肢選択問題では以上のような詳細な分析ができるが，記述式の問題でも誤りの選択肢の情報はなくても，同様の得点帯別正解率グラフを作成して作問者に提供することは，作問能力を向上させるのに非常に有効である。

7. 項目分析を行う　その 2：設問正解率と得点の相関

設問 2 は，正解は 4（大きい破線）である。この問題は，全体の正解率は設問 1 よりも少し高い 35% であるが，トレースラインを見ると 80～100 点の受験者の正解率は 60% とあまり高くなっていない。そのため，40～100 点まであまり正解率が変わらなくなっていることに気づくだろう。このような，ある設問がどのくらい成績上位者と下位者を弁別できるかを「識別力」と呼ぶ。この識別力は，**表 16-1** の下から 2 行目にある各設問の正解率と合計点の相関で見ることができる。設問 1 では相関係数は 0.56 と比較的高いのに対し，設問 2 は 0.37 とやや低い。設問と合計点との相関が高いというのは，合計点が高い者ほど正解し，低い者は間違う者が多い，ということを意味する。それを視覚的に表したものが**図 16-6** のトレースラインである。エクセルにおいては，CORREL 関数を使用して設問の列と合計点の列を選んで簡単に値を得ることができる。

相関係数は－1～1の間の値をとるが，各設問の合計点との相関は最低0.2以上あることが望ましい。これが0.2未満～0（無相関）になると，その設問は合計点と関係がないものだったことになる。また，負の相関になると，合計点の高い受験者ほど間違いやすい問題ということになるので，改善の検討が必要である。このことは，次に述べる信頼性の理解の基礎となるので覚えておいてほしい。

表16-2　良いテスト作りに入試専門家ができること（基礎）

実施項目	内容	チェックポイント
平均	得点の平均を求める	平均点は，できれば満点を使いきれるよう満点の中心（偶然得点ができる問題が多い場合はその期待得点を引いたものの中心）
標準偏差	得点の標準偏差を求める	標準偏差は大きすぎたり小さすぎたりしないか。通常は100点満点で10～20程度
得点分布グラフ（ヒストグラム）	得点分布のグラフを作成し，分布の状態を視覚的に確認する	大きな歪み，天井効果やフロア効果はないか
尖度[3)]	正規分布と比べどのぐらい分布が尖っているかの指標	マイナス～プラスの値を取り，プラスなら尖っており，マイナスなら広がっている
歪度[3)]	正規分布と比べどのぐらい分布が歪んでいるかの指標	マイナス～プラスの値を取り，プラスなら右（満点の方）に，マイナスなら左（0の方に）歪んでいる
各設問項目の正解率	各設問項目の正解率を求める。記述式問題等で構成される場合は，できるだけ最小単位のデータを使って求める	正解率が極端に高い，低い問題はないか。受験生を弁別するのに意味のない問題はどれか。得点に影響する問題に偏りはないか
各設問項目の正解率分布グラフ（ヒストグラム）	設問正解率分布のグラフを作成し，分布の状態を視覚的に確認する	得点分布グラフと見比べ，得点分布，歪みなどの原因を確認する
各設問と合計点との相関	各設問と合計点との相関を求める。エクセルではCORREL関数を使用する	相関係数は－1～1の間をとる。0.2未満およびマイナスの相関になっている設問を確認し，改善を検討する
トレースラインを作成する	各設問の合計点得点帯（20点ごとなど）別の正解率グラフ，または選択肢選択率グラフを作成する	上記の相関を説明するのに参考になる。特にどの得点帯を弁別できる問題か，といった良問の指標にも使用できる

以上が，得点分布と設問別の正解率の分析，個々の設問の項目分析の概要である。自大学の過去の問題の項目を分析し，志願者を評価するために適切であったと考えられる過去問題を蓄積することは，「良い問題」作りに欠かせない。可能であれば，データベース化し，新規作題の際に作問者に提示できるようにしておくことが望ましい。

ここまでで，入試専門家が準備できることを**表 16-2** にまとめておこう。

8. 妥当性と信頼性

これまで，入試専門家としてよい問題作りに対して実行できる，具体的なデータや資料作りのポイントについて述べてきた。ここで，その基盤となる，テスト理論について簡単に解説しておこう。具体的知識に理論の裏付けを知ることができれば，なぜこのような準備をするのか納得して業務が実行できるからである。

「良いテスト」を理論的に定義するには，2つの観点，すなわち「妥当性」と「信頼性」がある[4)]。妥当性とは，「テスト開発者（テスト作成者）がテストで測りたいと思う能力がどの程度測れているか，また使用目的にどの程度合っているか」を示すものである（小泉 2018: 38)。一方，信頼性とはその「測定手段で試行（trial）を繰り返した場合，どの程度同じ結果を示すか」（Carmines・Zeller 1979）ということである。それを，イメージとして，ある「的」に向かって繰り返し矢を射るとき，どのように当たったかで図示すると**図 16-7** のようになる。

縦軸に妥当性，横軸に信頼性を置き，上に行くほど妥当性が高く，右に行くほど信頼性が高いものとする。また，的は中心に行くほど「測りたい能力を適切に測っている」ことを表すものとする。

すると，右上は何回射ても的の中心に矢がまとまって当たる「妥当性も信頼性も高い」場合を示す。左上は，矢の当たっている方向は大体同じだが，中心から外れたところに散らばってしまう「妥当性は高いが信頼性は低い」場合を示す。右下は，矢が散らばらずに固まっているが，的の中心に当たっていない「信頼性は高いが妥当性が低い」場合。左下は全体に散らばってしまっている「妥当性も信頼性も低い」場合を示すということをある程度イメージできるだろう。

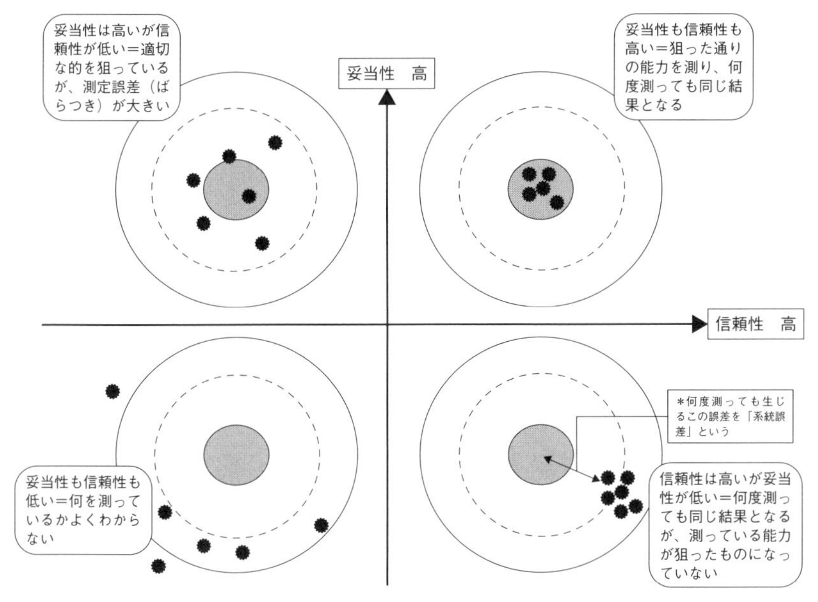
妥当性は高いが信頼性が低い＝適切な的を狙っているが、測定誤差（ばらつき）が大きい
妥当性　高
妥当性も信頼性も高い＝狙った通りの能力を測り、何度測っても同じ結果となる
信頼性　高
＊何度測っても生じるこの誤差を「系統誤差」という
妥当性も信頼性も低い＝何を測っているかよくわからない
信頼性は高いが妥当性が低い＝何度測っても同じ結果となるが、測っている能力が狙ったものになっていない

図 16-7　妥当性と信頼性のイメージ

このうち，繰り返しテストを実施した時，作問者等が制御できないデータの散らばりのことを「偶然誤差（ランダム誤差)」と言い，測定しようとした狙いとは異なる要素が同じように結果に影響してしまうことを「系統誤差(非ランダム誤差)」と言う。偶然誤差は例えば時計で言うと，「ある時刻を指しているが，それは進んでいるか遅れているかわからないので大体何時頃としか言えない」状態，系統誤差は「確実に５分進んでいる時計」であって，何らかの原因のある具体的な偏りがある場合である。

9. 妥当性を検証し改善する

妥当性理論には様々なものがある[5)]が，どの理論にも共通するエッセンスは「構成概念妥当性」と「予測的妥当性（または基準関連妥当性，関連性・有用性)」であろう。構成概念とは，測ろうとしている教科・科目の能力観，その下位構造などの理論のことである。例えば英語であれば英語の能力を語彙知識，文法の運用力，発話能力，聴解能力，文章作成能力，読解能力，相互のやりとりをする能力などで構成されるものとして想定し，それらを測定する問題を作成する。平たく言うと，「このテストで測るべき英語の能力とはどんなものであるか」ということであり，それが適切かどうかが妥当性となる。

構成概念妥当性に含まれる下位要素としては，内容的要素，構成的要素などが含まれる（小泉 2018: 45-49）。内容的要素は，構成概念で定めたことが適切に測れるものになっているか，とか，偏りはないか，といったことである。これらは，出題分野の範囲のカバー率や出題語彙の頻度計算などで検証できる。構造的要素とは，実際に得られたデータが，想定している構成概念に合致するかといったことであり，統計分析のひとつである因子分析を行って因子と構成概念が合致するかといった分析を行うことで確認できる。

予測的妥当性とは，テスト結果（点数）と，想定されている行動などの基準との関係を指す。例えば大学入試においては，そのテストの点数が十分に高ければ大学の授業についていけることを保証できるか，といったことである。これは，入試時の成績と該当教科・科目の知識を必要とする履修科目の成績との相関や，休学・退学などの関係性等を追跡調査で確認することで検証できる。この追跡調査に関しては後に詳しく説明する。

構成概念妥当性，予測的妥当性の内容と，それらを確認し，改善する具体的な分析法との関係を示したのが**表 16-3** である。

紙面が限られるので，因子分析や共分散構造分析などの統計分析を詳しく解説することはできないが，概要は以下の通りである。必要に応じてそれぞれの分析が可能な専門家に相談するとよい。

- 因子分析：各設問の正解・不正解の背後にある，共通する少数の能力因子を抽出する。想定されたテストの構成概念と大きな矛盾がないかなどを確認する
- 共分散構造分析：因子分析の一種で，事前に因子構造を仮定し，それがどれだけ実データを説明できるかを分析する方法である
- 潜在曲線モデル：共分散構造分析の使い方のひとつで，GPA の伸び等の変化の背後にある因子を仮定した時，その仮定がどの程度成績の変化を説明できるかを確認できる

表 16-3　妥当性の下位項目要素と検証方法

	確認項目	定義	入試専門家として品質を上げるために準備するもの，理論・分析法など
妥当性	構成概念妥当性	テストを構成する能力観・構成・問題は適切か，目的とする能力を適切に過不足なく測定できているか 内容的要素：テスト内容と構成概念，測定領域が一致しているか 内容に偏りはないか，適切にサンプリングされているか 構造的要素：テスト作成時に想定された構成概念の構造と，実際のデータの構造が一致するか	• 教科書（代表的な物は確実に）を揃える • 文部科学省指導要領，指導要領概説 • よく使用される参考書や問題集 • 各種の教科別能力観に関する資料 例：英語のテストの場合 英語科教育学，第 2 言語習得理論，認知心理学，音声学，統語論，意味論，コミュニケーション理論，語彙論，コーパス技術，比較言語学 • 因子分析 • 共分散構造分析
	予測的妥当性	テスト結果と測定されている能力との相関。テストの結果が高いと，想定される能力が高いと言えるか	• 相関分析 • 潜在曲線モデル（共分散構造分析） • 追跡調査（入試時成績と GPA との相関分析，学習実態調査，休学・退学との関連の分析など）

10. 信頼性を検証する

この項で扱うテストの信頼性は，前述の通り「その測定手段で試行（trial）を繰り返した場合，どの程度同じ結果を示すか」で考える[6)]。つまり，例えば体重 60 kg の人が体重計に繰り返し乗った時，毎回 60 kg を指すように，テストを何回も実施した時同じ点数になるかどうかを信頼性と考えるということである。

しかし，テストで体重計と同じことをするのは不可能である。同じ人に繰り返し同じテストを行ったら，問題を覚えていたりする練習効果で得られる得点は違うものになるだろう。そこで考え出されたのが平行測定法と折半法である。平行測定法は，あるテストと構成概念や出題形式が全く同じ 2 つのテストを同一被験者に実施し，その相関を見るものである。折半法は，ひとつのテストの全設問をランダムに 2 群に分け，そのそれぞれの得点の相関を出す。この 2 つの方式では，出てくる相関係数が高ければ高いほど信頼性が高いということになる。

平行測定法は，設問は違うが内容が同じテストを2回実施する必要があり，入試の分析・評価には適さない。折半法はテストを2回行う必要がないので，現実的に行い得る方法のひとつである。

折半法は，設問を2群に分けるシンプルな方法であるが，ランダムに分けても1回だけなら偶然に偏りが出る場合がある。そこで，その問題を解決したのがα係数である（Cronbach's alpha，クロンバックのアルファ係数と呼ばれる）。α係数は，「すべての折半法の設問の組み合わせの平均」と考えることができるからである（池田 1994: 5）。α係数は以下のような式で計算することができ，エクセルで簡単に計算することができる。

α＝(設問数／設問数－1)×(1－(各設問の分散の合計／合計点の分散))

例えば，**表16-1**の各設問の最後の行，「各設問と合計点の分散」には，関数VARを使って各設問と，合計点のそれぞれの分散が入力されている。設問数は15問である。この数値を使えば，任意のセルに以下のような式を入力してα係数を求めることができる。仮に，各設問の分散がB102～P102，合計点の分散がQ102に入力されているとすると，

＝(15/14) ＊ (1 － (SUM(B102:P102)/Q102))

とすればよい。**表16-1**のサンプルでは，α＝0.672となった。

次に，得られた信頼性の意味と改善方法について説明する。

11. 信頼性の意味

α係数は0～1の間の値を取り，一般的には0.7以上あることが望ましいとされる。それは，このα係数と合計得点の標準偏差を使って，テスト自体の標準誤差を求めることで理解できるだろう。テストの標準誤差とは，受験者の得点の真の値はどの程度の幅のなかにあるかを示す値で，次のように計算される（大友 1996: 47; 池田 1994: 14）。

表 16-4　標準誤差の例

100 点満点で標準偏差が 15 のテストの標準誤差	
信頼性係数	標準誤差
0.1	14.2
0.2	13.4
0.3	12.5
0.4	11.6
0.5	10.6
0.6	9.5
0.7	8.2
0.8	6.7
0.9	4.7
1	0.0

$$標準誤差 = 合計得点の標準偏差 \times \sqrt{(1 - \alpha 係数)}$$

表 16-1 の下から 3 行目に標準偏差が求めてあるが，合計得点の標準偏差は 17.67 であり，エクセルの式にすると以下のようになる。**表 16-1** のサンプルでは，$\alpha = 0.67$ なので，

= 17.67 * SQRT（1 － 0.67）= 10.15

これは，ある受験者のこのテストの得点が 50 点だった場合，本当の得点は 50 ± 10 点の間に約 68%の確率で存在する，ということである[7)]。50 点を取っても，本当は 40～60 点の間のどこかに真の得点があるということしか言えないので，50 点と 51 点の違いにはさほど意味はないということになる[8)]。信頼性を高めることは，測定時のこの誤差を減らすことで公正な入試に寄与するということである。

試みに，100 点満点のテストで，標準偏差が 15 のテストの標準誤差がどのようになるか，**表 16-4** に掲載する。

また，α 係数はテストに含まれる各設問の等質性が高いこと，つまりできるだけ同じような能力を測定しているかどうかに左右される。極端な例とし

ては，英語のテスト中に数学の問題を出した場合，数学の能力という英語とは無関係の因子が含まれることになる。このように異質な要素が混ざることで英語の問題としての信頼性は下がるということである[9)]。

12. 信頼性の改善方法

信頼性を改善するためには，以下のような方策を検討すべきである。

①設問数を増やす（設問数が少ないと，項目に対する得意・不得意などの偶然に正誤が左右される可能性が高まり信頼性は落ちる）

②７で述べた，得点との相関の低い設問を改善する（そのため，６で述べたトレースラインを使って何が原因かを検討する）

③各設問が構成概念に従っているかどうかを質的に検討する

④問題のありそうな出題方法を変更する

②でまた項目分析の話が出てきたが，ある設問項目の合計点との相関が低いということは，その設問が全体の主要な構成概念とは違う何かを測定しているという意味である。項目分析はテストの信頼性を高める上で必要なことなのが理解できただろうか。

なお，共通テストの国語が「評論文」「小説」「古文」「漢文」に分かれているように，それを解くために必要な能力や知識が異なる分野で構成されている場合，テスト全体の信頼性は低くなりがちである。そういった場合は分野ごとに信頼性を出すなどしなくてはならないが，設問数が減ってしまうことで信頼性が下がることも考慮に入れておく必要がある。

以上のことを，一覧にまとめたものが**表 16-5** になる。これまで説明してきたものは，主に「古典的テスト理論」と呼ばれるテスト理論に基づく信頼性で，１回のテスト全体の内容，構成や得点とそれを構成する設問の正解率などを元に分析する考え方であった。

表 16-5 のうち，まだ説明していないものに κ（カッパ）係数と一般化可能性理論がある。紙面の都合で詳細な説明は省くが，興味があれば調べてみるとよい。

- κ 係数：面接や記述式問題で段階評価を行う場合の２人の採点者間の相関係数である。例えば，３人の受験者に対し，５段階評価で採点者Ａが１，２，３と評価し，採点者Ｂが２，３，４と評価をしたとする。すると，一

表 16-5　信頼性の定義と検証方法（古典的テスト理論）

	確認項目	定義	入試専門家として品質を上げるための理論・分析法など
信頼性	古典的テスト理論	• 何度測定しても，測定結果のばらつきが少ない • あるテスト中の各設問が，すべて目指す能力を中心に測れている（内部一貫性・内的整合性） • 測ろうとする能力と異なる能力を評価する設問・要素が混じっていない（一因子性） • 少ない偶然誤差	• 平行テスト法 • 折半法 • α 係数 • 合計点と設問の相関 • トレースライン • 因子分析によるテストの一因子性の確認 • カッパ係数（採点者間相関） • 一般化可能性理論

般の相関分析では AB 間の相関係数は 1 となるが，実際は評価は 1 つずつずれている。これを補正するのが κ 係数で，この例で κ 係数を出すと，0.57 と計算される

- 一般化可能性理論：テストなどの誤差成分が何に起因するかを抽出するための実験計画方法を考え，分散分析の手法を用いてそれらを抽出する分析法のこと。記述テストや面接などで，何人くらいの評価者を用意すればよいか，受験者に与える課題は何題くらいが適切かといった情報を与えてくれる（池田 1994: 28–50）

13. 項目反応理論とはどういうものか

テスト理論の解説の最後に，少しだけ項目反応理論について説明しておこう。項目反応理論は，近年コンピュータで実施する CAT（Computer Adaptive Test，コンピュータによる適応型テスト）技術の理論的基盤として，注目を浴びるようになっている。海外では国際的な学力調査の PISA や英語能力試験の TOEFL（R），国内では医療系大学間共用試験（石田 2020），日本留学試験（日本学生支援機構 2005）などで利用され，異なる実施回の得点の等化などに利用されている。また，大学入試にも応用ができないか検討が進みつつあり，様々な報告書等も提出されている（山本 2021）。

これまで説明してきた「古典的テスト理論」はテスト全体を対象にテストの妥当性や信頼性について分析・検証するものだった。一方，項目反応理論

(Item Response Theory) は，その名の通り，個々の設問項目 (item) に着目し，各項目への正解・不正解などの受験者の反応をもとに合計点ではなく「能力値」を推定するテスト処理方法である。

よく説明に使われるのは，視力検査である。輪の一部が欠けているCのようなマークをランドルト環という。古典的テスト理論は，視力検査表の上のすべてのランドルト環の隙間の向きを「何個正しく見えたか」によって合計点を出し，それを「視力」とするというイメージである。しかし，実際の視力検査では，環の大きさによって，それが見える視力が決まっていて，見える環の数は関係がない。1.5 の環の隙間が見えれば，その人は視力 1.5 だと言える。項目反応理論の考え方はそれになぞらえることができる。

項目反応理論では，各設問の難しさが既にわかっている問題を使用する。この難しさのことを「困難度」と言う。新しく作られた問題の場合は，まだ困難度はついていないが，すでに困難度のついている問題とあわせて出題されることで，その困難度が計算される。困難度は一般に 0 を中心に −3〜＋3 程度の値をとり (理論上は ± ∞だが)，一度あるテストで困難度の軸が設定されると，その後の同じ能力を測るテストではこの困難度が共通に使用され続ける。**図 16-8** には，前に示した設問 1 のトレースラインと，この設問 1 を IRT でモデル化した「項目特性曲線 (Item Characteristic Curve)」を示している。やや違いはあるが，左のグラフの正解 1 の線と右の項目特性曲線は似ている。このように，実際の得点帯別正解率を数学的に処理することで得られる値が困難度で，グラフで言うと正解確率 50%のところの困難度の値を使用する。例えば右のグラフでは，正解確率 50%の位置の困難度は 0.77 なので，この設問の困難度は 0.77 である。

テストの実施においては，ある受験者がそのテストのうちどの問題に正解し，どれに不正解であったかという情報を使って，受験者の能力を推定する。例えば，困難度 0.77 の問題には正解したが，0.9 の問題には不正解であった場合，おそらくこの受験者は 0.8 程度の能力を持っているのではないか，と推定できる。このような形で推定を行うのは「挟み撃ち法」(豊田 2002) というが，イメージとしては理解しやすいだろう。

この挟み撃ち法のようなアルゴリズムで，コンピュータ上で受験者の正解・不正解に合わせて適切と考えられる設問を動的に出題するテスト出題形式が冒頭に述べたCAT である。なお，IRT は紙で行うテスト (Paper Based

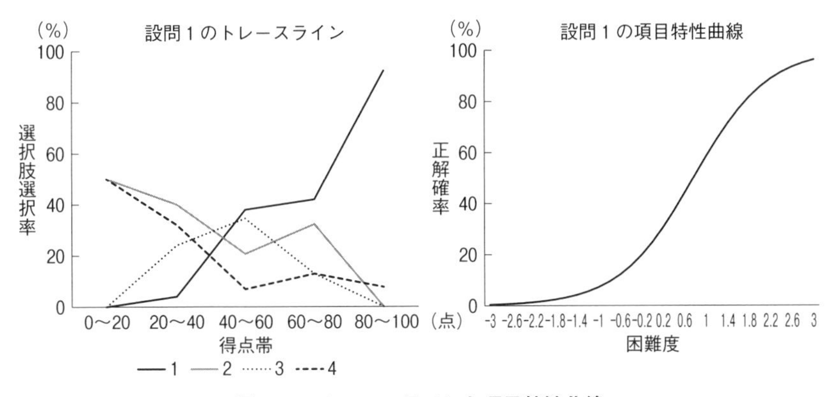

図 16-8　トレースラインと項目特性曲線

Test）でもコンピュータで行うテストにも利用できる。コンピュータ上でテストを行うものは広く CBT（Computer Based Test）と言い，CAT はその一形態である。また，CBT も CAT も必ずしも IRT を使用するものではないことを申し添えておく。

これ以上の IRT の説明は省くが，次節に入試において IRT を使用する利点と留意点（制約）を箇条書きでまとめておこう。

14. IRT の入試への応用可能性と制約

【利点 1】点数の価値が変わらないこと

異なる日時に実施した別々のテストの得点の価値を揃えることができる（テストの得点の価値をそろえることを「等化」という）。そのため，

- 同じ年度に入試を複数回行う場合，回が違っても点数の価値が違わないので，合否の公平性を確保できる
- 各年度の受験者の学力の変動が把握できる
- GPA や単位の取得状況などから，授業を受けるため，入試時にどの程度の点数が必要か，絶対評価的に把握することができる

なお，点数の価値がぶれないことで，IRT を活用すると，必要条件としての学力レベルを絶対評価的に把握・判断することができる。そのためには，テストの点数に対する「意味づけ」を行い「最低基準」などを把握する必要

がある。その具体的な方法は「カットスコア」の設定と言い，ブーツストラップ法やブックマーク法など様々なものが提案されている。詳しくはZiekyらを参照のこと（Zieky et al. 2008）。

【利点２】CATなどへの応用

IRTでは，テスト冊子全体の合計点を取る必要がない。そのためCATを使うと受験者の能力を測定するにふさわしい困難度等の問題を集中して出題できる。それにより，

- 一定以下の測定誤差で試験の実施時間を短くすることができる
- 問題プール（問題のデータベース）からひとりひとりに異なる問題を出題することができ，問題の漏洩の危険性も少なくなるので，入試日程を複数回設定することができる可能性がある

【制約】問題の公開

IRTでは，実施したテスト問題を公開することが原則できない。公開する場合は，プレテストなどの準備や実施に莫大なコストがかかる。IRTでは，困難度などがわかっている問題を再利用し，それを使って新しい問題の困難度を推定するため，問題公開は原則できない。しかし文科省は，入試問題を「原則として公開するものとする」（文部科学省 2021）としている。

上記のCATなどを利用する場合は，困難度などのわかっている問題プールを準備し，受験者毎に異なる問題が出題されるため，入試問題を公開することは困難である。「原則」をどこまで柔軟に例外を認めてもらうのか，など不透明な部分は多い。

前述の医療系大学間共用試験等では，もう出題されなくなった問題を受験生向けなどに公開することで，公開の原則をある程度担保している。

15. さらに深く学びたい人のための読書ガイド

(1) 評価・テストの開発に関して知りたい方へ

Brennan, Robert L., 2006, *Educational Measurement: Fourth Edition*, American Council on Education.

石田恒良，2012，『教育評価の原理―評定に基づく真の評価を目指して』図書文化.
大村平，2016，『評価と数量化のはなし―科学的評価へのアプローチ』日科技連.
日本テスト学会編，2007，『テスト・スタンダード―日本のテストの将来に向けて』金子書房.

(2) テスト理論（統計的処理，分析等）について知りたい方へ

Carmines, Edward G., Zeller, Richard A., 1979, *Reliability and Validity Assessment*, SAGE Publishing（= 1983，水野欽司・野嶋栄一郎訳『テストの信頼性と妥当性』朝倉書店）.
平井明代編著，2018，『教育・心理・言語系研究のためのデータ分析』東京図書.
池田央，1994，『現代テスト理論』朝倉書店.
Lane, Suzanne, Raymond, Mark R., Haladyna, Thomas M., 2015, *Handbook of Test Development: 2nd Edition*, Routledge.

(3) 項目反応理論（IRT）について知りたい方へ

別府正彦著，野口裕之ほか監修，2015，『「新テスト」の学力測定方法を知るIRT入門―基礎知識からテスト開発・分析までの話』河合出版.
光永悠彦，2017，『テストは何を測るのか―項目反応理論の考え方』ナカニシヤ出版.
大友賢二，1996，『項目応答理論入門―言語テスト・データの新しい分析法』大修館書店.
豊田秀樹，2005，『項目反応理論・理論編―テストの数理』他　朝倉書店.

注

1）エクセルでは，標準偏差はSTDEV関数で計算される。各得点の平均の差を二乗したものの合計を（n − 1）で割ったものである。nは標本の数である（マイクロソフト 2021）。
2）一様分布とは，データがどの階級（正解率層）でもほぼ同じである分布をいう。
3）「尖度」は，正規分布と比べて尖っているか，広がっているか，「歪度」は正規分布

と比べ，山が左右どちらに歪んでいるかを示す数値指標である。数式は煩雑になるため省略するが，関数を使用すればエクセルで計算可能である。エクセルでは「尖度」はKURT，「歪度」はSKEW関数を使う。

4） 現在の妥当性研究においては，信頼性は「一般化可能性要素」として妥当性のなかに含めることが多いが，本章では分けて論じることにする。

5） 妥当性理論の変遷と現状は，Brennan（2006: 18–23），小泉（2018: 41–85）に詳しい。

6） テストの処理方法のひとつである項目反応理論（項目応答理論ともいう）では，信頼性はこれをさらに拡張したものになるが，ここでは概略を述べることに留める。

7） 68%というのは，正規分布の±１標準偏差内に含まれる面積（確率密度）のことである。誤差が正規分布すると仮定し，得点を中心に誤差の１標準偏差前後を示している。

8） この意味で，１点刻みで合否が決まるというのは，公平性は担保しているかもしれないが，ボーダーライン前後の受験者は偶然に決まっているとも考えられる。

9） これは一般論で，例えば英語で数学の論文が読めることがアドミッション・ポリシーである場合，そのような出題をする必要があるので，絶対にこれがいけないというわけではない。出題側の構成概念と受験者の学力の相対的な関係で信頼性が決まる部分がある。

引用文献

Brennan, Robert L., ed., 2006, *Educational Measurement Fourth Edition, Westport*: Praeger Publishers.

Carmines, Edward G., Zeller, Richard A., 1979, *Reliability and Validity Assessment*, Beverly Hills: SAGE Publications, Inc.（= 1983，水野欽司・野嶋栄一郎訳，『テストの信頼性と妥当性』朝倉書店）.

池田文人・鈴木誠・加茂直樹，2007，「AO入学者の追跡調査結果に基づくAO入試の評価―平成13年度北海道大学薬学部入学者を対象にして」『大学入試研究ジャーナル』17: 51–55.

池田央，1994，『現代テスト理論』朝倉書店.

石田達樹，2020，「医療系大学間共用試験について」『文部科学省全国的な学力調査のCBT化検討ワーキンググループ資料（2020.6.29）』（https://www.mext.go.jp/content/20200716-mxt_chousa02-000008246-5.pdf, 2021.10.31）.

神永正博，2009，『不透明な時代を見抜く「統計思考力」』ディスカヴァー・トゥエンティワン.

小泉利恵，2018，『英語４技能テストの選び方と使い方―妥当性の観点から』アルク.

Lane, Suzanne, Raymond, Mark R., and Haladyna, Thomas M. eds., 2016, *Handbook of Test Development, 2nd Edition*, London: Routledge.

マイクロソフト，2021，「STDEV関数」『Microsoftサポート』（https://support.microsoft.com/ja-jp/office/stdev-%E9%96%A2%E6%95%B0-51fecaaa-231e-4bbb-9230-33650a72c9b0#:~:text=%E6%A8%99%E6%9C%AC%E3%81%AB%E5%9F%B

A%E3%81%A5%E3%81%84%E3%81%A6%E6%A8%99%E6%BA%96,%E3%82%92%E8%A8%88%E6%B8%AC%E3%81%97%E3%81%9F%E3%82%82%E3%81, 2021.11.2).

文部科学省，2021,「令和 4 年度大学入学者選抜実施要項について（通知）」(https://www.mext.go.jp/content/20210617-mxt_daigakuc02-000010813_1.pdf, 2021.11.2).

日本学生支援機構，2005,「日本留学試験における得点等化について」(https://www.jasso.go.jp/ryugaku/eju/about/score/touka.html, 2021.10.31).

日本テスト学会，2007,『テスト・スタンダード―日本のテストの将来に向けて』金子書房.

西郡大，2021,「入学者選抜の効果検証の在り方に関する考察」『大学入試研究ジャーナル』31: 27-34.

岡本幹三・中山英明・能勢隆之，1991,「国試合格からみた高校・入試・在学成績の評価」『医学教育』22(2): 93-8.

大友賢二，1996,『項目応答理論入門―言語テスト・データの新しい分析法』大修館書店.

大塚智子・武内世生・高田淳・瀬尾宏美，2018,「「主体性・多様性・協働性」を重視する多面的評価による入学者の卒業後追跡調査」『大学入試研究ジャーナル』28: 61-6.

豊田秀樹，2002,『項目反応理論［入門編］―テストと測定の科学』朝倉書店.

山本廣基，2021,「大学入学共通テストにおける CBT 活用に関する検討状況」『大学入試の在り方に関する検討会議資料（2021.2.17)』(https://www.mext.go.jp/content/20210218-mxt_daigakuc02-000012828_3.pdf, 2021.10.31).

Zieky, Michael. J., Perie, Marianne, Livingston, Samuel A., Cutscores: *A Manual for Setting Standards of Performance on Educational and Occupational Tests*, 2008, Princeton, Educational Testing Service.

第17章 入試の妥当性を確認する追跡調査の方法論

山下　仁司

第16章では，「良いテストづくり」の観点からの解説を行ってきたが，そのなかでもテストの「予測的妥当性」を解説する際に「追跡調査」が説明として出てきた。この章では，テストだけでなく入試の仕組みも含めた妥当性を検証するための追跡調査の在り方について解説する。

1. 追跡調査のテーマの変遷

各大学では様々な追跡調査が行われているが，その目的と範囲は様々である。例えば，1990年代より医師国家試験の合格率と高校の調査書や入試時，在学時成績との相関を分析する調査が見られる（岡本ほか 1991）。また，1990年に慶應義塾大学湘南藤沢キャンパスで始まったAO入試以降，入試の方式が多様化し，2000年代に入ってからは様々な入試方式間の比較等の研究も見られるようになっている（例えば，池田ほか 2007）。

また，2010年代後半には，国の多面的・総合的評価による選抜への転換の要請を受け，「主体性・多様性・協働性を重視する入学者選抜」の効果を追跡調査する実践事例（大塚ほか 2018）が増加している。

最近では，大学における質保証の動きとともにIR（Institutional Research）の重要性が注目されるなか，佐賀大学の西郡は今後教学マネジメントのなかに入試制度やアドミッション・ポリシーの検証が位置づけられ，教学改革と連動する可能性を指摘している（西郡 2021）。

このように，追跡調査は各大学がどのような選抜方法を取るか，どんなことに関心があるかによって変わってくる。そこで，これから各大学のニーズに応じた工夫が可能なように，基本となる追跡調査の考え方と，その具体的な方法論などを解説していくことにする。

2. 追跡調査の基本的考え方

追跡調査を設計するにあたって，3つの考えるべきことが存在する。まず第1に，調査目的，次に目的変数，最後に説明変数である。その関係を**図17-1**のように示した。これから，そのひとつひとつを説明していこう。

(1) 調査目的の設定

まず，「何のために追跡調査を行うのか」の明確な定義が必要である。追跡調査に限らず，明確な目的を持たずに調査を行うと，結果はぼやけたものになりがちであり，利活用度も高くならない。調査を設計するにあたっては，まず「調査目的」をできるだけ具体化することが肝要である。それは，第16章で説明した「良いテスト作り」で，テストの構成概念が重要であると説明したことと同じである。

調査目的は明確でなくてはならないが，難しく考える必要はない。「○○したい」という願望や，「△△ではないか？」という仮説の言葉で具体的に考えるとわかりやすいかもしれない。例えば，「退学率・休学率を減らしたい」「退学・休学には，入試区分・入試方式が関係しているのではないか？」といった形である。

(2) 目的変数（調査目的を説明できる客観データ）の検討

次に考えるべきは，「どうすれば，調査目的を客観的に数値化することができるか」を検討することである。上記のように，具体的に「退学率・休学率を減らしたい」ならば，この目的変数（従属変数，外的基準とも呼ばれる）は「退学率・休学率」となるのでわかりやすい。

もし，(1) で「新型入試の効果を知りたい」とやや曖昧な目的を設定したい場合，「効果」の定義は何かを具体的に測定可能なものによって定める必要がある。「効果」が休退学を減らすことであれば，休退学率がそのデータとなる。「効果」が「より主体的な学生の増加」であれば，入学時アンケートにおける，満足度や学問・研究意欲や，入学後の成績推移，履修授業等になるだろう。

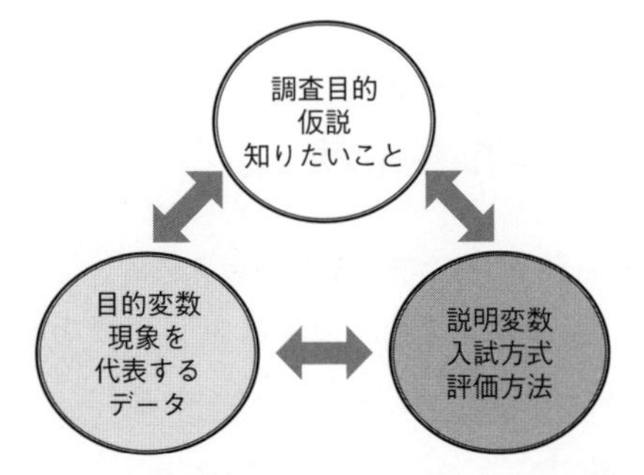

図 17-1　追跡調査設計において考えるべき 3 要素

もちろん，そのために新たにアンケート調査などを開発することや，外部アセスメントなどを採用して実施するといった計画も必要になる。

(3) 説明変数（入試区分や評価方法）の切り口とデータ収集

最後に，目的変数のデータを調査目的や仮説に沿って分析するために，どのような切り口を設けるかを考える。入試方式によって休退学率に差が出るという仮説ならば，行っている入試毎の休退学率を集計してみるということになる。

ここで，一歩進めて考えてみると，仮に休退学に確かに入試区分が関係するという結論が出た場合，さらなる分析が必要である。「ではなぜ○○入試では，休退学率が低いのか？」ということである。そこで，
仮説 1：この入試区分での休退学者は，大学の授業についてこれるだけのレディネスが不足しているのではないか
仮説 2：この入試区分での休退学者は，大学に不本意に入学しているのではないか

といったさらなる仮説を立て，それらを確認するデータ（説明変数）を用意することで，より有効な対策を立てる事のできる調査になる。仮説 1 が確認された場合は，合格させる学力基準の設定をより高くするとか，リメディアルを強化する。仮説 2 が確認された場合は，その入試方法における広報や入学後のオリエンテーション，カウンセリングを強化するといった対策が考えられる。

3. 調査設計において留意すべきこと

ここで，調査設計において注意すべきことをいくつか挙げておこう。

(1) アンケート等では統計的に十分なサンプル数を用意する

対象者全員のデータが得られるような場合（悉皆という）は，統計的検定などは必要ない。しかし，アンケートによる調査などでは，全員に調査を行うことはあまりないので，サンプリング調査を行うことになる。その場合は，あまり少数のサンプルでは確実なことが言えないので，十分なサンプルを用意できるように心がける。詳しくは触れないが，統計的には標準誤差とサンプル数の関係を求めることができるので，専門家に相談しよう。

(2) ランダムサンプルを原則とする

サンプリングによる調査の場合は，データが偏らないようにランダムに抽出するのが原則である。その際，入試区分や男女別等，部分母集団ごとに区分けをして（層化という）データを比較する場合には，対象となる各層ごとにランダムサンプリングして抽出することが必要である。

(3) 切断効果に注意

例えば入試時の成績と，入学後のGPAの相関を調べたい，といった場合があり得る。一般入試の場合，入試時の成績情報は受験者全員のものがあるが，入学後成績は入学者の分のみということになる。すると，本来は存在するはずの相関が消えてしまう場合がある。このような現象を切断効果（選抜効果）と言う。

図 17-2 では，横軸を100点満点のテスト，縦軸をGPAとし，仮に全ての受験者が入学して成績をつけた場合にできる散布図である。この全体では相関係数は $r = 0.63$ となっている。しかし実際は，60点の線で合否が分かれ，入学している者は60点の線より右に存在する者のみである。このデータでは，この部分のみの相関係数は $r = 0.22$ と下がってしまう。

このように，入試時成績（テストに限らず，面接や書類審査なども）と入学後の成績には切断効果によって強い相関が認められなくなる場合があるので，

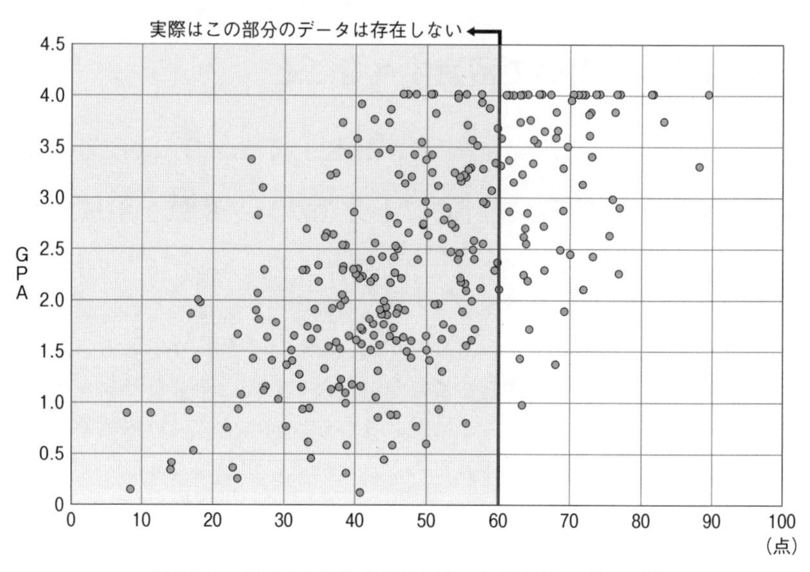

図 17-2 入試時成績と成績の相関の切断効果のイメージ

追跡調査のデータの解釈には注意が必要である。入試時成績とGPAなどに相関が認められなくても，例えば「特定の教科・科目の学力が必要な履修科目での不可となる割合」などを確認することで相関に代わる妥当性を確認することが可能である。

4. 追跡調査のためのデータ整備

これまで見たように，追跡調査のためには様々なデータが必要になる。データは必ずしも入試業務を行っている部署で入手可能なもので事足りるわけではない。学生の履修科目やGPAなど教学・教務関係で入手できるもの，キャリアセンター等で把握している就職先，関係する学部内で管轄していることの多い国家試験の受験，合否情報など様々である。追跡調査をしっかり行うためには他部署との連携が重要になってくるだろう。**表 17-1** に，追跡調査に使用できる主な情報とそれらが得られる部署等を整理してみた。

参考に，筆者の在籍する大阪大学高等教育・入試研究開発センターでは，入試業務で発生するデータ，入学時アンケート，各学生の履修データや成績

表 17-1　追跡調査に使用できる情報

	追跡調査に使用できる情報の整理	情報が得られる部署やソース
入学前	高校生の名前，住所，メールアドレス，電話番号などの属性情報 OC 申し込み，資料請求などの接触情報	入試担当部署 広報担当部署 参加申し込み用システム
入試時	名前，住所，メールアドレス，出身校などの属性情報 受験番号 調査書 志望理由書・学びの設計書などの出願時提出書類 受験生の保持している資格など 出願時アンケート 入試方式 共通テスト，個別学力試験，小論文などの各科目の成績，書類審査の評価，面接評価（素点と利用点） 合否・入学情報 入学者の学籍番号（受験番号との紐づけ）	入試担当部署 申し込み時の管理データ Web 出願システム等 成績情報 教務担当部署
入学時	学籍番号 リメディアル等の成績 入学時アンケート	教務担当部署 IR 担当部署
各学年	履修情報 成績情報（GPA） 休学・退学情報 学生賞などの学内表彰，学外活動 学籍番号付き学習アンケート・生活アンケート等 外部アセスメントなどの評価	教務担当部署 IR 担当部署
卒業時 卒業後	卒業論文・卒業研究の成績 進学・就職情報 教員の学生評価アンケート 学生の自己評価アンケート ピア評価（学生同士の評価） 外部アセスメントなどの評価 企業人事などによる卒業生の評価 大学院の成績等	教務担当部署 IR 担当部署 キャリアセンター等

情報などを各部署の DB から抽出して統合し，学籍番号ですべてを紐づけた「入学者追跡データベース」を構築している。他の DB から抽出する理由は，すでにある教務システムなどを追跡調査のために他の DB に連携するように改修するのは膨大な予算と手間がかかるからである。追跡調査は日々変化するデータを追いかけるものではなく，年に数回データを既存のシステムから

抽出することで可能なため，このような方式をとっている。

5. 追跡調査のケーススタディー

以上を再度整理して，具体的な追跡調査の仮説の立て方や収集すべきデータのイメージをテーマ別にケースとして提示する。自大学の課題に近いものを参考にしていただければ幸いである。

【問題解決型追跡調査】

(1) 退学率・休学率を下げたい1

仮説：入試方式によって，退学・休学しやすい学生が入学してきている
目的変数：退学率・休学率
説明変数：入試方式，学部系統，男女，出身高校
解説：入試区分ごとに退学・休学の割合を算出し比較する。特定の入試区分に有意に休・退学者が多ければ，そこに何らかの原因がある可能性が高い。ただし，学部系統，男女や出身高校などでも集計してみて，入試区分とは別の隠れた共変数がないかどうかを確認することが重要である。
参考となる先行研究等：佐藤（2018）では，入試区分ごとの休退学についての分析を行っている例を示している（佐藤ほか 2018）。

(2) 退学率・休学率を下げたい2（サブ仮説1）

仮説1：入試方式によって，授業についていけないレディネスの低い学生が入学しており，それが休・退学を招いている
目的変数：退学率・休学率，退学・休学時期
説明変数：学部系統，入試時学力（科目別），調査書，志望理由書，リメディアル成績，共通科目の成績，専門科目の成績
解説：入試方式が学力不足と相関が強く，学力の不足によって授業についていけないので休・退学が多いという因果関係を確認し，問題を解決するための調査である。もし確認されるとリメディアル強化等を検討する。

(3) 退学率・休学率を下げたい3（サブ仮説2）

仮説2：入試方式によって，無目的に入学する学生，不本意（本当は別のことがしたい等）に入学する学生を生んでおり，それが休・退学を招いている

目的変数：退学率・休学率，退学・休学時期

説明変数：学部系統，入試時学力（科目別），調査書，志望理由書，入学時アンケートの満足度・学習意欲等，共通科目の成績，専門科目の成績，募集広報の方法，内容

解説：学生の学修意欲に休・退学の理由があるとする場合。この場合，「意欲が低く，成績なども低い」場合と，「意欲が高く，成績なども高いが，自大学ではそれが満たされない」という2極のケースになる場合がある。このような場合は，成績データ等を平均してしまうと傾向が見えなくなる場合があるので注意が必要である。

【課題発見型追跡調査】

(4) 国家試験合格率を上げるため，何が重要か知りたい

仮説：国家試験合格率に影響するものは，高校での学習習慣や進学意欲か，入試方式（入試区分，募集要項，出題科目）による入試時学力か，それとも入学後の学習活動か，その原因と寄与率を確認したい

目的変数：国家試験合否，科目等の成績

説明変数：入試区分，入試時学力（科目別），調査書（高校の時の成績），志望理由書，入学時アンケートの学習意欲・高校での学習活動等，共通科目の成績，専門科目の成績，現役・過年度生の区分等

解説：国家試験合格率を上げるために，高校時代の学習習慣，志望度，入試時の成績，入学後の学修ほかどの要素が最も影響があるかを突き止め，その最も影響のある要因を改善する。分析手法には，判別分析や二項ロジスティック回帰分析[1)]などが有効である。

参考となる先行研究等：先述の岡本（1991）では，判別分析を使って高校，入試（共通1次試験の科目や個別学力試験，現役生か既卒生かなど），在学時成績などと合否の関係を分析している。

【確認検証型追跡調査】

(5) 現状の入試が，APに沿った目的とする人材を得られているか確認したい

仮説：現在のAPで主体性などを重視すると謳っている総合型入試で選抜された学生は，そのような資質を備えて入学してきているかを確認したい

目的変数：卒業時の自己評価アンケート，教員による評価，外部アセスメント（それぞれ主体性などを評価するもの）

説明変数：入試区分，調査書（高校の時の活動歴），志望理由書，書類・面接評価の点数，入学時アンケートの学習意欲・高校での学習活動等，履修科目等

解説：合否や成績などと違い，非認知能力を目的変数にするためには工夫が必要である。アンケート調査を行う場合，例えば主体性であればそれを評価できるような内容を数値化する必要がある。指導教員からの学修態度，ゼミや研究会への参加態度，卒研・卒論のテーマ設定への積極性，オリジナリティ評価などがそれに相当する。また，具体的活動として，学内の公募制研究支援制度への参加，サークル活動，ボランティア活動，学外のNPO活動，模擬国連などの外部活動等への参加率なども主体性の指標になる。協働性等の場合は，指導教員による評価のほか，学生同士のピア評価なども目的変数化可能である。

また，主体性や協働性等が就職活動に有利に働いているか，とか，研究活動において自分のやりたい研究を進んでやるようになっているか等まで拡張して分析をすることもできる。手間のかかる入試のメリットを可視化することで，特殊な入試に批判的な教職員を納得させる材料にもなり得る。

参考となる先行研究：医療分野における長期追跡調査で，非認知能力の入試との関係を検証している実践では前述の大塚（2018）のほか，大塚ほか（2017: 61-66）なども参考になる。また，福島（2020）は，外部アセスメント（GPS Academic, PROG）と入試区分や学生調査などとの相関を分析し，外部アセスメントの妥当性や有効性を検証している（福島・日下田 2020）。

6. 大阪大学のAO・推薦入試追跡調査の事例

ここで，大阪大学の追跡調査の事例を簡単に紹介する。大阪大学では，2017年度入試より全学で後期入試を停止し，AO・推薦入試を開始した（現総合型・学校推薦型選抜）。この入試は，センター試験によって学力の担保は行いつつ，各学部が独自のAPに従って書類審査，小論文，面接などを通して多面的・総合的に選抜を行うものである。

2020年度が4年制の学部における最終年度となったので，2020年12月～翌1月にかけ，AO・推薦入試全員と一般入試入学者のランダム抽出された学生を対象に追跡調査を行った。

この調査の目的は，新しい入試方式によって目指す学生が獲得できているかを確認することである。特に，本学の求める「研究力の高い学生」が入学し，卒業しているかを確認することとした。背景には，学内に「指示待ち学生の増加」などの懸念があったことによる。この「研究力」の構成概念としては，

①自分で研究のテーマを見つけることができる（主体性）
②テーマに関する「仮説」を創り出すことができる（創造性）
③仮説が正しいことをどうすれば証明できるかを考えられる（論証や調査・実験計画）
④失敗しても諦めない粘り強さ，回復力（レジリエンス）
⑤周囲（教員や学生）との協働性

などを構想し，それらを評価するための質問項目を独自に作成した。

調査方法としては，対象学生の自己評価アンケートだけでなく，該当学生を評価できるゼミ担当や研究室の教員にも評価してもらった。また，この他にも入試時学力，GPAなども併せてデータを結合し，総合的な分析を行った。

紙面の関係上全ての結果を示すことができないが，一例として**図17-3**・**図17-4**は，それぞれ文系，理系におけるAO・推薦入学者と一般入試入学者の「研究に対する主体性・自立性」項目の結果である。それぞれ4件法で，「4＝自ら進んでできる～1＝教員の支援が必要」の教員評価の平均値となっている。これを見ると，平均的には文系・理系とも，AO・推薦入試の入

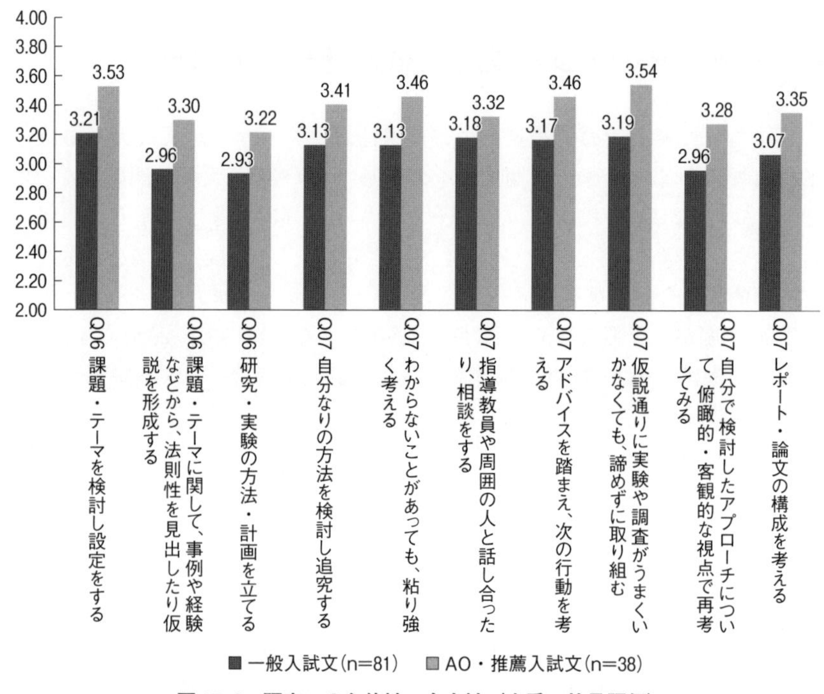

図 17-3　研究への主体性・自立性（文系・教員評価）

学者の方が，研究における主体性・自立性が高いと評価されているのがわかる。

7. 終わりに：今後の追跡調査の方向性

最後に，今後の追跡調査の方向性に関して考えられることを記しておこう。先に述べた西郡（2021）の指摘のように，今後は入試の追跡調査が教学改革の一部として位置づけられ，IR の一環に組み込まれていくことになるだろう。2021 年に作成された「大学入試のあり方に関する検討会議 提言」中でも，「各大学は，IR（Institutional Research）の機能を発揮して，大学入学者選抜における記述式問題の出題，入学後の GPA 等の推移，卒業後の進路等の関係について，継続的な検証を行い，その結果を踏まえた不断の改善を行うこと

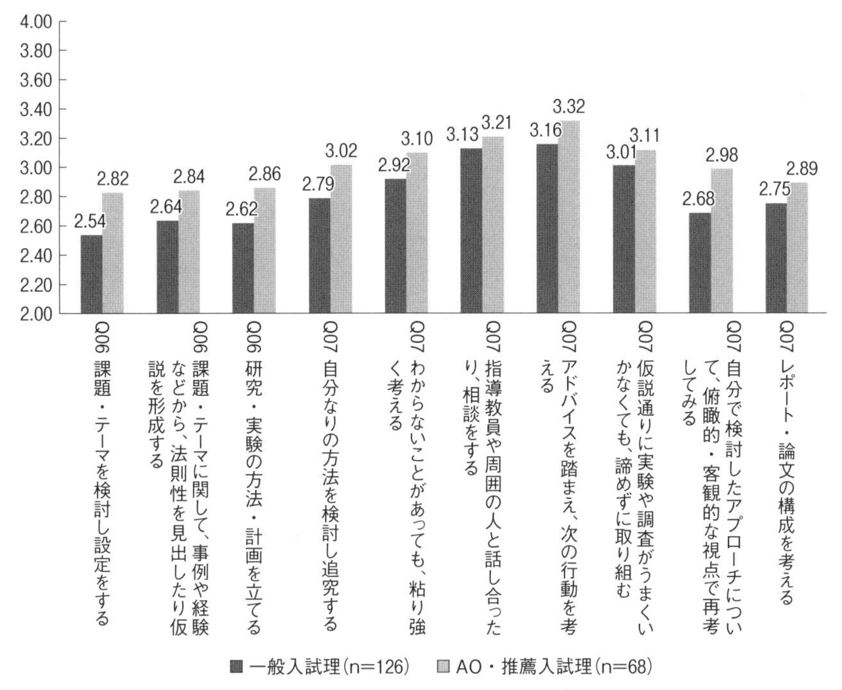

図 17-4　研究への主体性・自立性（理系・教員評価）

が期待される」（文部科学省 2021: 18）とその役割が指摘されている。そのためには，5の（5）で述べた確認検証型追跡調査の重要性が今後増していくことになるだろう。

また，よりいっそうの少子化が予想されるなか，入学定員の厳格化の動きと相俟って，志願者の確保のために総合型・学校推薦型選抜などで，年内に定員の多くを確保しようとする大学が増加している（進研アド 2021）。そのため大学での授業を受けることのできるレディネスが身についているかを教科・科目ごとに細かく見ていくことの重要性は高まっている2)。また，今後は選抜の競争機能の残っている国公立大や私立大などでも，定員に対して志願者の絶対数が減っていくなか，合格水準が下がることによる見かけ上の学力低下現象もみられるようになる可能性が高い。そのため，先に述べたIRT（項目反応理論）等を使って，絶対評価的に志願者や入学者の学力を測定し，学力の実質的変化を確認し，本当に必要なレディネスはどのようなものかを確認する追跡調査の重要性が高まると言えるだろう。

注

1） 判別分析やロジスティック回帰分析は，合格か不合格かなどのカテゴリーデータを目的変数として，それに対する説明変数がどれだけ寄与しているかの重みなどを分析し，新しいデータがどちらに入るかの予測を行うことができる分析手法である。
2） 荒井（2011）はいわゆる高校までの学力と大学教育の間にある「溝（Chasm）」が，選抜機能の緩和によって超えられていないことを指摘している（荒井 2011）。

引用文献

荒井克弘，2011，「高大接続の日本的構造」『高等教育研究』14: 7-21.

福島真司・日下田岳史，2020，「追跡調査での外部テストの活用―「学力の3要素と学修成果の可視化」の可能性」『大学入試研究ジャーナル』30: 199-206.

池田文人・鈴木誠・加茂直樹，2007，「AO入学者の追跡調査結果に基づくAO入試の評価―平成13年度北海道大学薬学部入学者を対象にして」『大学入試研究ジャーナル』17: 51-5.

池田央，1994，『現代テスト理論』朝倉書店.

石田達樹，2020，「医療系大学間共用試験について」『文部科学省全国的な学力調査のCBT化検討ワーキング資料（2020.6.29）』（https://www.mext.go.jp/content/20200716-mxt_chousa02-000008246-5.pdf, 2021.10.31）.

神永正博，2009，『不透明な時代を見抜く「統計思考力」』ディスカヴァー・トゥエンティワン.

Lane, Suzanne, Raymond, Mark R., and Haladyna, Thomas M. eds., 2016, *Handbook of Test Development, 2nd Edition*, London: Routledge.

文部科学省，2021，「大学入試のあり方に関する検討会議 提言」『大学入試のあり方に関する検討会議』（https://www.mext.go.jp/content/20210707-mxt_daigakuc02-000016687_13.pdf, 2021.7.12）.

西郡大，2021，「入学者選抜の効果検証の在り方に関する考察」『大学入試研究ジャーナル』31: 27-34.

岡本幹三・中山英明・能勢隆之，1991，「国試合格からみた高校・入試・在学成績の評価」『医学教育』22(2): 93-8.

大友賢二，1996，『項目応答理論入門―言語テスト・データの新しい分析法』大修館書店.

大塚智子・武内世生・高田淳・倉本秋・瀬尾宏美，2017，「卒後追跡調査より「主体性・多様性・協働性」評価の有効性を示す」『大学入試研究ジャーナル』27: 55-61.

大塚智子・武内世生・高田淳・瀬尾宏美，2018，「「主体性・多様性・協働性」を重視する多面的評価による入学者の卒業後追跡調査」『大学入試研究ジャーナル』28: 61-6.

佐藤純・萬代望・岩井浩一，2018，「入試区分と入学後の成績との関連についての一考察―医療系地方公立大学の例」『大学入試研究ジャーナル』28: 47-52.
進研アド，2021，「ベネッセ入試結果調査③」『Between 情報サイト』（http://between.shinken-ad.co.jp/hu/2021/07/nyushikekka3.html, 2021.10.12）.
豊田秀樹，2002，『項目反応理論［入門編］―テストと測定の科学』朝倉書店.

V

入試専門家の育成論

V部では，大学入試専門家をどのように育成すべきかを論じる。現在，大学入試は高度化・複雑化し，専門家の必要性がにわかに高まってきている。まず，海外における入試専門家の行っている役割や機能に関する概要を示し，次に日本における各大学ではどのような入試専門家が存在し，またその現状がどのようになっているのかを論じる。最後に，入試専門家が持つべき知識・技能の洗い出しと，それらを育成するためのカリキュラムの試案を提示する。

第18章 米国・韓国における入試専門職の状況

川嶋太津夫

高まる入試専門家の必要性

2021年に入って一般社団法人アドミッション専門職協会が設立され，また大阪大学ではアドミッション・オフィサー育成の履修証明プログラムが開設されるなど，入試の専門職への関心が高まっている。総合型選抜（旧AO入試），学校推薦型選抜（旧推薦入試）の入学定員が増加し，私立大学では入学者の半数を超え，国立・公立大学でも2割を超えるなど，いわゆる「高大接続改革」によって多面的・総合的選抜が加速し，その評価の任にあたる専門家の必要性が高まっていることが背景にあると考えられる。

本章では，アドミッション・オフィサーによる入学者選抜をいち早く導入した米国と，その米国のアドミッション・オフィサーによる入学者選抜をモデルとして，21世紀に入って導入し，深刻な大学受験競争を緩和しようと試みた韓国の例を紹介する。

1. 米国大学の入学者選抜とアドミッション・オフィサー

今日の米国の大学における入学者選抜は，我が国と異なり，大学教員（Faculty）が直接志願者の選抜に携わることはない。大学によっては，最終的な合格者を決定する入試委員会に教員が参加している場合もあるが，カリフォルニア大学のように，教員による入試委員会が，評価の観点や基準を定め，志願者の評価や合否の判断は，その評価基準に基づいてアドミッション・オフィスに勤務する「アドミッション・オフィサー」と呼ばれる入学者選抜の専門職が担当することが一般的である。

米国の大学の創成期においては，大学近辺の，ラテン語やギリシャ語等を教授していた学校の生徒のみを，言うならば「指定校」からのみ志願者を受け入れて，古代ギリシャの詩などの口頭試問を，学長自らが行うなどして，個別に「学力試験」を実施していた。(Fuess 1950: 3-26)

しかし，中等教育の拡大に伴い，遠方の地域からの志願者が増え，志願者の学力を東部の諸大学では直接把握することが困難になったために，1899年にコロンビア大学を中心に東部の12大学と高等学校3校により現在のCollege Boardの前進であるCollege Entrance Examination Boardが設立され，1926年に最初のSATが実施された。加えて，1959年には，アイオワ大学の研究者らによってACTが開始された。ACTはSATと異なり，科目ベースの試験であり，主に中西部そして西部の大学で活用されていた。そのため，大学入学者の選抜は，次第にこれらのテストの得点を重視して実施されるようになった。

さらに，20世紀初頭には，欧州を中心として移民が多く入国し，その子弟も大学進学を目指すようになった。その影響をいち早く，そして最も強く受けたのが，ニューヨーク市にあるコロンビア大学であった。コロンビア大学をはじめハーバード大学やイェール大学，プリンストン大学で，この時期問題となったが「望ましくない入学者」の増加であった。入学希望者の増加に伴い，SAT，ACTの得点が評価に占める比重が増えるにつれて，学力に秀でたユダヤ人の学生が急増し，これまで無理なく入学できていたWASPの子弟の，これら東部の有力大学への進学が難しくなった。そのため，これらの大学の卒業生からの不満も高まりつつあった。なかでも欧州からの移民の受け入れ口となっていたニューヨーク市にあるコロンビア大学では，その傾向が顕著で，1910年にはコロンビアカレッジの学部長が，数多くの「準備不足で無教養なユダヤ人」が大学進学を希望していることへの懸念を表明した。

そして，それまで，入学者選抜を担当していた「学務部Academic Register」とその職員が担当していた業務から，カウンセリングや就職相談業務などとともに，入学事務も独立し，「入試部Office of Admission」を他大学に先駆けて1910年に初めて設置した。そして，最初の入試部長の下で，「望ましい学生集団」を構成するために「性格」や「リーダーシップ」など学力以外の評価を取り入れ，ユダヤ人学生の排除を試みるようになった。（Karabel 2006: 128-129）今日ハーバード大学やカリフォルニア大学バークレイ校などで採用されている Holistic Admission（総合型選抜）のはじまりは，実はユダヤ人学生の急増を制限するための方策であった。

このような入学者選抜の業務が独立した組織で実施されることに呼応して，1937年に中西部の13の大学の大学入学業務の関係者により，大学入学カウンセラーの団体である National Association for College Admission Counseling（NACAC）が設立され，現在の会員数は，およそ25,000名である。（NACAC 2020）加えて，教務部職員の専門職団体であった American Association of College Registrars も，1949年に "and Admissions Officer" を加え，American Association of College Registrars and Admissions Officers（AACRAO）となって，入学担当職員を専門職として団体に受け入れ，現在は10,000名を超す会員が所属している。

2つの団体は，いずれも年次全国大会のほかに，地区ごとの大会，また各種の研修プログラムの提供などを通じて，専門職としての職能の向上支援を重視している。それぞれぞれの特徴的な取組を簡単に紹介する。

AACRAOは，入学者選抜だけでなく，学籍簿管理，エンロールマネジメント，事務情報管理，学生支援など教員が担う教育・研究以外の様々な大学の業務を対象とした専門職団体である。そのため，これらの業務に従事する専門職に共通に求められる能力（中核的コンピテンス）と各分野の専門職に求められる専門職能を，3つの領域（知識，スキル，倫理）と3つのレベル（初級，中級，上級）ごとに整理し，提示している（AACRAO 2020）。

他方，NACACの構成員は，主に大学で入学者選抜業務に従事する職員，いわゆるアドミッション・オフィサーと，高校で生徒の進路相談を行っている進路カウンセラーからなる専門職団体である。そこで，同団体が定めている "Statement of Principles of Good Practice: NACAC's Code of Ethics and Professional Practices" が，（NACAC 2017）いわば我が国の「大学入学者選抜実施要項」のように，入学者選抜に関わる一定のルール，例えば，出願受付日，合格者発表日などを定めており，この専門職団体が定めたルールに基づき各大学では入学者選抜を実施している。ただし，大学と高校の関係者で定めた，学生獲得について一種の紳士協定でもあるので，従来のルールでは，例えば，5月1日の進学先決定後は，他大学への進学を決定した生徒に対して，入学勧誘を禁止していたが，司法省から自由競争の原則に反するとの指摘を受けて，その条項を削除したりしている。しかし，この団体は，ひとりひとりの生徒の高校から大学へ移行をいかに支援するのかを共通の価値としており，また，両者の移動，つまりアドミッション・オフィサーが高校の進路カウンセラーになったり，その逆もあったりして，大学と高校との情報共有が促進され，入学者選抜にあたっては，志願者の出身高校の情報を十分理解しているために，SAT や ACT の得点だけに頼らない総合的選抜が可能となっている。

なお，これらの団体の研修プログラムのほかに，各大学のアドミッション・オフィスでも独自の研修会を頻繁に実施している。特に，大規模なアドミッション・オフィスでは研修を担当するチームがあり，評価システム（米国では，現在は志願者の出願書類を紙媒体で審査することはほとんどなく，パソコン上で処理されている）の更新時，あるいは，評価の観点や尺度の変更があった際には，過去の出願書類を用いて，各アドミッション・オフィサーの評価が一致するようになるための研修が，時には，出願書類の評価の最中にも実施され，人による「主観的」評価を可能な限り「客観的」評価とする努力が常に行われている。このような研修体制が整備されているため，アドミッション・オフィサーに求められる学歴等の資格はあまり問われない。そこで，多数の志願者が出願する大学では，学士課程を卒業したばかりの若者，また，非常勤のアドミッション・オフィサーも活躍している。

今後，我が国で，一般選抜のように試験の点数だけで評価するのではなく，総合型選抜，学校推薦型選抜のように複数の資料を活用して総合的に合否を決める入試をいっそう推し進めるためには，専門職団体や大学による研修プログラムの充実が不可欠である。

2. 韓国の大学入学者選抜と「大学入学査定官」制度

毎年 11 月中旬に実施される「韓国大学修学能力試験（以下「修能という」）に関するニュースで，たとえば，試験に遅刻しそうな受験生をパトカーや白バイが会場まで緊急輸送する様子や，試験期間は会場上空での飛行が禁止されるなど，その過熱ぶりが日本でも放映されている。しかし，この修能試験の得点だけで合否が決まる「定時募集（日本の「一般選抜」に相当）」の入学定員は，全体の入学定員の22%あまりに過ぎない。他方，修能の得点を活用しないか，活用してもわずかの比率であり，学校生活記録簿（日本の「調査書」にあたる），推薦書，志望理由書など複数の資料を活用して合否を決定する「随時募集（日本の「総合型選抜」「学校推薦型選抜」に相当）」の入学定員は，約78%にものぼる（2020年）（二階 2019）。もっとも，日本と同じく，随時募集に合格できなかった場合は定時募集で受験できること，さらに随時募集でも修能の一定最低得点を出願条件にしている大学も多いことから，修能はほぼすべての志願者が受験している。

このような定時募集と随時募集の入学定員の割合の変化の背景には，韓国特有の政治的背景や社会背景がある。ここでは，そのすべての要因に関して言及することはできないが，ひとつは，社会的不平等（都市部と農村部，富裕階層と中間層や貧困層，一般高校と自律型私立高校や特別目的高校など）への国民の強い関心，政府統制と大学の自律性のバランス，そして，歴代政権による大学入試の政治化，などが背景と考えられる（金 2008: 115-123）。

そして，随時募集定員の拡大は，修能試験の成績向上を目指して私教育（塾，家庭教師などの学校外での学習指導）が加熱し，それが可能な富裕層と中間層や地方の家庭の間での不平等の拡大，さらには学校教育よりも私教育を重視する風潮の高まりによって，高等学校教育が歪められているため，それを「正常化」する必要があること，そして，何よりも，大学が求める人材とのマッチングを重視するとともに，グローバル化した知識集約型社会の到来を迎え，知識再生にだけ長けた学生ではなく，意欲，関心，社会的背景が多様な学生をキャンパスに迎える必要性が高まっていることを国も大学も認識し始めたからである。そこで，修能の得点ではなく，学生の社会・家庭背景を考慮し，高校での教科と非教科の実績（「学校生活記録簿」）と志望理由書や推薦書を合否判定に活用する随時募集が拡大した。そして，これらの複数の資料を総合的評価する能力を有した入学者選抜の専門家，つまり，「入学査定官」を活用することになった。

韓国政府による入学査定官制度の本格導入は2009年からと計画されていたが，（趙 2010）ソウル大学は，それに先立ち2001年から総合型評価の研究を開始し，2007年に実際の選抜を開始した（パク 2020）。そのために，ソウル大学は総合的評価（Holistic Admission）とアドミッション・オフィサーの先進国である米国の大学と協定を結んだうえで，ベテランのアドミッション・オフィサーを招聘し，評価法の開発，入学査定官の研修などを実施した。

ソウル大学のアドミッション・オフィスは，学部から選出された教授の所長，副所長に加えて専任の入学査定官が26名，各学部から1～2名ずつ選出された兼任の入学査定官が，随時選抜の「一般選考（学生簿総合選考）」での第一段階の書類審査を2回実施したうえで，定員の2倍まで絞り込み，第2段階の選抜として学部教員による面接及び口頭試問を経て，最終的な合格者を学部で決定している[1]。

入学査定官は政府の補助金で雇用されているため，大学職員というよりは，準行政職であり，その多数は教育学や心理学を専攻した修士・博士人材である（趙 2010: 23）。

入学査定官の研修は，大学の連合体である大学教育協議会が標準的な研修プログラムのガイドラインを策定し，それに基づき，協議会，大学連合，個別大学で研修プログラムが提供されている。その内容は，AACRAOと同様に，求められる職能を「基本素養」，「実務能力」及び「専門スキル」の3つのカテゴリーに分け，また経験に応じて，新任は年間120時間，現職の専任は80時間，新任の兼任は30時間，そして再任の兼任は15時間の研修が求められている（山本 2019）。

ソウル大学では，26名の入学査定官を4つのグループに分けて，そのうちの一つのグループが研修を担当し，専任及び兼任の入学査定官に大学教育協議会のガイドラインに基づく研修に加えて，独自の研修を提供している。

このように，私教育の排除と高校教育の正常化を目指して導入され，入学定員の約8割まで拡大した総合評価（随時募集）について，近年数々の批判が出始めている。たとえば，入学査定官が評価する学校生活記録簿の非教科の項目は高校の教員が記入するため，客観性が乏しく，透明性に欠くのではないか。また生徒は良い評価を得ようとして教員におもねるようになっているのではないか。さらに，高く評価されるように，小論文や志望理由書などの作成を支援するアドバイザーを裕福な家庭だけが雇うことができ，かえって私教育を助長しているのではないか（「金のさじ選考」）などの問題が指摘されている（二階 2019: 2）。

そこで，現在の文在寅政権では，修能による，つまり定時募集の入学定員を大幅に増やすことを模索したが，結局30%以上に拡大することで折り合った。現在，ソウル大学では定時募集定員は20%であるため，入試戦略の多

表 18-1　大学入試査定官の研修内容

入学査定官基本素養	入学査定官制の概観	入学査定管制　運営現状
		外国の大学の入学査定官選考
		入学査定官の業務
	入学査定官の社会的責務及び職業倫理	入学査定官の職業倫理意識及び社会的責務
		入学査定官制度関連の法律と倫理綱領
	学生の理解および高等学校教育課程の平常化の実際	高等学校教育課程平常化運営
		学生生活記録部の理解
		創意的体験活動の理解
		高校と大学間の教育課程連携
	大学入学政策および制度の全般的理解	大学入学関連の政策と制度
		大学入試の類型と特徴
入学査定官実務能力	大学入学試験評価指標の開発実習	定性的評価指標の開発と実習
		定量的評価技法の開発と実習
	入学選考関連の相談および広報の技法実習	進学相談技法及び実習
		入試広報技法及び実習
		大学の理念と人材像についての理解
		専攻別専門スキルおよび人材像の理解
		専攻別教育目的／課程の理解
		専攻別将来進路の理解
		• 模擬面接および模擬相談実習
		• 受験生対象　学内キャンプ運営技法
	大学行政実務実習	大学行政の理解
		入学査定官の行政業務
		学内総合情報システムの理解
		大学の奨学制度および全般的な学士課程運営制度の理解
	大学入試模擬選考実習	模擬選考
	ワークショップおよびチーム課題遂行	入学査定官との対話
		チーム　課題研究及び発表
入学査定官専門スキル	入学査定関連の評価能力の開発	評価の概要および類型
		妥当性と信頼性
		学生評価の理解
	大学入学選考要素分析（定量的要素）	大学修学能力試験
		学校生活記録簿
		評価マニュアル熟知訓練
		選考資料別　評価技法（自己紹介書，推薦書，学生提出書類）
	大学入学選考要素分析（定性的要素）	自己紹介書及び推薦書
		人間性・適性検査
		評価マニュアル熟知訓練
		選考資料別　評価技法（自己紹介書，推薦書，学生提出書類）
	入学査定関連資料の管理能力と培養	統計処理および高校 DB 構築
		研究方法論，収入および入学関連の DB 構築方法・学生関連の資料
	入学選考関連の意志流通能力の培養	プレゼンテーション技法
		コミュニケーション技法
		面接の類型および技法

出典：山本 2019: 157，表 2

少の変更を求められている。先程も述べたように，韓国では大統領選挙のたびに大学入試が大きな政治的争点になる。次期大統領がどのような大学入試改革を提案するのか，注視される。

注

1）（パク 2020）に合否判定のプロセスが詳しく紹介されている。

参考文献

AACRAO, 2020, “Core Competencies”（https://www.aacrao.org/resources/core-competencies, 2021.12.1）.

趙卿我, 2010,「韓国における『入学査定官制（Admissions Officer System）』の実態と課題」『教育方法の探究』（http://dx.doi.org/10.14989/190367, 2021.9.12）.

Fuess, Claude M., 1950, *The College Board Its First Fifty Years*, New York: Columbia University Press.

Henderson, Stanley E., and Swann, Claire C. eds. 1998, *Handbook for the College Admissions Profession*, New York: Greenwood Press.

Karabel, Jerome, 2006, *The Chosen: The Hidden History of Admission and Exclusion at Harvard, Yale and Princeton*, Boston: Mariner Books.

金愛花, 2008,「大学入学者選抜制度の政治的側面に関する韓日中比較―政治統制を中心に」『東京大学大学院教育学研究科紀要』48: 115-123.

NACAC, 2017, “Statement of Principles of Good Practice: NACAC's Code of Ethics and Professional Practices”（https://www.nacacnet.org/globalassets/documents/advocacy-and-ethics/cepp/spgpfinal_approvedsept2017.pdf, 2021.12.1）.

NACAC, 2020 “HISTORY”（https://www.nacacnet.org/about/history/, 2021.12.1）.

中島直忠, 1986,『世界の大学入試』時事通信社.

二階宏之, 2019,「韓国の大学入試制度改編」『IDE スクエア-海外研究員レポート』（https://ir.ide.go.jp/?action=repository_uri&item_id=50699&file_id=58&file_no=1, 2021.12.1）.

パク・ピルソン, 2020,「韓国・ソウル大学における入学査定官を活用した入学者選抜」『「多面的・総合的評価への転換を図る入学者選抜改善システム構築」事業（平成 28 年度―令和 3 年度）中間報告書』（https://chega.osaka-u.ac.jp/uploads/2020/04/10_%E8%AA%BF%E6%9F%BB%E3%83%BB%E7%A0%94%E7%A9%B6%E6%88%90%E6%9E%9C1_%E9%9F%93%E5%9B%BD_2_%E4%B8%AD%E9%96%93%E5%A0%B1%E5%91%8A%E6%9B%B8.pdf, 2021.8.31）.

山本以和子, 2019,「韓国のアドミッション専門家養成・能力開発システム―日本におけるアドミッション専門人材の養成と能力開発の意義の探究」『大学入試研究ジャーナル』29: 155-161.

第19章 国内における入試専門家育成の動向

夏目　達也

はじめに

大学入試は，大学入学者選抜の手段であると同時に，高校と大学とを接続させるための手段でもある。両機関の接続の方法・形態は本来多様であり，大学入試はその一部に過ぎないが，社会一般の関心はしばしば入試に集中する。受験生や保護者にとって大学入学可否の決定に直接関わる入試は，その後の人生展開に関わる一大イベントである。それだけに，政府もこれを重視し，しばしば重要施策に位置づけてきた。近年では，高大接続改革やその一環として，「学力の３要素」を多面的・総合的に評価する新たな選抜方法の開発が求められている。大学にとっても，入試は自大学にふさわしい学生の確保にかかわり，教育や経営に直結する重要課題である。各方面の関心や期待に応えるべく，各大学とも入試改善に向けて努力を傾注している。

入試改革等により近年入試業務は増大しており，その内容も複雑化している。従来のような教員と職員を中心とする体制だけでは対応が次第に難しくなっており，入試の専門家が必要との主張も，繰り返されるようになっている。すでに何らかの形で入試を専門とする教職員を配置する大学が増えており，その存在と役割は拡大している。

本章では，まず入試専門家と呼ばれるポストが創設された背景として文部科学省による入試改革関連の施策を概観する。次に各大学における彼らの活動状況や処遇，多様な機関による専門家養成の取組の概要と特徴を明らかにする。さらに入試専門家の地位を確保・改善し活動を展開するうえでの課題について検討する。

1. 大学入試専門家[1]をめぐる政策の展開

文部科学省は，1960年代から，共通入学試験の導入・拡大を目指して，政策を進めてきた。能研テスト，共通1次試験，大学入試センター試験，大学入学共通テストなどである。特に，共通1次試験以後は，共通試験や各大学の個別試験の実施・改善を支援するために財政措置も講じてきた。これを受けて，各大学は入試関連組織を整備してきた。本章の考察対象である入試専門家ポストの設置に関しては，1999年の国立大学アドミッションセンターの創設，2014年の中教審答申に基づく施策による影響が大きい。これらの動きのなかで指摘すべきは，入試の専門部署や専門家ポストの設置は，AO入試や多面的・総合的な選抜の導入等の文部科学省による入試改革施策や財政措置に連動しており，いわば行政主導で進められてきたことである。

以下では，この入試改革との関連で文部科学省の進めてきた政策の概要と，各大学における入試専門部署・専門職の設置状況について概観してみよう。

(1) 1999年以前：私立大学におけるAO入試開始

近年の大学入試における大きな変化として，AO入試の導入がある。従来からの一般選抜や推薦入試の枠組みに収まらない新タイプの入試が，いくつかの大学で実施されるようになっていた。「自己推薦入試」や「一芸一能入試」等であり，これらに先導されるかのように実施されたのがAO入試である。

日本でAO入試を最初に導入したのは，1990年の慶應義塾大学湘南藤沢キャンパス（SFC）である。従来の筆記試験による入試に加えて，評定平均が一定以上であること，なんらかの分野で秀でていることを条件に，書類選考と面接により選抜しようとする新たなタイプの入試である（熊坂 2000）。やや遅れて，同志社大学でも1998年度入試からAO入試を導入した。両大学とも，入試事務担当の事務部署の支援を受けつつ，受験生の書類審査や面接等は基本的に教員が担当していた。この段階では，アドミッション・オフィサーと称する教職員は両大学ともに配置されていなかった。

(2) 国立大学におけるAO入試導入以降

1997年6月の中央教育審議会答申「21世紀を展望した我が国の教育のあり方について」(第二次答申)において，入試改革の必要性が提起された。学力試験偏重を改め，能力・適性・意欲・関心等の多角的評価，選抜方法の多様化，評価尺度の多元化に努めること，調査書，小論文，面接等を活用し総合的・多面的な評価を重視すること等を提案する内容である。その背景には，学力偏重で高校以下の教育に大きな影響を与えていること，1点刻みで優秀な学生を確保できないこと等の従来の入試の在り方に対する批判があった。状況を改善するための方策として期待されたのがAO入試であった。東北大学，筑波大学，九州大学の国立大学3校が2000年度にAO入試を導入したのに続いて，翌年には3大学含め約70校の国公私立大学が導入するなど，一気にAO入試が拡大した。

AO入試実施のための条件整備のひとつとして，「入学者選抜等についての高い専門性を有するスタッフを備えたアドミッション・オフィスの設置」が必要とされ，文部科学省の財政支援の下，国立大学におけるアドミッションセンターの設置準備が進められた。1999年4月に東北大学，筑波大学，九州大学の国立大学3校に設置され，同時に専任教員ポストが設けられた。配置された教員数は限られていたとはいえ，入試を専門とするポストが国立大学に創設されたことの意義は小さくない。新たな入試の実施方法や高大接続の在り方等を専門的に研究したり，その成果に基づいて一般選抜・推薦入試を含めた入試全般の改善方策を検討し推進したりすることが重視され，それを担う人材として配置された。3大学のセンターの教員は，学内の別部局から異動した者，他大学・機関から転任した者などプロフィールは多様であった。いずれも任期付きではない通常の教員としての採用であった。

教員の働き方については，この時期に早くもいくつかの課題が指摘されていた。例えば，教員評価の在り方(センター業務に没頭すれば従来の研究を行えず通常の業績評価に対応できない)，教授昇進の可能性(センター内で教授として昇進できるか，昇進審査の基準が不明確)，事務職員の能力開発(入試やセンター運営関連の膨大な業務を教員だけで担えず，事務職員が研修を受け業務分担をすべき)等である(夏目 2000; 長澤 2004)。

(3) 2014年中教審答申以降

高大接続や大学入試が再び文部科学省の重要施策として注目されるようになったのは，2014年の中教審答申「新しい時代にふさわしい高大接続の実現に向けた高等学校教育，大学教育，大学入学者選抜の一体的改革について」以降である。同答申は，各大学におけるアドミッション・オフィスの強化や，評価の専門的人材の育成，教職員の評価力向上に対する支援を行うことが急務であるとした。高大接続システム改革会議「最終報告」(2016年）でも，「各大学において，アドミッション・オフィスの整備・強化やアドミッション・オフィサーなど多面的・総合的評価による入学者選抜を支える専門人材の職務の確立・育成・配置等に取り組むことが必要」と指摘された。あわせて国が効果的な財政支援等を通じて，各大学の入学者選抜改革を促すことも盛り込まれた。これらに基づく文部科学省の財政支援を受けて，各大学でアドミッション部門の整備とともに，担当の教職員の採用が進められてきた。文部科学省調査では，常勤で雇用する大学は，2014年度調査で40校（国立18，公立3，私立19）であったが，2017年度調査では61校（国立33，公立3，私立25）とわずか3年で大きく増加した（文部科学省 2016; 2019)。

2. 大学入試専門職の概況と関連組織の活動内容

(1) 大学入試専門組織・専門家の配置状況

全国の大学のアドミッション専門組織・専門家の配置状況を，文部科学省の調査（全国の国公私立大学を対象に教育内容等について毎年実施）によって見てみよう。

2020年度では，「入学者受入れに関する専門家」の活用状況について，外部から専門家を常勤雇用している大学は全65校（調査回答大学の8.8%）であり，うち半数を国立大学が占める。外部から常勤雇用している大学を設置者別に見ると，国立は全国立大学の40%程度であるのに対して，公立・私立は5%前後ときわめて少ない。非常勤雇用の大学は全23校（調査回答大学の3.1%)，外部の専門家を必要に応じて活用している大学は全111校（同14.3%）であり，何らかの形で活用している大学は少数である（しかも，活用している大学の割合は，2017年度から低下している）。ほとんどの大学は専門家を活用していない。

入学者受け入れに関する専門家の属性については，教員として専門家を雇用している大学の設置者別割合を見ると，国立61.0%，公立15.3%，私立23.7%であり，国立が多い。一方，事務職員として雇用している大学の割合は国立15.2%，公立12.1%，私立72.7%と，私立が圧倒的に多い。「その他」も私立が81.1%と圧倒的に多い。「その他」の内容は明示されていないが，教員と事務職員の区分を意図的に明確にしていないことによるものであろう。

入学者受け入れに関する専門家の役割・機能については，調査研究，広報，入学者選抜の企画及び開発，教職員の研修が多い。国立に限ってみると，これらのほか，高大連携，追跡調査等による信頼性・妥当性の検証を担当する割合が高い。公立と私立では，広報以外は全般に低調である。このことは，国立大学では教員として雇用する比率の高いことをある程度反映した内容と見ることができる。

この調査からは，以下の点を指摘できる。①専門家の活用については，半数近くが常勤雇用するなど全体に国立大学が積極的であり，公立と私立では低調であること。②専門家の属性も国公私立で異なっており，相対的にコストの高い教員としての雇用は国立が中心であり，私立は事務職員としての雇用が中心であること。③専門家の役割・機能として調査研究が最多であり，専門性の発揮が期待されていること。④全体として見ると専門家の活用はまだ低調であること。

文部科学省委託による「大学における専門的職員の活用実態把握に関する調査報告書」（イノベーション・デザイン 2015）は，各大学の「専門的職員」[2)]の活用実態について調査している。この調査では，学内24の職務について，専門的職員の配置状況や活動状況等を調査している。専門的職員を配置している割合は，公立・私立大学よりも国立大学の方が全般に高い。全大学での配置状況で平均50%を超えている職種は「学生の健康管理」「図書」「就職・キャリア形成支援」であり，「入学者受入」は22.6%にとどまっている。「教育課程編成・実施」やFDを除き，いずれの職務についても事務職員の配置割合が高い。「教員」の配置割合は「入学者受入」では9.4%にとどまり，「学生の健康管理」（17.9%）「情報通信・IT」（17.1%）「就職・キャリア形成支援」（14.3%）よりも低い。専門的職員の採用基準等に学位を求める職務もあるが

(「研究管理」「FD」「人事」「教育課程編成・実施」「法務」)，入学者受け入れは「学位を求めず」が77.8%に達している。今後（も）配置したい職務としては，入学者受け入れは6.3%（全体平均は10%以上）であり，「IR」「執行部補佐」「地域連携」よりも低い（イノベーション・デザイン 2015: 77，84)。

この調査結果は，①入学者受け入れ部門の専門的職員の配置状況は不十分であり，将来的にも配置の必要度・優先度は低いとみなされていること，②高度な専門性が必要な職務とは必ずしもみなされていないこと等，入試専門家の厳しい現実の一端を明らかにしている。

(2) 入試専門家関連の組織と活動内容

大学入試センター，入研協，アドミッションセンター連絡会議

国内には大学入試関連の調査・研究・開発等を行う機関が多様に存在する。これらは必ずしも入試専門家養成を直接の目的とするものではないが，活動を通じて専門家養成の一端を担っている。ここでは，大学入試センターや国立大学アドミッションセンター連絡会議（以下，AC連絡会議と略）のほか，主要大学・専門職団体の取り組みについて概観する。

大学入試センターは，大学入学共通テストに関する業務と同時に，大学入学者選抜の改善のための調査・研究活動を行っている。後者を主に担当する研究開発部は，問題作成の方法，試験問題の分析・評価等の研究や高大接続に関わる調査など，入学者選抜方法の改善に必要とされる重要な研究開発を行っている。また，研究開発活動の一環として，全国大学入学者選抜研究連絡協議会（以下，入研協と略）の開催を担う。国公私大学の入試関係者が選抜方法の改善に関する共同研究を行ったり，情報交換を行ったりするための組織である。同協議会は，毎年大会を開催し，大学入試の方法や関連する諸活動に関する研究成果の発表・共有の場として提供すると同時に，ジャーナル『大学入試研究の動向』の公刊を通じてその大会の概要を公開している。また『大学入試研究ジャーナル』を公刊しており，各大学等における特長ある入試研究に基づく論文，上記大会における研究発表に基づく論文等の研究成果を一般公開している。さらに，大学入試センターは，各大学の入試業務でリーダー的役割を期待される教職員向けに「アドミッションリーダー研修」を2018年以降毎年開催している。高大接続改革が進展するなかで，各大学での入試関連業務がより複雑化し，高度に専門化しつつあるなかで，業務管理能力や最新のテスト技術への幅広い知識や教養を有することがアドミッションの専門家として求められるという認識に基づく。これらの大学入試センターの活動は，入試専門職養成を前面に打ち出しているわけではないが，豊富な調査・研究成果や研修を通じて，各大学の入試担当教職員の活動を側面から支援する役割を果たしている。

AC連絡会議は，国立大学のアドミッションセンター等の入試担当部署で構成する団体であり，2003年に国立大学13校で発足した（2021年現在40校）。同会の目的は，高大接続関係の改善や加盟機関における大学入学者選抜業務の改善に関する研究協議や，加盟機関相互の交流促進を行うことである（会則第2条）（国立大学アドミッションセンター連絡会議 2021）。国立大学限定で，入試担当部署に所属する教職員が多様な入試の実施等をめぐり情報交換をする場である。毎年開催する総会では講演会等を実施しており，概要はニューズレターを通じて公開している。

主要大学・専門職団体の取組

大阪大学では，高等教育・入試研究開発センターが，概算事業「多面的・総合的な評価への転換を図る入学者選抜の改善システム構築」の一環として，「阪大アドミッション・オフィサー育成プログラム」（HAO育成プログラム）を実施している。プログラム参加者が高等教育や入試に関する幅広い知識や技能を身につけ，多面的・総合的入試の実施や改善に活用することで，各大学の入試改革に貢献できることが目的である。過去5回のセミナー（2～3日の集中講義形式）の開催を経て，2021年から60時間の「履修証明プログラム」に発展した。大学入試を担当する教職員や大学入試専門家を目指す大学院生向けに，高等教育，中等教育，入学者選抜の歴史，政策，入試制度，入試問題作成やテスト理論などを提供する。在職者向けの継続教育としてだけでなく，初期教育の一翼を担うものとして位置づけている点に特徴がある。

九州大学では，文部科学省教育関係共同利用拠点としての認定を受け発足した「次世代型大学教育開発センター」が，専門的職員養成の一環として「アドミッション・オフィサー養成プログラム」を実施している（九州大学 2020）。各大学に配置されている入試専門員（アドミッション・オフィサー）が各大学で担当業務を円滑に遂行するうえで必要な知識・技能の教授が目的である。プログラムの内容は，①入試政策動向の把握，②高大連携活動の実施方法，③教育評価・測定方法への理解，④データハンドリング（演習）等であり，受講者の職務経験等を考慮して初中・中級・上級というように段階別の内容を設定している。「研修を通じて，日本全体のアドミッション関係教職員のスキルアップと連携を図ること」を目的に掲げており，アドミッション・オフィサーの養成を強く意識している点が特徴である。

名古屋大学では，高等教育研究センターが文部科学省の教育関係拠点事業の一環として，高大接続や入試に携わる教員や職員を対象としたプログラムの開発・実施を進めている。高大接続や入試に関する問題を大学教育全体のなかに位置づけて捉え直すためには，特定の教職員だけが関与するのではなく，大学内の幅広い教職員が関与することが必要との認識に基づく。セミナーも入試専門家の養成を目的とするのではなく，幅広い教職員を対象に入試に関わる多様な問題への理解を得る目的で開催しており，学外にも幅広く参加を呼びかけている。また，セミナーでの登壇者等が執筆した論文をはじめアドミッション関係の論文を，同センターのジャーナル『名古屋高等教育研究』に適宜掲載，センターのウエブサイトで公表している。入試業務に携わる教職員だけでなく，広範な大学関係者等の閲覧に供している。高等教育研究センターのほか，本部アドミッション部門や高大接続研究センター等も，入試関係のセミナーやシンポジウムを開催している。

一般社団法人大学アドミッション専門職協会（以下，JACUAPと略す）は，大学アドミッション専門家の確立を目指して2021年に設立された組織である。ミッションとして，①高校生の大学移行定着（トランジション）を支援する専門職の養成，②多領域に及ぶ専門性を互いに補い合い一定の職務レベル

表 19-1　3大学のプログラムの特徴

	専門家養成志向	対象者	プログラムの形式	修了証等	その他の特徴
大阪大学	強い	入試関係教職員等	集中講義 2-3日	履修証明	院生向け初期教育も実施。高大接続・入試改革研究と連動で実施
九州大学	強い	入試関係教職員等	セミナー	なし	実践的能力形成。能力・経験に応じ段階別プログラムを提供
名古屋大学	弱い	限定なし	セミナー	なし	高大接続・入試問題全般。学内の複数機関も同様の活動を展開

出所：各大学の出版物やウエブサイト等を参考に筆者作成

を保った専門職の養成，③実務に繋がる研究知を持った専門職の養成，を掲げる。大学アドミッションの職務を高いレベルで遂行できる専門家の養成と言えよう。目標として，大学アドミッションに関する職能の確立や，大学アドミッション専門職の全大学への配置を掲げる。大学アドミッション専門家の職能として，コーチング・コミュニケーター，アカデミック・コミュニケーター，テスティング・コミュニケーターを重視する観点から，研修等を通して大学アドミッションの一層の深化発展を目指すと同時に，専門的知識やスキル，経験の普及を図り，実践的，政策的課題の解決に寄与するとしている（JACUAP 2021）。

3. 入試専門家育成に関する若干の問題

(1) 入試専門家の性格・職務内容をいかに規定するか

入試専門家が次第に増えてくるなかで，多くの矛盾や課題が顕在化している。例えば，①入試専門家の性格や職務の内容・範囲をいかに設定するか，②職務能力開発を誰がいかに担うか，③専門職としての地位をいかに確保・向上させるか等である。これらは，いずれもさらに大小の具体的問題を内包している。ここでは，これらをごくおおまかに概観してみよう。

入試専門家をめぐる調査・研究は，近年いくつか発表されている（田村・高橋・赤平・笠原 2007; 丸山・齋藤・夏目 2019; 宮本・杉山 2021）。しかし，同職の性格をめぐる本格的な議論にまで至っていない。職の性格や身分の明確化は，従事者にとって自己アイデンティティに関わる問題である。入試専門家にとって地位の安定化や改善は不可欠であり，それと逆行するかのような現状を改善するためには，まず専門職として規定することが必要になるが，そもそも専門職として自己規定できるかどうかも不明確である。専門職の定義や成立条件をめぐっては古くから議論され，伝統的な専門職に照らして専門職の成立要件が抽出されてきた[3)]。その成立要件をひとつひとつ獲得することが専門職化に繋がるとの意見もある一方で，新興の職に適用することが可能か，また必要かなどと疑問視する意見もある（薬師院 2017）。

議論の動向に関係なく，実態は進行している。各大学に採用・配置される入試専門家の身分は多様である。アドミッションセンター設置初期は任期なしの教員としての採用も多かったが，その後は同じ教員でも任期付き採用であったり，教員以外で採用したりする例も増えている。在職中の大学職員を入試専門家として配置換えする場合もある。従来であれば教員として採用していたはずのポストでも，「高度専門職」としての採用に切り替えるケースも最見られる。全般に労働条件は厳しくなっている。

また，職務内容についても状況は厳しい。一般に専門職は，自らの有する知識・技能・能力の程度と範囲を踏まえて，責任を持って職務を遂行できる範囲を設定する。十分な力量と実績のある専門職団体であれば，雇用主たる大学組織と交渉することも可能になるかもしれないが，入試専門家の現状では，募集時に大学が一方的に決定する職務内容を受け入れざるを得ない。しばしば入試関連業務全般，例えば新たな入試方法の研究・開発・企画，学生募集のための広報，入学者の選抜業務の遂行，入学後の学生の追跡調査，それに基づく入試方法の改善等である。活動内容は広範に及ぶうえに，就職後にその範囲がしばしば不安定化する。実際の職務内容は大学によって，また本人の経歴によって多様である。丸山・齋藤・夏目（2019）は，国立大学のアドミッション部門に勤務する教員を対象に行った調査を通じて，アドミッション担当教員として，大学から期待される役割にほとんど共通点を見出せないこと，期待される職務内容が明確ではないとアドミッション担当教員が感じていることを指摘している。さらに，執行部の交代により，当初に期待されていた内容とは異なる職務を探すことが必要になったり，職務の優先度が変化したため従来の活動内容が評価されなくなったりした事例もあるという。

(2) 職務能力開発を誰がいかに担うべきか

伝統的な専門職から導かれる専門職の成立条件を入試専門職が満たすことは，現状では難しく，また地位向上にも当面意味を持たない。とすれば，成立条件を満たすことよりも，専門職としての実績を重ね学内外の認知を得ることに注力する方が合理的である。一般に，専門職は権限や報酬が大きくても安閑としていられない。むしろそれらが大きければ大きいほど，それを守るために自らの専門性と地位の正当化・擁護をかけ戦うことが必要になる[4)]。入試専門職も専門職を志向する限り，同様の取組は免れ得ない。

その際に留意すべきは，個人，専門職団体，大学組織，行政が担う役割と責任を区分し明確にすること，それぞれが役割と責任を追及することである。大学や入試をめぐる環境の変化とともに入試関連業務は複雑化・高度化しており，専門家個人は専門職としての質を保ちつつ職務遂行にあたること，そのための能力を形成・向上させることが求められる。専門職団体や雇用主たる大学組織には，専門家が継続的に能力向上に取り組み，専門職の地位確保に努める条件を整備することが求められる。上記の大学入試センターや3大学による取り組みは，この課題に対応すべく，主に在職者対象の継続教育を提供するものである[5)]。職務遂行能力の開発に関連して，能力基準の設定や資格制度の整備も課題になる。専門職を目指す団体が独自の資格制度を設けたり，その前提としての能力基準を設定したりする例は少なくない。なかには，民間団体が創設した資格を国家資格への格上げを得た例もある（ファイナンシャルプランニング技能士，知的財産管理技能士，比較的最近ではキャリアコンサルタント）。JACUAPも，独自に大学アドミッション専門職資格制度の構築を目指しており，その構想を公表している。

さらに，個人と専門職団体にとって，地位向上に向けて入試関連業務や同専門家の重要性に関する大学関係者の理解を促すことも重要な課題と言える。入試は社会一般の関心が高く，高校等の学校にとっても大学にとっても重要な意義と影響を持つにもかかわらず，大学内での位置づけは必ずしも高くない。そのことが入試専門家の不安定な処遇に反映している。上記の文部科学省委託調査によると，専門的職員を配置している職務や今後とも配置したい職務として，入学者受入の位置づけは，IR，研究管理，学生の就職・キャリア形成，地域連携，広報などと比べても低い。大学関係者の意識や入試関連業務の位置づけに変更を迫るとともに，入試専門家のポスト増や地位向上に向けて大学組織と交渉を行うための能力の形成を行うこと，それを可能にするような初期教育・継続教育のプログラムを用意することも課題となろう。

(3) 入試専門家としての地位をいかに安定・強化させるべきか

入試専門家としてのポストや権限等の確保を通じて地位の安定・強化を図るためには，職務能力の形成・向上に努めるだけでは不十分である。それ以上に必要であり有効であるのは，権限を持つ大学組織や文部科学省等の行政機関に対する働きかけであり交渉である。入試専門家のポスト設置・雇用や職務内容の決定等を行うのは大学組織である。入試専門家を雇用する以上，大学には雇用主責任が発生する。特に任期付き等の厳しい条件で雇用する場合には，しかるべき措置が求められる。例えば，任期を長めに設定する，任期更新を認める，任期更新のための評価基準や更新回数を募集時に明文化する，更新しない場合には新たな雇用先確保を支援する等である。これらを大学組織，具体的には入試担当の理事に対して要求することが必要であろう。財源が縮小するなかで，大学組織もできることが限られるのが実情とすれば，文部科学省等の行政機関への要望なり働きかけも不可欠である。

大学組織や行政機関への働きかけや交渉を行うためには，職能団体の存在と力量が欠かせない。その意味でJACUAPが創設された意義は大きい。交渉を有利に進めるためには，会員を増やし交渉力を確保することがまず必要であり，そのために入試専門職の定義や入会資格を厳格化せず窓口を広くすることが求められる[6)]。

さらに，大学内の関連諸団体，特に近年各大学で設置が広がっている各種専門職等との連携が必要である。URA，FD担当者，IR担当者，学習相談コーディネータ，キャリア形成支援等も団体を設置して，地位改善に努めている。いずれも大学全体の機能高度化のために必要な職であり，入試専門職と利害を共有できる部分も大きい。

おわりに

大学をとりまく環境は，国内外の変化や政府の高等教育政策の影響下で大きく変化している。大学の機能の高度化が求められ従来の教職員では十分対応しきれない職務が発生しており，それを担う高度な専門的知識・技能・能力をもった人材へのニーズが高まっている。大学入試に関しても同様である。入試業務を単なる入学者選抜方法の開発や実施等に狭く限定してとらえるのではなく，高大接続・大学教育・地域との連携等幅広い問題としてとらえ，大学全体の改革の契機にするのであれば，それを担える高度な知識等を持つ専門家は不可欠であろう。本章でとりあげた主要大学・機関による研修プログラムを中心とする取り組みは，そのような期待に応えようとするものである。

ただし入試専門家が専門職として安定的に活動するためには，能力形成にとどまらず幅広い面にわたり条件を整備することが必要になる。専門家個人の責任だけでなく，大学組織や行政機関の責任と役割を明確にしてその実現を要求することも必要である。

過去の例が示すように，専門職がしかるべき活動の場と待遇を獲得するためには，自分たちの専門性の有用性を周囲に認知させることが必要である。そのための取り組みは息を長く粘り強く展開させることが求められる。入試専門家養成の活動はポスト創設からまだ20年，入研協等の取り組みから見ても40年ほどであり，大学関係の他領域の専門職のそれと比べればまだ歴史は浅い。政府の財政措置に支えられて進んできた側面は否定できず，専門職に不可欠な自律性の確保という点でまだ多くの課題を抱える。とはいえ，ようやく職能団体も創立されるなど，地位の確立・向上を本格的に追求する条件は整いつつある。

注

1） 本章で言う「入試専門家」とは，各大学の入試関連部署に所属する教員のほか，事務職員で「アドミッション・オフィサー」等の肩書きをもち専任として勤務する者を指す。

2） この調査で言う「専門的職員」とは，24の職務について，当該職務に関する個人の高い専門性に着目して配置され，当該職務を主に担当している（複数の職務を担当している場合はエフォート率が概ね5割以上）大学職員を指す。

3） 専門職性の在り方に関する議論を重ねてきた社会福祉の領域で，内外の専門職論を検討した仲村（2002: 167）は，ミラーソン（G. Millerson）の説を引用して6条件を挙げている。①科学的理論に基づく専門の技術の体系を持つこと，②技術を身につけるには一定の教育と訓練が必要であること，③一定の試験に合格して能力が実証されなければならないこと，④行動の指針である倫理綱領を守ることによって，その統一性が保たれること，⑤提供するサービスは私益ではなく公共の福祉に資するものでなければならないこと，⑥社会的認知された専門職団体として組織されていること。これらは既存の伝統的専門職についての考察結果であるが，これらに照らしてみると入試専門職の現状は専門職としての条件を満たしているとは言い難い。

4） そのことは医師や弁護士等の伝統的な専門職でも同様である（橋本 2015）。

5） 就職の前提として初期教育の整備も必要である。専門職として自己規定する限り大学院レベルの教育が不可欠であるが，入試専門家養成のための体系的な教育を行う体制は未整備である（大阪大学のプログラムは初期教育の一端を担うが，60時間の履修証明プログラムにとどまる）。当面は，心理学，統計学，教育学等の大学院で入試や高大接続に関連する教育・研究を追究することになろう。

6） JACUAPは，大学アドミッション専門職をすべての大学に配置することをビジョンに掲げている。また，会員資格を「高等教育機関等での大学入学者選抜に関する研究・実務に携わっている個人」と，比較的緩やかに設定している。これらは対外的な交渉力確保のための基本的な条件である。

引用文献

大学アドミッション専門職協会，2021，「大学アドミッション専門職協会案内」（https://www.jacuap.org/annai, 2021.11.25）.

大学入試センター，「研究開発部について」（https://www.dnc.ac.jp/research/kenkyukaihatsu/about.html, 2021.11.25）.

橋本鉱市（編著），2015，『専門職の報酬と職域』玉川大学出版部.

イノベーション・デザイン&テクノロジーズ，2015，「大学における専門的職員の活用実態把握に関する調査報告書」（https://www.mext.go.jp/a_menu/koutou/itaku/1371456.htm, 2021.11.12）.

国立大学アドミッションセンター連絡会議，2021，「会則」（https://www.januac.jp/about/constitution, 2022. 3. 7）.

熊坂賢次，2000，「慶應技術大学湘南藤沢キャンパス（SFC）のアドミッションズ・オフィス（AO）入試」『大学入試フォーラム』22: 29-34.

九州大学（次世代型大学教育開発拠点），2020，『九州大学アドミッション・オフィサー養成プログラム』.

丸山和昭・齋藤芳子・夏目達也，2019，「アドミッションセンターにおける大学教員の仕事とキャリア―国立大学の教員に対する聞き取り調査の結果から」『名古屋高等教育研究』19: 335-48.

宮本俊一・杉山学，2021，「国立大学における「アドミッション・オフィサー」―教員主体の人員構成とその課題」『群馬大学社会情報学部研究論集』28: 67-84.

文部科学省，各年度，「大学における教育内容等の改革状況について（概要）」（https://www.mext.go.jp/a_menu/koutou/daigaku/04052801/005.htm, 2021.12.2）.

永野拓矢，2018，「アドミッション教員に課された入試業務における「三つのミッション」の意義」『名古屋高等教育研究』18: 55-70.

長澤武，2004，「シンポジウム・アドミッションセンターの機能充実の可能性をさぐる（コメント）」『国立大学アドミッションセンター連絡会議ニュース』2: 4-8.

仲村優，2002，『仲村優一社会福祉著作集〈第6巻〉社会福祉教育・専門職論』旬報社.

夏目達也，2000，「東北大学アドミッションセンターの活動と今後の課題」『大学入試フォーラム』23.

田村幸男・高橋俊一・赤平有子・笠原龍司，2007，「わが国大学の入学組織の研究―入試課から「エンロールメント・マネジメント」機構へ」『山形大学紀要（社会科学）』38(1): 67-106.

薬師院はるみ，2017，「専門職論の限界と図書館職員の現状」『図書館界』68(6): 344-353.

第20章 入試専門家育成のためのカリキュラム試案

石倉佑季子

1. はじめに

2017年8月23日に初めてHandai Admission Officer（HAO）育成プログラムを実施してから4年の月日が経ち，これまで試行プログラムを5回実施した。試行プログラムにて実効性や有効性を確認したうえで，2021年度は「履修証明プログラム」としてHAO育成プログラムを提供することができた。2016年に文部科学省概算事業「多面的・総合的入試選抜改善システム構築」を受け，本概算事業が掲げる柱のひとつである「入試専門家の育成」に関しては，当時日本には前例がなかったため，国内外の大学や入試関係機関を訪れ，多くの人々と出会い，アドミッションのノウハウを得た。そのうえで試行プログラムを開発，実施，見直し，そして改善を繰り返し，ここ数年でプログラムが大きく成長したと感じている。HAO育成プログラムに関わってくださった，そして参加くださった多くの大学教職員の方々からは，様々なご意見やご助言をいただき，そして常にプログラム開発に向けてご支援や応援していただいたことに心から感謝している。本章では，高等教育・入試研究開発センターの教職員のみならず，多くの方々と共に作り上げたHAO育成プログラムのカリキュラムをこれまでどのように開発・展開したのかを振り返りたい。

2. 米国及び韓国における入試専門家についての調査

これまで多面的・総合的入試を実施している多くの国々や地域を訪問し，

アドミッション・オフィサーに関する知見を得てきた。そのなかでも長年にわたりHolistic Admissionを実施している米国でのアドミッション・オフィサーと，日本のAO入試や米国のHolistic Admissionを参考にし，多面的・総合的入試を導入した韓国における入学査定官の役割をまず比較検討した。

(1) 米国におけるアドミッション・オフィサーの役割について

米国におけるアドミッション・オフィスやアドミッション・オフィサーの始まりは19世紀後半から20世紀前半と言われている。それまで入試業務は，教員の役割であり，多くの業務を教員が抱えていた。19世紀の終わりに高校教育拡大運動が起き，大学への入学者数が増加したことにより，registrar（学務担当事務官）が設置されるようになった。当時のregistrarは，現在のアドミッション・オフィサーが担っている業務以上に幅広い業務内容を行っていた（Henderson 2008）。

現在の米国大学における入試専門家の役割や業務に関しては，日本と同様未だ曖昧な部分もあり，どのような学歴や職歴，知識，スキル，能力が必要とされているのかは明確でない。米国の労働省はOccupational Outlook Handbookで，入試専門職としての業務内容を，学生の受け入れ数の決定，広報・リクルート，選抜，データ分析としている（NACAC 2014: 7）。また，College and University Professional Association for Human Resourcesが2010-11年に行った高等教育における給与に関する調査では，入試に関わる職名及び職務内容を**表20-1**のように提示している（NACAC 2014: 8）。**表20-1**から，米国の大学における入試に関わる業務は，主に4つのカテゴリー，admission（入試），enrollment management（在籍管理），registrar（学務担当事務官），financial aid（奨学金）に区分することができる。特にadmission（入試）に関わる業務は，広報やリクルート，カウンセリング，選抜というような多岐にわたる業務を担うことになる。また，出願者の合否決定までのプロセスだけではなく，入学から入学後に関わる奨学金や授業登録，学生指導等アドミッション・オフィスが請け負う業務は幅広い。

このような幅広い役割や業務をアドミッション・オフィサーは担わなければならないため，“well-rounded”いわゆる多様で幅広い知識，スキル，能力，そして経験のある人が求められている。アドミッション・オフィサーに求められる能力は，新任のオフィサーに求められる能力と上位のアドミッション

表 20-1　米国大学における入試に関わる職名と役割・業務

大学入試に関わる職名とその役割・業務
Admission Counselor：高校やコミュニティカレッジから生徒・学生をリクルートする。生徒や学生に対し大学の紹介をプレゼンテーションをする。入試のプロセスに関し，受験生やその保護者に対しカウセリングする。学士プログラムを修了しており，関連する 2，3 年の職務経験があることが望まれる
Chief Admission Office：学部入試を担当する。リクルートや選抜，大学院や社会人入試，奨学金等の業務も兼務している場合もある
Chief Enrollment Management：リクルートや進学率を高めるための広報戦略を立てる。入試，奨学金，授業登録，学生指導等，大学としての取り組みを計画する
Associate Director, Admissions：入試の副責任者であり，入試部長に報告をする必要がある
Director, Admissions and Registrar：入試と教務の両方の役割を担う責任者である
Director, Admissions and Financial Aid：入試と奨学金の両方の役割を担う責任者である

出典：College and University Professional Association for Human Resources（CUPA-HR）2010-11 Mid-Level Salary Survey and 2010-11 Administrative Compensation Survey.（NACAC 2014: 8）を筆者が翻訳

職に求められる能力は異なる。特に新任オフィサーは，出願者，保護者，高校進路カウンセラー，大学関係者のような，人と関わる業務が多いため，コミュニケーション能力，対人能力，文章を書く能力が強く求められている。それに対し，上位のアドミッション職になると，これまでの入試分野での経験，統計やデータ分析能力，人事や情報管理能力，経営力，そして博士課程前期や後期課程を修了しているという学位も求められるようになる(NACAC 2014: 10)。

NACAC (2014) が行ったアドミッション・オフィサーの学歴調査によると，学士レベルでは主流となる専攻分野はなかったが，人文学，社会学，経済学というような分野で学士を取得したアドミッション・オフィサーが多くいることがわかった。また，アドミッションの分野でさらにキャリア・アップを目指すアドミッション・オフィサーは，博士前期や後期課程に進学する場合が多く，教育学研究科に進学するオフィサーは 42.5%を占めている（**表 20-2**）。このように，米国のアドミッション・オフィサーは，入試の分野に入ってからトレーニングや実務を経験し，職務年数を重ねることで，知識，スキル，能力を蓄積する。また，必要に応じて博士前期課程や後期課程に進学し，アドミッションの専門家としての専門性を発展させていくのである。

表 20-2　アドミッション・オフィサーの学歴

学士	
人文学	24.5%
社会学	15.5%
経済学	14.4%
コミュニケーション・ジャーナリズム	12.1%
心理学・社会福祉	10.3%
博士前期・後期課程	
教育学	42.5%
経済学	15.5%
その他	15.4%
人文学	8.0%
法学・公共政策	5.2%

出典：NACAC Admission Officer Career Path Survey, 2011.（NACAC 2014: 9）を筆者が翻訳

(2) 韓国における入学査定官の役割について

日本のAO入試や米国の多面的・総合的入試やアドミッション・オフィサーの事例を参考にした，韓国の事例をここで紹介していきたい。韓国は，日本の高等教育の文脈との類似性が高いため，彼らが米国のモデルをどのように韓国モデルに転換し，導入したのかは参考になると言える。

韓国では学校外教育の過熱，学校教育の崩壊の問題が生じ，これらの問題を解決するために多面的・総合的入試及び入学査定官制度が導入された。多面的・総合的入試が政府の財政支援のもと，実施され始めたのは2008年であり，ここ10年ほどで韓国では入試の多様化が進んでいる。

2016年に盧雄來国会議員室の主導で実施した入学査定官の調査（対象60大学）によると（東亜日報 2016），対象大学全体で入学査定官が767名おり，男女比率は3：7で，女性の査定官の比率が高く，教育の分野のバックグランドを持つ方が多いという。入学査定官数が一番多い大学は，ソウル大学で27名の入学査定官が勤務している。767名の入学者査定官のうち最終学歴が学士である査定官は110名（14%），博士前期課程は488名（64%），博士後期課程は169名（22%）というように専門性の高い査定官が多い。それは，韓

国における入学査定官の役割のなかに，研究者という役割が含まれているからかもしれない。

インタビュー及びアンケート調査によって構築された，韓国における入学査定官のコンピテンシーモデル（Bang 2012）によると，韓国の入学査定官には4つの役割（Evaluator 評価者，Researcher 研究者，Planner 計画者，Guider 案内者），7つのタスク（出願書類の評価及び出願者の面接，入試分析，選抜方法の開発，入試のスケジューリング，入試に関連するプログラムの企画，広報，入試カウンセリング），6つの共通コンピテンシー（倫理性，専門性，自己管理能力，コミュニケーションスキル，チームワーク，リーダーシップ能力），22のタスクコンピテンシー（高校生の発達心理の知識，高等学校の基礎知識，出願書類に関する知識，入試選抜プログセスの知識，出願書類の信頼性の検証，評価基準やガイドラインの理解，出願書類の分析及び評価，出願者の合否決定，入試結果分析，入試データの活用，入学査定官制度や選抜方法の知識，評価基準や評価項目の検討，評価ガイドラインの開発，面接質問項目の検討，評価ガイドラインの開発，面接質問項目の開発，入試のスケジューリング，選抜・評価方法のスケジューリング，大学の実務手続きへの理解，高大接続プログググラム企画，広報戦略の立案，広報資料の作成，カウンセリング）が必要であるという（**表 20-3**）。

日本，米国，韓国における高等教育及び入学者選抜の在り方の違いを比較すると，日本と韓国の入学者選抜の在り方が類似しているのがわかる。入学定員は国により統制されていること，出願時に選考分野は決まっている前提であること，共通の高校の教育課程であること，そして最終の合否の決定の権限が大学の学部教員にあることのように共通点が多くある（**表 20-4**）。類似点が多い韓国における多面的・総合的入試や入学査定官の在り方は，今後の日本の入学者選抜の展開における参考になる。また米国の Holistic Admission やアドミッション・オフィサーをどのように韓国の大学や入学者選抜の文脈に反映したのかも参考になると言える。米国に関しては，高等教育や入学者選抜の在り方が日本と異なるものの，Holistic Admission やアドミッション・オフィサーの歴史が長く，評価方法や専門人材育成に関しては最も知見があると言える。米国での実施方法をそのまま日本の大学の文脈に導入するのは難しいが，米国と日本との違いをしっかりと理解したうえで，米国の実施方法を日本の大学の文脈に即し活用していくのか検討する必要がある。入試改革部門では，特に米国と韓国の2カ国に焦点を当て，海外調査

表 20-3　韓国における入学査定官コンピテンシーモデル

役割	タスク	タスク・コンピテンシー
Evaluator 評価者	出願書類の評価および出願者の面接	高校生の発達心理の知識
		高等学校の基礎知識
		出願書類に関する知識
		入試選抜プロセスの知識
		出願書類の信頼性の検証
		評価基準やガイドラインの理解
		出願書類の分析及び評価
		出願者の合否決定
Researcher 研究者	入試分析	入試結果分析
		入試データの活用
	選抜方法の開発	入学査定官制度に対する理解
		国内外入試制度や選抜方法の知識
		評価基準や評価項目の検討
		評価ガイドラインの開発
		面接質問項目の開発
Planner 計画者	入試のスケジューリング	入試のスケジューリング
		選抜・評価方法のスケジューリング
	入試に関連するプログラムの企画	大学の事務手続きへの理解
		高大接続プログラムの企画
Guider 案内者	広報	広報戦略の立案
		広報資料の作成
	入試カウンセリング	カウンセリング
共通コンピテンシー		
倫理性，専門性，自己管理能力，コミュニケーションスキル，チームワーク，リーダーシップ能力		

出典：Bang 2012 を翻訳し作成

を行い入試や評価方法，入試専門家育成に関する知見を得た。評価方法や入試専門家育成の知見に関しては，両国の大学で行われているトレーニングの一部を受けたり，全米のアドミッション・オフィサー向けの講習を受講したりと，調査を通し実施方法を聞くだけでなく，実際に経験するうえで知見を積むことができた。

表 20-4　日本，米国，韓国の大学における入学者選抜の在り方

	日　本	米　国	韓　国
国の規制	あり（文部科学省「大学入学者選抜実施要項」）	なし（“Statement of Principles of Good Practices: NACAC's Code of Ethics and Professional Practices”）	あり（大学教育協議会「大学入学選考基本事項」）
入学定員	国による統制	各大学の裁量（州立大学は州による統制あり）	国による統制
募集単位	学部・学科	原則として大学（College）	学部・学科
志願者	同質（ほぼ日本の18歳の高校生。それ以外は「特別入試」対象）	多様（18 歳，編入生，留学生，社会人）	同質（ほぼ日本の 18 歳の高校生）
専攻分野	決まっている（はず）	多くの場合未定	決まっている（はず）
高校の教育課程	共通（高等学校学習指導要領）	多様（Common Core State Standards）	共通（2015 改訂教育課程）
共通テスト	1 種類（大学入試センター試験）	2 種類（SAT，ACT）	1 種類（大学修学能力試験）
個別学力試験	あり（一部面接，個別エッセイ）	なし	なし（一部面接，個別エッセイ）
受験場所	基本的に出願先大学で	大学に行く必要なし	場合により大学に行く必要あり
出願方法	出願大学ごと	出願大学＆共通ウエブ（Common App., Coalition 等）	共通ウエブ（Uway・進学会）
出願可能数	国公立（最大 3 大学併願）私立（無制限）	無制限	随時入試　6 大学まで，定時入試　パターン別（ABC 大学グループ　1 グループにつき 1 校）に 3 大学まで
選抜資料	一般入試（テスト得点），推薦・AO 入試（複数の情報）	全ての選抜で複数の情報（総合評価）	随時（早期）入試（複数の情報），定時（一般）入試（テストの点数），機会均等特別入試
評価者	教員	アドミッション・オフィサー	教員・入学査定官

出典：筆者作成

海外大学の文献調査や現地調査を受け，海外における大学の組織編成，入試制度，大学入学者選抜や大学教育の在り方の違いを理解した上で，**表 20-5** のように日本における入試専門家が持つべき知識，スキル，能力をレベル別アウトカムに分別し，プログラムカリキュラムを構築した。本カリキュラム

表 20-5　HAO 育成プログラムカリキュラム（項目分野別の KSAs と，レベル別アウトカム定義）

分類	科目名	科目の内容と必要な知識・スキル	学習成果（アウトカム）の定義		
			基礎（初級教職員）	発展（中核教職員）	応用（専門家）
入試概論	入試制度及びその設計	• 大学入試の歴史・概要 • アドミッション・ポリシーの作り方 • AP の要素（求める人材像，評価・選抜手法，合否決定の基準とプロセス）の理解 • 入試の仕組み・種類（総合型選抜，一般選抜，推薦選抜，地方入試，私立におけるセンター利用入試，合否決定の仕組み別入試タイプの知識） • 入試スケジュール（国公私立の実施期間，合否発表，追加合格，入学手続きまで） • 学校教育法，大学設置基準，入試関連法・通達等 • 入試への ICT の活用概論（ウエブ出願，評価） • 留学生入試の設計	• 入試制度にどのような種類があるか，その特徴と課題を知っている • 自大学の入試の体制を理解している • アドミッション・ポリシーをもとに，入試の方法を考えることができる	• アドミッション・ポリシーを自分で考え，部局と一緒に検討できる • 自大学の入試の課題を把握しており，解決策を提示できる • 自分の役割の観点から主体的に提案を出し，行動できる • サポーターとして部局を支援することができる	• 大学としての戦略を立て，入試の制度を設計ができる • 周りを巻き込んで，必要な入試制度を実現することができる • 入試の観点で部局にコンサルティングできる
	高等教育概論・中等教育概論	• 高等教育改革の目的 • 具体的政策の歴史と現状の課題 • 高大接続についての基礎的な知識 • 初中等教育目標や指導要領の歴史 • 現状から将来の教育課程の目的と実態 • 実際の高校のカリキュラム • 実際の高校の進路指導の状況，受験環境 • 受験生の多様化	• 答申や政策のポイント，今後何が起こるかを知っている • 大学・高校教育のカリキュラムや教育方法の概要，どのようなことをどんなふうに教えているのかを知っている • 高校での進路指導・キャリア教育の実態を知っている	• 自大学の教育の課題を把握しており，政策とのギャップについても理解している • 政策の方向性と自大学とのギャップに対し，解決方法を提示できる	• 自大学だけでなく，日本の高等教育制度の観点から論文を発表する • 専門家として，様々な機関から意見を求められる
	日本における入試改革の目的と，多面的・総合的入試の導入の背景	• 日本における初中等教育改革，高等教育改革と入試改革 • 多面的・総合的入試の導入の目的とその方法論（概要） • 海外の教育制度や入試方式に関する知識（米・英・韓・欧州，IB 等）	• 国内外の入試・教育改革，海外の高校教育，入試制度，大学入学資格や共通試験等について基本的な知識を持っている	• 自大学の入試の課題に対して，先進事例や様々な観点から解決方法を見出すことができる • 多面的・総合的入試の在り方を提案できる	• 多面的・総合的入試の使命・目的・制度設計ができる • 周りを巻き込んで実現することができる • 多面的・総合的入試をテーマに学術論文を書くことができる

入試広報	募集・広報戦略	• 自大学，競合大学における志願者数，志願状況の動向 • 自大学の学部学科，教育，施設設備，研究室等の情報とその伝達 • 高大接続的支援（出前授業，大学訪問など），高校・高校生とのコミュニケーション • オープンキャンパスの活用と効果検証 •（自大学開催，外部開催）大学説明会等 • 高校の進路指導部，担任教員などとのコミュニケーションの在り方 • 奨学金等支援プログラム • 自大学の認知度，魅力，進路行動などのデータ • 総合的な広報戦略の立案 • 海外留学生の募集広報に関する知識	• 募集・広報の概要，広報のメディアや方法等を知っている • 広報コンテンツに必要な自大学の教育・研究の特長，入試要項について知っており，他者に説明できる • 高校訪問において，訪問依頼，実際の訪問時等の方法，マナーなどが身についている • 主要な受験生の出身高校の担当教職員と適切なコミュニケーションが取れる	• 募集広報のために，大学の魅力を効果的に発信する企画を立てることができる • 自大学の魅力や価値を分かりやすく伝えるプレゼンテーションスキルを備えている • 大学説明会などで講師ができる • 高校訪問などで，相手に喜んで受け入れてもらえる。高校での進路説明会などで講師に呼ばれる	• 大学全体のブランディング・広報戦略を立て，ディレクションすることができる • 各部局の広報戦略をコンサルティングできる
	広報対象（ターゲット）の理解と把握	• 自大学におけるターゲット高校についての具体的知識（高校のレベル，生徒数，教育内容） • 人的なネットワーク • 高校教員の進路指導に関する意識 •（ターゲットとなる）高校生の進路意識・進路行動のポイント •（ターゲットとなる）保護者の意識 • 地域の人口動向，産業，就職先などの情報 • 海外の大学入試の動向 • 海外の高校（受験生）の状況 • 海外における大学進学のための大学入学資格や共通試験について（IB 等も含む）	• 主要な受験生の出身高校がどこかなどを，データで把握できている • 主要な受験生の出身高校のカリキュラムの特徴やレベル，ニーズを知っている • 高校生や保護者の意識についてのデータが把握できている	• 自大学の入試広報の課題を発見し，解決するために必要なデータ分析ができる • 広報に関するコストパフォーマンス分析を行い，次に打つべき手を提案することができる	• 大学の経営陣に，大学の入試広報ブランディングの状況説明と提言ができる
入試における評価手法	テスト理論・設計	• 古典的テスト理論における妥当性・信頼性の概念 • 基本的な各種統計手法の基礎（平均，分散，中央値，最頻値，標準偏差，偏差値，相関係数等） • 古典的テスト理論における信頼性概念（α係数等） • 評価者間信頼性（κ係数，一般化可能性理論） • テストのアイテム（小問）分析（正解率，能力帯別正解率〔トレースライン〕，点双列相関係数） • 項目反応理論（IRT）の基礎的概念理解と活用 • テスト情報関数，テスト情報量による信頼性 • スコア・データの等化，テストデータの標準化 • テスト開発の実際的知識 • テストの実施運用設計の実際的知識 • プレテスト設計	• 基本的なテスト・試験の数理的分析手法に関して概要を理解している • どのような課題にどのような手法が適応できるのかを知識として知っている • 既に実施されている，テストの運用などを自ら実施することができる	• テスト理論に基づく分析の手法を自分で実際のデータに当てはめて分析・解釈し，実務の改善等に活かすことができる • 新しいテストの開発を設計し，実施・運用ができる	• テスト理論を応用した新しいテストシステムを設計，開発ができる（IRT を使用したテスト，CBT や CAT など）

分類	科目名	科目の内容と必要な知識・スキル	学習成果（アウトカム）の定義		
			基礎（初級教職員）	発展（中核教職員）	応用（専門家）
入試における評価手法	多面的・総合的評価による選抜の在り方（理論編）	• 多面的・総合的試験の意味・意義 • 総合的に評価する仕組み，アルゴリズム（Point Based, Categorical, True Holistic 等）の理論 • 面接手法の理論 • Norming（質的・数量的標準化）の理論 • ルーブリック評価の在り方と開発の方法 • カッティングポイント（合否基準設定）の設定手法（イベール法，ブックマーク法等）	• 書類・面接審査の仕組みを知識として知っている • 多面的・総合的評価の方法と意義を理解し，説明できる • 決められたフレームワークを用意されれば，ルーブリックを作ることができる	• 多面的・総合的評価の現状の課題がわかる • 多面的・総合的評価による入試の設計ができる • 多面的・総合的評価のそれぞれの方法の強み・弱みを説明できる • 目指す人材獲得のために適切なルーブリック，評価基準や枠組みを設定できる	• 多面的・総合的評価による入試の全体的な設計・開発及びマネジメントができる • 自大学全体の多面的・総合的入試のアドミッション・ポリシーを設定できる • 他者に評価法を指導できる
	多面的 総合的評価による選抜の在り方（実践編）	• 書類審査の実践（志望動機・高校の成績書，推薦書，小論文等の評価法） • 面接の実践 • 口頭試問の実践 • Norming の実践	• 多面的・総合的評価の評価担当者として評価ができる • 面接・口頭試問時の質問のテクニックが使える • 書類を評価する際に，多面的・総合的に出願者の能力を評価することができる	• 初学者に対して，多面的・総合的評価の講義や基礎的なワークショップを実施することができる • 質的な Norming の会議を主導して，適切な結果を導ける	• 多面的・総合的評価の手法を教育するプログラムのカリキュラムを設計できる
入試におけるICTの活用	入試における ICT 活用の設計	• Web 出願システムの概要の理解 • 入試業務の実態の理解 • 各業務における ICT 活用の設計―募集・広報，応募者の処理，評価，合否決定，合格発表，入学手続き，入学前教育，入学時調査，トラッキングなど •（評定点等調査書の情報を活かすための）高校データベースの構築と運用 •（3 つの学力，特に主体性等を評価するための）e-Portfolio の構築と活用の設計 • 入試業務に必要な情報のデータ化・DB 化の設計と構築	• 自大学の一連の入試業務の流れが基本的に把握できている • 業務のなかで部分的に，ICT を利用した業務改善の設計・提案ができる	• 入試業務のプロセスの ICT 化を，外部業者に依頼して設計・運用までを責任者として担当できる	• 大学全体の入試における ICT 化の設計・開発を担当できる • ICT 活用の担当者養成ができる

	結果収集されたデータの分析	• 合格者・入学者歩留まり計算 • 入学者の状態把握（満足度・エンゲージメント，入学者学力分布等） • 募集～入試～合否～入学プロセスの分析と，打ち手の効果検証の設計 • 入学者トラッキング（成功する学生のための，要因分析，留年・退学防止，学生満足度の継続的確認，教育担当者へのフィードバック） • 多面的・総合的評価における，ポートフォリオで得られる高校時代の活動と，3つの学力の相関分析	• 収集したデータを使って，簡単でわかりやすいグラフが作れる • 基礎的なデータを使って一定の解釈ができ，分析レポートが作れる	• 各業務の項目で，データ分析の仮説が立てられる • データを分析し，各業務の担当者に業務改善の提案ができる	• 各部局の責任者に対して，入試～教育までの情報を活用し，コンサルティングができる • 大学全体の KPI を決定し，その PDCA を回せる • データを解析する担当者養成ができる
入試倫理	入試の倫理と法クライシスマネジメント	• 入試における情報の守秘義務 • 公平・公正・平等の概念 • 危機管理	• 個人情報の適切な扱い方を理解している • 入試実施時において倫理的・法的に気をつけなければならない事項を理解している • 危機管理の重要性と，基礎的なことを理解している	• 入試実施時において，倫理的・法的に気をつけなければならない事項を実践できる • 危機管理の手法を理解しており，クライシスマネジメントを現場で実施できる	• 他者に入試における倫理や法について指導できる • 危機管理担当責任者として，リーダーシップを発揮できる
入試専門人材論	アドミッション・オフィサーの PD（Professional Development 専門的能力開発）	• AOer としてのキャリア形成	• 入試に関連する分野（入試概論，広報，評価，情報等）に関し，どのような能力が必要とされるかがわかっている • 自分の専門（得意な業務）を何にするかの見通しがある	• アドミッション・オフィサーとしてのキャリアを見出し，必要な PD 活動を自律的に行うことができる	• 他者に指示して入試のマネジメントができる • PD 活動の設計ができる

出典：山下仁司教授作成

を構築するにあたり，まず大学教育改革もしくは入試改革に携わる本センターの教職員が集まり，日本の入試専門家が持つべき知識，スキル，能力をブレインストームし，入試専門家が持つべき能力をリストアップした。さらに，長年多面的・総合的入試を実践している米国及び韓国のアドミッション・オフィサーや国内大学の多面的・総合的入試に携わる方々からフィードバックを受け，幾度かの修正を行い，現在の表に至った。

それぞれの分野ごとに身につけるべき知識，スキル，能力を列挙し，学修成果をアウトカムベースでレベル（基礎，発展，応用）ごとに定義した。入試専門家には，コミュニケーション能力，課題発見解決能力，マネジメント能力等の汎用的コンピテンシーも求められるが，本プログラムを通して，また現場の実践を通して身につくものであり，カリキュラムには含んではいない。

3. 日本の大学へのアンケート調査

以上のようにプログラムカリキュラムを構築し，カリキュラムに基づきプログラムを開発し実施することで人材育成に関するノウハウと実績を積むことができた。プログラムの履修証明プログラム化に向け，プログラムの参加者の対象となる大学教職員を対象に「アドミッション・オフィサー」の現状と職務」に関するアンケート調査およびニーズ調査を実施した。実際にプログラムの参加対象としている大学関係者の方々の声は非常に貴重な声であり，アンケートにご協力くださった方々には感謝している。

(1) 日本の大学におけるアドミッション・オフィサーの現状と職務に関するアンケート

HAO 育成プログラムを数度実施していくと，参加者の職務としてアドミッション・オフィサーや入試専門員という職名が見受けられるようになり，国内に少しずつ入試専門職が浸透してきているように感じた。そのため，2018 年の 4 月に「日本の大学における「アドミッション・オフィサー」の現状と職務」に関するアンケート調査を実施し，日本の「アドミッション・オフィサー」の現状と入学者選抜においてどのような職務を担っているのか，あるいは，今後どのような能力が入試専門職に求められるのかを調査し，今後の入試専門家育成プログラムの開発や改善に活用することとした。

本アンケートは111大学に郵送にてアンケート参加の依頼をし，61大学（59％）より回答をいただいた。回答した大学のうち41大学が国立，12大学が公立，3大学が私立大学からの回答であった（5大学は不明）。「貴学においてアドミッション・オフィサー（入学者選抜の専門人材）という職名の方はいらっしゃいますか」という問いに，「いる」と答えた大学は10大学（16％），「アドミッション・オフィサー」という職名ではないが入学者選抜の専門人材の職種がある」と答えた大学は17大学（28％），「いない」と答えた大学は34大学（56％）であった。「アドミッション・オフィサー，もしくはそれに近い職種の方の職種は教員もしくは職員か，それ以外の職種か」という問いに，18大学（51％）が任期付きの教員，12大学（34％）が任期なしの教員，3大学（9％）が任期付きの職員，2大学（6％）が任期なしの職員と答えた。またその他，非常勤支援員という回答もあった。最終学歴や専門を聞いたところ，これまで教員が入学者選抜に関わってきた背景があるためか，博士課程修了者が55％と最も多く，勤務年数が最も多かった回答は2年（32％）という結果になった。高大接続改革実行プランが2015年に策定されたのを受け，入学者専門人材職がここ数年で増加していたのではないかと思われる。専門分野に関しては，教育学系が最も多いが，生物学，化学，数学というような理系を専門としている方も見受けられた。また職務内容としては，学生募集（リクルート活動）の企画・立案，入学者選抜方法の調査・開発・企画・立案，入試の実施，ファカルティ・ディベロップメント，入学者選抜に関する情報の調査・分析・研究，入学者追跡調査等，幅広い知識，技能，能力が必要とされる業務を任されていることがわかる。最後に「アドミッション・オフィサー（入学者選抜の専門人材）がいない理由といないことで入学者選抜に関して問題点」を聞いたところ，「必要性は感じているものの，予算不足や人材不足，大学の組織体制が整っていない」という声が多くあった。

(2) HAO育成プログラムの履修証明プログラム化に向けてのニーズ調査

2018年4月に実施した「日本の大学におけるアドミッション・オフィサーの現状と職務に関するアンケート」に加え，2019年10月にニーズ調査を実施した。2019年9月に第4回HAO育成プログラムを実施しノウハウも実績も積むことができ，履修証明プログラム化に向けてこれまでHAO育成プログラムや入試関連のセミナーやシンポジウムに参加くださった方々を対象に「HAO 育成プログラムの履修証明プログラム化に向けてのニーズ調査」を実施し，今後どのようなプログラムにさらに展開すべきなのか，特に受講内容，開催時期，期間，場所，費用を含め調査を行った。履修証明を出すプログラムにするには 60 時間の履修（対面スクリーニングと E ラーニング）が必要となる。ニーズ調査の回答者数は 133 で，大学関係者は 116（87%），高校が 7（5%），企業が 9（7%），その他が 1（1%）で，回答者の職名は教員が 55 名（41%），職員が 56 名（42%），入試専門職が 9 名（6%），その他が 13 名（9%）であった。また，受講内容として，どの分野や内容に興味があるのか（3つ選択）聞いたところ，最も回答が多かったのが入試における評価手法（テスト理論・設計，多面的・総合的評価による選抜の在り方（実践編））が 23%，次に入試における評価手法（テスト理論・設計，多面的・総合的評価による選抜の在り方（理論編））が 20% であり，実際にどのように評価をするのかより実践的な知識と技能を得たいと考えている方々が多いのが見られた（**表 20-6**）。また入試概論（13%），入試専門人材論（13%），入試における ICT の活用（10%）のような知識も得たいという声もあった。授業形態については，対面講義が最も好ましいと感じている方の割合が一番多く（46%），次にグループワーク（26%），E-learning（20%）という順になった。実践的な内容を望んでいる回答が授業形態に反映していると言える。また一番参加しやすい受講パターンに関しては，土曜日や日曜日の週末を活用し，月に 1 度を 3 回実施するパターンが最も回答が多く，時期としては 8 月上旬から 9 月上旬が好ましいという声が多かった。これはプログラムの対象者が大学の入試業務に携わっている方々であるため，入試の繁忙期ではない夏に，週末を活用して参加したいということであるかと考える。プログラム費に関しては，所属機関に支払ってもらうことが可能と答えた方が 59%，支払ってはもらえないと回答した方が 40% いた。「日本の大学におけるアドミッション・オフィサーの現状と職務に関するアンケート」の回答で予算の不足が指摘されたように，教職員の知識や技能向上のための予算がないという機関が多くあるのではないだろうか。

アンケートにご参加くださった方々から多くのご意見をいただき，履修証明プログラム化する際には本アンケートの意見をプログラムに反映させていただいた。本アンケートを実施したのは 2018 年から 19 年で 2，3 年前に得

表 20-6　受講したい内容

内容	人数	割合
入試概論（入試制度及びその設計，高等教育概論，日本における入試改革の目的と多面的・総合的入試の導入の背景）	53	13%
入試広報（募集・広報戦略，広報対象（ターゲット）の理解と把握）	42	10%
入試における評価手法（テスト理論・設計，多面的・総合的評価による選抜の在り方（理論編））	84	20%
入試における評価手法（テスト理論・設計，多面的総合的評価による選抜の在り方（実践編））	95	23%
入試におけるICTの活用（入試におけるICT活用の設計，結果収集されたデータの分析）	49	12%
入試倫理（入試の倫理と法，クライシスマネジメント）	30	7%
入試専門人材論（アドミッション・オフィサーのPD（Professional Development 専門的能力開発））	53	13%
その他	7	2%
合計	413	100%

出典：筆者作成

た意見であったが，その当時は人材育成について必要性が高まりつつあったが，まだまだ大学の組織体制が整っていなかったり，予算がなかったりと入試改革に対して前向きな姿勢ではなかった。この数年間で入試人材育成に対する姿勢が少しでも前向きになっていれば思う。

4. まとめ

6年間という限られた時間のなかでHAO育成プログラムを開発し，本年度「履修証明プログラム」として提供することができ嬉しく思う。我が国の高大接続改革は今後さらに押し進められていき，入試専門家育成に対する知見やニーズは今後も大きく変わっていくことであろう。文部科学省概算事業「多面的・総合的入試選抜改善システム構築」は本年度が最終年度となるが，日々変わり続ける知見やニーズに応えるべくHAO育成プログラムは今後も引き続き展開され，成長し続けていかねばならない。

＊本稿は，石倉ら（2019）を再構成したものである。

参考（引用）文献

Bang, Jae-Hyun, 2012, “The Development of a Competency Model for College Admissions Officer” Seoul National University.

Henderson, Stanley E., 2008, “Admissions’ Evolving Role: From Gatekeeper to Strategic Partner”, The College Admissions Officer's Guide, American Association of Collegiate Registrars and Admissions Officers（AACRAO）(ed): 1-22.

石倉佑季子・川嶋太津夫・山下仁司，2019,「多面的・総合的評価の実現に向けて一入試専門家育成のあり方」『大学入試研究ジャーナル』29: 211-6.

National Association for College Admission Counseling（NACAC）, 2014, “Career Paths for Admission Officers: A Survey Report”（https://www.nacacnet.org/globalassets/documents/publications/research/careerpaths2014.pdf, 2016.9.1）.

東亜日報，2016,「大学入試を動かす手」入学査定官は誰？教育界-修士出身 30代女性が主流（http://news.donga.com/3/all/20160821/79898665/1, 2016.9.1）.

索　引

欧文

あ

か

さ

た

な

は

執筆者・担当章（掲載順・2022年3月現在）

川嶋太津夫（かわしま・たつお）＝巻頭言，第1・18章
大阪大学高等教育・入試研究開発センター長，大阪大学特任教授（常勤）

スーザン・アルバーティン（Susan Albertine）＝刊行に寄せて
大阪大学高等教育・入試研究センター 特任教授（2017〜2019年）
Former English Professor and Dean of Humanities and Social Sciences, College of New Jersey, USA
Former Vice President of the Association of American Colleges and Universities (AAC&U)

ジム・ローリンズ（Jim Rawlins）＝刊行に寄せて，第3章
大阪大学高等教育・入試研究センター 特任教授（2017〜2019年）
Associate Vice Chancellor for Enrollment Management, University of California San Diego, USA（2022.2〜）
Assistant Vice President and Director of admissions, University of Oregon, USA（〜2022.1）
Former President, National Association for College Admission Counseling (NACAC)

佐々木隆生（ささき・たかお）＝第2章
北海道大学名誉教授

ブリギッテ・シテーガ（Brigitte Steger）＝第4章
Senior Lecturer in Modern Japanese Studies, University of Cambridge, UK

パク・ピルソン（Park Pilson）＝第5章
Professor, Department of Forest Sciences, College of Agriculture and Life Sciences, Seoul National University, Korea

田川　千尋（たがわ・ちひろ）＝第6章
大阪大学全学教育推進機構准教授

林　篤裕（はやし・あつひろ）＝第7章
名古屋工業大学 大学院 教授，アドミッションオフィス オフィス長

山下　仁司（やました・ひとし）＝刊行に寄せての翻訳，第8・11・12・13・14・15・16・17章
大阪大学高等教育・入試研究開発センター教授

井ノ上憲司（いのうえ・けんじ）＝第9・10章
大阪大学高等教育・入試研究開発センター特任講師

夏目　達也（なつめ・たつや）＝第19章
名古屋大学名誉教授

石倉佑季子（いしくら・ゆきこ）＝第20章
国際教育交流センター准教授（高等教育・入試研究開発センター兼任）

大友　弘子（おおとも・ひろこ）＝編集協力
大阪大学高等教育・入試研究開発センター特任研究員

＊大阪大学高等教育・入試研究開発センター（CHEGA）は，2022年4月に改組され大阪大学スチューデント・ライフサイクルサポートセンター（SLiCS）となりました。

未来志向の大学入試デザイン論

発　行　日　2022年3月31日　初版第1刷発行

編　　　者　大阪大学高等教育・入試研究開発センター

発　行　所　大阪大学出版会
代表者　三成賢次

〒565-0871
大阪府吹田市山田丘2-7　大阪大学ウエストフロント
電話 06-6877-1614（直通）　FAX 06-6877-1617
URL　https://www.osaka-up.or.jp

装　　　丁　しまうまデザイン

印刷・製本　創栄図書印刷株式会社

ISBN 978-4-87259-750-9　C3037